YASCHA MOUNK · ECHT, DU BIST JUDE?

YASCHA MOUNK

ECHT, DU BIST JUDE?

FREMD IM EIGENEN LAND

KEIN & ABER

Bei dieser Veröffentlichung handelt es sich um eine vom Autor stark überarbeitete
Version der englischen Originalausgabe *Stranger in My Own Country,* die 2014 bei
Farrar, Straus and Giroux in New York erschien. © 2014 by Yascha Mounk

Die Teile, die aus der Originalausgabe übernommen wurden, basieren auf
einer Übersetzung aus dem Englischen von Simone Jakob.

Für Leon und Ewa und Bolek und Mila

INHALT

VORSPIEL

1.

NOCH IMMER NICHT NORMAL

»Ist das eine jüdische Schule?«, fragte meine Mutter mich vor ein paar Monaten, als sie mich in New York besuchte. Bevor ich etwas sagen konnte, beantwortete sie ihre eigene Frage. »Kann nicht sein. Schau mal – es stehen ja keine Polizisten davor!«

Einen Moment lang war ich verwirrt. Dann erinnerte ich mich. Ach, ja. Natürlich. Als ich noch in Deutschland wohnte, ging auch ich davon aus, dass jede Synagoge, jeder jüdische Kindergarten, jede jüdische Schule und jedes jüdische Altersheim von ein paar Polizisten bewacht wird.

Diese Bewachung ist ein Segen. Sie zeugt von dem ernsten Bemühen der deutschen Gesellschaft, Juden ein sicheres Leben in Deutschland zu ermöglichen. Als in den letzten Monaten – nach dem blutigen Attentat in Paris, nach den tödlichen Schüssen in Kopenhagen – die Angst auch in den jüdischen Gemeinden in Deutschland umging, hat Angela Merkel ein klares Bekenntnis abgelegt: »Wir werden [...] alles dafür tun, dass die Sicherheit jüdischer Einrichtungen und Bürger jüdischer Herkunft in Deutschland gewährleistet wird.«

Ihr guter Wille – der gute Wille der meisten Deutschen – steht außer Frage. Zu den verschärften Sicherheitsvorkehrungen, die seitdem in Kraft getreten sind, gibt es wohl keine Alternative. Und doch hat diese Bewachung einen hohen Preis. Die Dienstpistolen, die uns beschützen, sind ein sichtbares Zeichen, dass unser Leben in Deutschland auch heute noch nicht normal ist.

Wie kann sich ein kleines Mädchen, das jeden Morgen daran erinnert wird, dass nur die freundlichen Männer in Uniform für seine Sicherheit sorgen können, als voller Teil unserer Gesellschaft fühlen? Wie kann ein Gläubiger, der auf dem Weg in die Synagoge einen Polizisten überzeugen muss, dass er ein echter Jude ist, Deutschland als seine selbstverständliche Heimat wahrnehmen? Und wie kann sich eine Oma, deren Altersheim Tag und Nacht bewacht wird, ihre tiefsten Ängste um die Zukunft ihrer Enkel – Ängste, die aus einer Zeit stammen, als sie selbst noch ein kleines Kind war – aus dem Kopf schlagen?

Das Gefühl der Bedrohung, das in den letzten Jahren bei deutschen Juden Einzug gehalten hat, begrenzt sich keineswegs auf die Bundesrepublik. Meine Freunde in Paris fragen sich plötzlich, ob ihre Zukunft in Frankreich liegt. Meine Verwandten in Kopenhagen machen sich Gedanken, ob sie wirklich so gut in die Gesellschaft integriert sind, wie sie einst dachten. Der jüdische Friedhof in Südschweden, auf dem Leon, mein Großvater, begraben liegt, wird regelmäßig geschändet.

In Deutschland jedoch baut diese neue Verunsicherung auf eine ältere auf. Das Land hat viel aus seiner Vergangenheit gelernt. Obwohl es bis heute zur Genüge Antisemiten gibt, sind die wohlmeinenden, die betroffenen, ja sogar die schuldzerfressenen Philosemiten in der Überzahl. An gutem Willen mangelt es in Deutschland nicht. Aber an einem echten Gefühl des Dazugehörens.

Ich wurde 1982 als Bürger eines friedlichen, zukunftsori-entierten Deutschlands geboren. Aufgewachsen bin ich an vielen verschiedenen Orten: in München, Freiburg, Kassel, Maulbronn, Laupheim und Karlsruhe. Deutsch ist die ein-zige Sprache, die ich akzentfrei spreche – und wird es wohl auch bleiben.

Die jüdische Identität meiner Familie war derweil nicht besonders ausgeprägt. Dass sie Juden sind, hat das Leben meiner Großeltern – und selbst das meiner Eltern – auf tragische Weise geprägt. Aber sie sind weder religiös noch traditionsbewusst. Ich selbst habe nie eine Bar-Mizwa ge-feiert, und mir ist auf einem Fußballfeld oder in der Bib-liothek bedeutend wohler als in einer Synagoge.

Als ich aufwuchs, fühlte ich mich trotzdem mehr und mehr jüdisch – und weniger und weniger deutsch.

Im Juli 1990, als ich gerade acht geworden war, traf Deutschland im WM-Finale auf Argentinien. Nach vier-undachtzig langen Minuten brachte Roberto Sensini Rudi Völler zu Fall, der Schiedsrichter zeigte auf den Elfmeter-punkt, und Andreas Brehme schoss das einzige Tor des Spiels. Deutschland war Weltmeister und ich vor Freude vollkommen aufgedreht. Wie wild schwenkte ich ein klei-nes schwarz-rot-goldenes Fähnchen und schrie »Deutsch-land, Deutschland, Deutschland!« in Richtung Fernseher.

2010 dagegen, als Deutschland im WM-Halbfinale auf Spanien traf, hatte ich gemischtere Gefühle.

Ja, die deutsche Mannschaft war jünger, spielfreudiger und sogar multiethnischer als je zuvor. Doch als es hart auf hart kam, ertappte ich mich dabei, dass ich den Spaniern die Daumen drückte. Und der wahre Grund, warum ich froh war, als Carles Puyol den Siegtreffer für Spanien er-zielte, war nicht einmal, dass ich die spanische Mannschaft besonders gernhatte. Der wahre Grund war, dass ich es einfach nicht über mich brachte, dem deutschen Team die Daumen zu drücken.

An irgendeinem Punkt in diesen zwei Jahrzehnten – irgendwann zwischen 1990 und 2010, zwischen acht und achtundzwanzig – hatte ich aufgehört, das deutsche Team anzufeuern, mich mit Deutschland zu identifizieren oder mich selbst als Deutschen zu sehen.

Bis heute bin ich mir nicht ganz sicher, wie das passieren konnte.

Früher gab es einmal so etwas wie einen deutschen Juden. Dann kam der Holocaust. Seitdem überschneiden sich die beiden Kategorien kaum mehr – weder in der Vorstellung von Juden noch in der von Nichtjuden.

Vor ein paar Jahren verabschiedete sich Charlotte Knobloch, damals die Vorsitzende des Zentralrats der Juden in Deutschland, nach einem gemeinsamen Mittagessen von einem Freund. »Kommst du heute Abend zum Empfang der israelischen Botschaft?«, fragte sie ihn.

»Ja«, antwortete er. »Wir sehen uns dann später bei deinem Botschafter.«

Ihr Freund hat es natürlich nicht böse gemeint. Aber ein ähnlicher Fehler wäre einem Briten oder Amerikaner nie unterlaufen. Kein Amerikaner, den ich kenne, würde auf die Idee kommen, dass Michael Bloomberg, Jon Stewart oder Mark Zuckerberg Israelis sind.

Wenn ich meine New Yorker Cousins frage, ob sie sich als Amerikaner fühlen, verstehen sie die Frage kaum. »Was meinst du?«, entgegnen sie, ehrlich verwirrt. »Ich *bin* Amerikaner.«

Bei vielen Juden, die in Deutschland aufgewachsen sind, ist das auch heute noch ein wenig komplizierter. Ich selbst sehe »deutsch« aus. Ich klinge deutsch. Wenn ich mit einem Fremden spreche, geht er selbstverständlich davon aus, dass ich Deutscher bin. Doch sobald ich eine bestimmte Tatsache über mich erwähne – was ich aus genau diesem Grund eher selten tue – werde ich zu einem exotischen Außenseiter.

In einem Moment steht es Menschen frei, mich zu mögen oder auch nicht, mich gut oder schlecht zu behandeln, mir mit Herzlichkeit oder Verachtung zu begegnen. Sobald ich jedoch diese vier Buchstaben ausspreche – J-U-D-E –, definieren sie mich. Ich bin nicht mehr ein Deutscher, sondern ein »jüdischer Mitbürger«. Ihre Haltung mir gegenüber wird zu einer politischen Stellungnahme: Haben sie sich kaum mit der Vergangenheit auseinandergesetzt, hegen sie vielleicht Vorurteile gegen Juden. Schämen sie sich inbrünstig für das dunkelste Kapitel der deutschen Geschichte, dann wollen sie mir vielleicht beweisen, wie sehr sie Juden lieben. Und haben sie die Nase voll von all dem Gerede über die Nazis, den Holocaust und Deutschlands besondere Verantwortung, wird es noch komplizierter: Sie versuchen womöglich, mir zu beweisen, dass sie mich nicht anders behandeln, nur weil ich ein Jude bin – und behandeln mich gerade dadurch alles andere als normal.

So verschieden diese Reaktionen sein mögen, so sehr ähneln sie sich doch in einem Punkt: Letztlich haben sie wenig mit mir zu tun – und viel mit dem psycho-historischen Drama, das sich im Kopf mancher Leute abspielt, sobald sie hören, dass ich Jude bin.

Ist es bei all den Komplexen, mit der die Vergangenheit auch jetzt noch den deutsch-jüdischen Alltag überfrachtet, ein Wunder, dass selbst Angela Merkels tief empfundenes Bekenntnis ein bisschen seltsam klang? »Wir möchten gerne mit Juden, die heute in Deutschland sind, weiter gut zusammenleben.« Anscheinend gibt es auch für Merkel Deutsche und Juden, oder Deutsche und jüdische Mitbürger, oder Deutsche und »Juden, die heute in Deutschland sind« – aber eben keine deutschen Juden.

Ich mag Deutschland. Seit ich in New York wohne, vermisse ich vieles an dem Land, in dem ich aufgewachsen bin – von einer deftigen Schweinshaxe bis zu einem scharfen Döner. (Das deutsche Brot, für das die meisten Expats als Erstes schwärmen, ist mir weniger wichtig. Dann schon eher ein gutes Bier.)

Aber ein Unterschied ist für mich entscheidend. Obwohl ich nicht in den USA aufgewachsen bin; obwohl ich Englisch auch heute noch mit einem seltsamen Akzent spreche; obwohl das Leben in Deutschland in vielerlei Hinsicht einfacher sein mag: In New York fühle ich mich letztlich ganz normal. Ob ich Jude bin, ist den Leuten dort herzlich egal. Und in den seltenen Momenten, in denen ich in eine Synagoge gehe oder ein jüdisches Museum besuche, stehen keine Polizisten vor der Tür. Wie Millionen anderer auch bin ich schlicht ein Neuankömmling, der diese Stadt zu seiner neuen Heimat erkoren hat – nicht weniger, aber auch nicht mehr.

In Deutschland dagegen bin und bleibe ich Exot. In den letzten Jahren haben sich viele Menschen die neu gefundene deutsche Normalität auf die Fahnen geschrieben. Gegen diese Normalität habe ich nichts. Im Gegenteil: Ich wünschte, sie wäre Realität. Nach meinen Erfahrungen ist es jedoch weiterhin alles andere als normal, als Jude in Deutschland zu leben. Und so ziehe ich es, auf meiner eigenen Suche nach Normalität, zunächst einmal vor, in New York zu bleiben.

Als ich schon ein paar Jahre in New York lebte, wollte ich meine eigene Geschichte endlich besser verstehen. Ich bin in Deutschland nie – oder zumindest eher selten – schlecht behandelt worden. Warum fremdele ich also so sehr mit meinem Herkunftsland?

Dieses Buch ist mein persönlicher Versuch, mich selbst zu verstehen. Es erzählt von meiner Familie, von meinen eigenen Erlebnissen, von den Veränderungen der letzten dreißig, vierzig Jahre und auch von den Kontroversen, die alle Jahre wieder über die deutsch-jüdischen Beziehungen hereinbrechen. Im Ton ist das Buch mal erzählerisch und mal analytisch; mal persönlich und mal essayistisch.

Bei meinem Buch handelt es sich also zum Teil um Memoiren aus meiner Kindheit, zum Teil um meine Familiengeschichte und zum Teil um die Geschichte der deutsch-jüdischen Beziehungen seit 1945. In erster Linie aber ist es etwas sehr anderes: mein Versuch, die Fragen zu ergründen, die ich mir nicht beantworten konnte, als ich noch in Deutschland lebte. Wieso zögere ich, mich einen Deutschen zu nennen? Was sagen meine Erfahrungen über die derzeitigen Beziehungen zwischen Juden und Nichtjuden aus? Welches Licht werfen sie auf das heutige Deutschland?

Diese Fragen sind hochaktuell, auch weil ein besseres Verständnis unseres Umgangs mit der Vergangenheit uns den Weg in eine bessere Zukunft weisen kann. Im zweiten Teil dieses Buchs versuche ich deshalb, eine Vision für eine etwas andere deutsche Zukunft zu entwickeln. Welche Rolle soll ein erstarktes Deutschland in der Welt spielen – und wie kann Deutschland selbst dabei noch weltoffener und pluralistischer werden, als es heute schon ist?

TEIL I:

Wie ich nach Deutschland kam
und warum ich Deutschland wieder verließ

2.

EINE UNVERHOFFTE ZUFLUCHT

Ich kam nie auf die Idee, mich zu fragen, warum meine Familie so klein und so verstreut ist. Meine Mutter Ala und ich wohnten in München. Recht nah, in Frankfurt, lebte mein Großvater Leon. Weit weg, in Südschweden, lebten meine Großmutter Ewa, mein Onkel Roman und meine Cousine Rebecka. Es gab auch noch meinen Groß-onkel, einen Mann namens Herrmann, doch der lebte noch weiter weg, in San Francisco. Ich habe ihn nur zwei Mal in meinem Leben gesehen. Wie man mir sagte, war er ohnehin kein Familienmensch.

Das wars. Wir waren zu sechst. Zu siebt, wenn man's hochnimmt.

Mir kam das völlig natürlich vor, so wie die meisten Kinder – selbst diejenigen, die unter Umständen aufwachsen, die sie später als ungewöhnlich oder regelrecht bizarr erkennen – ihre Realität für normal, natürlich, gar unausweichlich halten. Ich ging einfach davon aus, dass alle Familien so klein sind. Dass ein Familientreffen von drei Generationen nie mehr als sieben Menschen umfasst.

Erst viel später begriff ich, dass nichts daran natürlich ist – dass meine kleine Familie das Ergebnis historischer Kräfte war, die ich abstrakt nennen würde, hätten sie auf die Welt, in der ich aufwuchs, nicht einen solch direkten Einfluss gehabt.

Nein, es ist nicht natürlich, dass meine Familie so klein war, denn Leon und Ewa hatten Eltern gehabt, die bei meiner Geburt noch hätten leben können. Ewa hatte Cousins und Tanten und Onkel und eine ältere Schwester gehabt, Leon sieben Geschwister, nicht nur Herrmann. Selbst Roman und Ala hatten, wie ich später erfuhr, einmal einen großen Bruder.

Ebenso wenig ist es natürlich, dass meine Familie, gut zwei Jahrzehnte nach dem Tod so vieler meiner Vorfahren durch den Holocaust, in alle Himmelsrichtungen verstreut wurde. Im Gegenteil: Es war das Ergebnis einer zweiten Tragödie – einer Tragödie, die zwar weitaus kleinere Ausmaße hatte, die lebenslangen Hoffnungen meiner Großeltern aber auf ebenso umfassende Weise zunichtegemacht hatte.

Leon und Ewa hatten ihr Leben einer Ideologie gewidmet, die versprach, die Welt von Vorurteilen und Verfolgung zu befreien: dem Kommunismus. Doch im Endeffekt war es Polens kommunistische Regierung, die sie, ihre loyalsten Unterstützer, aus ihrem Heimatland vertrieb – weil sie Juden waren. Es ist diese zweite Tragödie, die erklärt, warum sich meine kleine Familie plötzlich in den USA, in Israel und in Schweden wiederfand – und in Deutschland, wo ich aufwachsen sollte.

—

Im Herbst 1956 kam Leon zum ersten Mal der Gedanke, mit Ewa, Ala und Roman aus Polen fortzuziehen.

Nikita Chruschtschow hatte gerade in einer einzigartigen Rede vor der Kommunistischen Partei der Sowjetunion die Schrecken des Stalinismus angeprangert. Auch in Polen zeigte seine Rede unmittelbar Wirkung. Der harte Kurs der letzten Jahre wurde ein wenig milder. Ausreisevisa waren leichter zu bekommen. Gleichzeitig nutzten viele Polen ihre neuen Freiheiten, um altem Antisemitismus Ausdruck zu verleihen. Eine bedeutende politische Faktion, die sogenannte Natolin-Gruppe, heizte diese Stimmung mit kaum verhohlenen Attacken gegen vermeintliche Zionisten an. Selbst Władysław Gomułka, der kürzlich ernannte Generalsekretär der Kommunistischen Partei Polens, ermutigte jeden, der an seiner jüdischen Identität festhalten wollte – also jeden, der seine Solidarität mit Israel bekundete oder auch nur in der Öffentlichkeit eine Kippa trug –, das Land zu verlassen. Viele waren zu diesem Opfer nicht bereit, und so emigrierte zwischen 1956 und 1958 die Hälfte der noch in Polen ansässigen Juden.

Doch Leon, Ewa, Ala und Roman waren letztlich doch nicht unter ihnen.

Leon wurde am ersten Weihnachtsfeiertag 1913 in Kolomea, einem kleinen Schtetl in den östlichen Ausläufern der untergehenden österreichisch-ungarischen Monarchie, geboren. Die Gesichter seiner Kindheit sind die Gesichter der alten Fotografien, in denen die verlorene Welt der osteuropäischen Juden noch heute zu uns spricht: bärtige Männer in dunklen Jacken; Frauen in sittsamen, fließenden Gewändern; Kinder, die stocksteif in die Kamera starren, sichtlich ungeduldig, dem Objektiv zu entkommen und endlich spielen zu gehen.

Auch Leon wuchs in einer solchen traditionellen Familie auf, mit Eltern, Großeltern und sieben Geschwistern. Doch ihm war das Leben im Schtetl zu altmodisch. Die Armut um ihn herum empfand er als schreiende Ungerechtigkeit. Und so war er besonders empfänglich, als die älteren Kinder im Schtetl ihm von den Idealen des Kommunismus erzählten – von einer Welt, in der die Vorurteile der Tradition abgeschafft würden; einer besseren Welt, in der alle gleich sind und niemand hungern muss. Er war kaum sechzehn, als er aus Kolomea davonlief.

Die kommunistische Bewegung wurde zu seiner Schule und zu seiner Heimat. Leon zog ins nahe gelegene Lwów, wo er als Druckereigeselle anfing – die intellektuellste der handwerklichen Arbeiten, denn sie bestand darin, Texte zu lesen und sie dann, Buchstabe für Buchstabe, zu setzen. Doch sein Hauptinteresse galt seiner Arbeit in der Kommunistischen Partei Polens – eine illegale Tätigkeit, für die er sogar bereit war, ins Gefängnis zu gehen. Statt ihn zu entmutigten, machten die wiederholten Gefängnisaufenthalte ihn nur zu einem noch pflichtbewussteren Genossen.

Als die Nazis ihren Pakt mit der Sowjetunion brachen und Ende Juni 1941 in Lwów einfielen, schwebte Leon als Jude und Kommunist in doppelter Gefahr. Im letzten Zug entfloh er der einmarschierenden Wehrmacht nach Russland. In den verbleibenden Kriegsjahren wurde er in eine provisorische Munitionsfabrik nach Sibirien geschickt, wo er sich von kläglichen Resten ernährte und gefährliche Knochenarbeit leistete.

Im Vergleich zum Rest seiner Familie war Leons Schicksal ein großes Glück. Seine Eltern kamen in den Gaskammern um oder wurden in irgendeinem osteuropäischen Graben niedergeschossen. Von seinen sieben Geschwistern überlebte nur mein Großonkel Herrmann.

Wie so vielen in seiner Lage, muss Leon das Weitermachen manchmal unmöglich erschienen sein. In seiner Verzweiflung war es allein der Glaube an den Kommunismus, der eine Brücke zwischen seinem ehemaligen und seinem zukünftigen Ich zu schlagen vermochte. Er hielt es für dringlicher denn je, eine neue, eine bessere Gesellschaft aufzubauen.

Als der Eiserne Vorhang sich über Europa senkte und Polen unter sowjetische Vorherrschaft geriet, wurde Leons politischer Traum endlich wahr: Das neue Polen war kommunistisch. Die Kontakte, die Leon als politischer Aktivist geknüpft hatte, kamen ihm jetzt zugute. Nach ein paar Jahren in Łódz, wo 1947 meine Mutter Ala zur Welt kam, zog er nach Warschau. Innerhalb weniger Jahre stieg er zum technischen Leiter der RSW Prasa, Polens größtem Druckereikonzern, auf.

Obwohl Leon sein Leben lang Kommunist gewesen war, ließen ihn die Ungerechtigkeiten des real existierenden Sozialismus nicht kalt. Eines sonnigen Nachmittags im März 1953 kam Ala, gerade einmal fünf Jahre alt, weinend von der Schule nach Hause.

»Was ist passiert, Aluschka?«

»Es ist Väterchen Sta…« Ala schluchzte so stark, dass sie kaum sprechen konnte. »Es ist Väterchen Stalin. Väterchen Stalin ist tot.«

Leons Gesicht wurde hart. »Für dieses Schwein«, verlangte er von seiner Tochter, »wirst du keine Träne vergießen.«

Leon war ein guter Mensch. Wie seine Frau Ewa war er aus Idealismus, nicht Opportunismus, Kommunist geworden. Und doch machten ihn seine glühenden Ideale gegenüber einem Regime, dessen Grausamkeiten mit jedem Tag offensichtlicher wurden, hartnäckig loyal. Wie die von Selbsttäuschung gequälten Intellektuellen in Czesław Miłosz' *Verführtes Denken* hatte Leon lange sein Gewissen verdreht – und nahm letztlich viel zu viel hin.

Da gab es den stalinistischen Terror, der während der Nachkriegszeit über Polen hinwegfegte. Die politischen Schauprozesse. Die allgegenwärtige Zensur, der sich Leon als technischer Leiter der RSW Prasa nur zu bewusst gewesen sein muss.

All das hatte er toleriert. Seine Überzeugungen aufzugeben, nur weil die kommunistische Realität noch nicht dem kommunistischen Ideal entsprach, hätte für ihn bedeutet, sein lebenslanges Engagement zu verraten. Er hielt an seinem Glauben fest.

Und so tat Leon 1956, als Gomułka von den polnischen Juden verlangte, ihre Identität abzulegen, das, was er sich nach und nach angewöhnt hatte: Widerwillig gehorchte er.

In den darauffolgenden Jahren ebbte die offene Feindseligkeit gegenüber polnischen Juden kurzzeitig ab. Oberflächlich verbesserte sich die Situation meiner Familie. Doch unter der Oberfläche waren fanatische Antisemiten bereits damit beschäftigt, ein noch größeres Pogrom vorzubereiten. 1960 stellte General Wojciech Jaruzelski, der hochrangigste politische Funktionär im polnischen Verteidigungsministerium, eine Liste mit »rassisch unreinen« Militärs zusammen. 1964 folgte das Innenministerium seinem Beispiel und erstellte eine Liste aller in Polen lebenden Juden.

Als die Führung des kommunistischen Regimes in den späten Sechzigerjahren zunehmend unter Druck geriet, trugen diese Vorbereitungen bittere Früchte. In der Tschechoslowakei versprach Alexander Dubček einen »Sozialismus mit menschlichem Gesicht«, der die staatliche Zensur größtenteils abschaffen und mehr privatwirtschaftliche Initiative zulassen sollte. In Polen selbst stagnierte die Planwirtschaft. Gemäßigte Kräfte innerhalb der Partei drängten, von Dubčeks Erfolgen ermutigt, auf Reform. Eine allgemeine Unzufriedenheit lag in der Luft.

Dann, im März 1968, gingen eintausendfünfhundert Studenten in Warschau auf die Straße, um gegen das kürzlich verhängte Aufführungsverbot von *Totenfeier* zu demonstrieren – einem patriotischen Theaterstück von Adam Mickiewicz, das auf die russische Vorherrschaft in Polen anspielte. Innerhalb weniger Tage wuchsen ihre Proteste explosionsartig an. Ein Generalstreik drohte.

Im In- und Ausland unter Druck, bekamen es Gomułka und seine Männer mit der Angst zu tun. Ihre Macht schien ins Wanken zu geraten. Um den öffentlichen Unmut zu dämpfen und ihre Autorität zu retten, griffen sie zu einer klassischen politischen List: Sie lenkten die Aufmerksamkeit der Bevölkerung von den echten Missständen auf erfundene Feinde. Die wenigen in Polen verbliebenen Juden wurden rasch zum Sündenbock gemacht. In einer raffinierten, von höchsten Kreisen initiierten Kampagne stachelten Gomułkas Männer den latenten Antisemitismus der polnischen Bevölkerung zu offener Feindseligkeit an.

Als Erstes stürzte sich die Regierungspropaganda auf die Tatsache, dass viele Anführer der Studentenproteste, wie zum Beispiel Adam Michnik, jüdische Vorfahren hatten: »Juden«, betonte ein an der Warschauer Universität verteiltes Flugblatt, »haben kein Recht, Polen Nachhilfe in Sachen Patriotismus zu geben.« Hastig wurden Schauprozesse gegen Michnik und andere jüdische Protestführer in Szene gesetzt. »Die Angeklagten«, berichtete eine Staatszeitung pflichtschuldig, »benahmen sich mit der für Menschen jüdischer Abstammung typischen Unverschämtheit.«

Die systematische Hetzkampagne ging jetzt erst richtig

los. In einer staatlich gelenkten Wirtschaft genügte ein einfacher Befehl, um die Lebensgrundlage der meisten Menschen zu zerstören. Innerhalb weniger Monate wurden Juden – unter Beihilfe der vom Innenministerium zusammengestellten Liste – aus Stellen im öffentlichen Dienst, der kommunistischen Partei und der Armee entfernt. Jüdische Ärzte, Professoren und Lehrer wurden ebenso entlassen wie einfache Arbeiter. Meine Großeltern verloren ihren Job.

Akte der Einschüchterung, einige von Regierungsbeamten, andere von gewöhnlichen Bürgern geplant, gehörten in jenen düsteren Tagen zum Alltag.

Als Ala an einem kalten Wintertag nach Hause lief, fiel ihr ein Auto auf, das in ihrer Straße geparkt war. Drei Männer – Polizisten in Zivil – saßen im Auto und spielten Karten. Auf dem Dach des Wagens hatten sie, mehr schlecht als recht, einen großen Scheinwerfer angebracht. Neugierig verfolgte Ala seinen hellen Lichtstrahl bis zu seinem Ziel. Mit einem Schreck erkannte sie, dass er auf ihre Wohnung gerichtet war. Fast eine Woche lang beleuchtete der Scheinwerfer das Leben von Leon, Ewa, Roman und Ala.

Ein paar Wochen später war Ala – damals erst zwanzig – auf dem Weg zum Warschauer Konservatorium. Wie üblich war sie spät dran. Sie rannte sieben Stufen hoch, stieß die schwere Tür des Konservatoriums auf, warf einen flüchtigen Blick auf ein riesiges Transparent im Atrium, eilte weiter zu den Klassenzimmern, blieb wie angewurzelt stehen, sah erneut zu dem Transparent hinauf und starrte es endlich entsetzt an. Darauf stand: GOTTLIEBS, WEINS, COHENS: HAUT AB NACH ISRAEL! Gottlieb ist ihr Mädchenname.

Die Botschaft war eindeutig. Juden – selbst diejenigen, die ihre jüdische Identität brav aufgegeben hatten – waren in Polen nicht mehr willkommen. Bis auf ein paar Hundert hatten sie alle bis 1970 das Land verlassen.

Obwohl die Behörden Juden mit brutalen Methoden zur Ausreise drängten, gestalteten sie die Flucht so schwierig wie möglich.

Wer eine Ausreisegenehmigung ergattern wollte, musste einen kafkaesken Spießrutenlauf über sich ergehen lassen, der sicherstellen sollte, dass er sein Hab und Gut im Land zurückließ. Um der Außenwelt zu beweisen, dass die antisemitischen Schikanen des Regimes nicht antisemitisch seien, wurde eine besonders perfide Auflage eingeführt: Emigranten mussten sich als Zionisten ausgeben, die aus freien Stücken die polnische Staatsbürgerschaft niederlegen, um nach Israel zu ziehen.

Trotz all ihrer Zukunftssorgen traf diese Bedingung meine Großeltern besonders hart. Ihr Leben lang hatten sich Leon und Ewa – genau wie Bolek und Mila, die Eltern meines Vaters, den ich erst als Teenager kennenlernte – für den Kommunismus engagiert. Es war das kommunistische Versprechen, die Welt von religiös motiviertem Hass und ethnischem Chauvinismus zu befreien, das sie so begeistert hatte. Nach 1945 waren sie, obwohl so viele ihrer Verwandten auf polnischem Grund und Boden umgekommen waren, im Land geblieben, um eine kommunistische Gesellschaft aufzubauen. Als ihre Kinder zur Welt kamen, hatten sie ihnen polnische Namen gegeben. Wie von Gomułka gefordert, hatten sie diese zu guten Kommunisten und stolzen Polen erzogen. So weit wie möglich vermieden sie es gar, ihren Kindern gegenüber zu erwähnen, dass sie Juden waren. Und nun zwangen die Machthaber sie zu einer Erklärung, dass sie freiwillig in ein fernes Land zögen, dessen Politik sie mit erheblicher Skepsis betrachteten?

Ihr Traum, zur Umsetzung kommunistischer Ideale beizutragen – der Traum, dem sie einen Großteil ihres Lebens gewidmet hatten –, zerschlug sich endgültig. Ernsthafte Bedenken über den real existierenden Sozialismus hegten sie schon lange. Die unerträgliche Erkenntnis, dass ihre Ideale sich nie realisieren würden, holte sie erst jetzt ein. Diktatoren wie Stalin und Gomułka hatten den Kommunismus nicht nur pervertiert; die Gründe für das Scheitern des Kommunismus, so erkannten sie endlich, waren grundsätzlicher Art gewesen. Die tiefe Enttäuschung, die meine Großeltern überkam, als sie schon über fünfzig waren, zeichnete sie für den Rest ihres Lebens.

Als ich alt genug war, mit Leon über Politik zu sprechen, hatte er die sicheren Überzeugungen seiner Jugend schon lange gegen eine gemäßigte Form der Sozialdemokratie eingetauscht. Er vertrat jetzt einen so bescheidenen wie leidenschaftlichen Humanismus – und stellte persönliche Tugenden über abstrakte politische Ziele.

»Mehr als alles andere«, verlangte er von mir, »musst du dir selbst treu bleiben. Sei aufrichtig. Immerzu aufrichtig.«

Ein wunderbarer Rat. Ich nahm ihn sehr ernst. Doch erst später begriff ich, dass Leons Ermahnung zu ständiger Aufrichtigkeit auch an sein früheres Selbst adressiert war – an jenes Selbst, das 1956 versprochen hatte, alle Überreste seiner jüdischen Identität aufzugeben; an jenes Selbst, das in seiner Rolle als technischer Leiter des polnischen Druckereiwesens die stalinistischen Repressionen zwar nicht gutgeheißen, aber doch toleriert hatte.

Bolek, der Vater meines Vaters, war als Leiter der politischen Bildungsakademie der Kommunistischen Partei innerhalb des Regimes noch weiter aufgestiegen. Doch auch er gestand sich schließlich das Scheitern der von ihm gelehrten Ideologie ein. Ich erinnere mich noch gut, wie er, schon über neunzig, in seiner kleinen Wohnung am Stadtrand von Kopenhagen saß und auf seine unnachahmliche Art – lebensfreudig und melancholisch zugleich – mit einer Zigarette gestikulierte.

»Ich beneide dich«, sagte er mir.

Überrascht sah ich ihn an.

»Ich glaube zwar noch immer nicht, dass der Kapitalismus recht hat. Aber der Kommunismus auch nicht. Das weiß ich heute.«

»Ich versteh nicht, was du meinst ...«

»Eines Tages wird etwas anderes, etwas Besseres kommen. Ich bin zu alt. Ich bin dann nicht mehr da, um es mitzuerleben. Aber du schon, Yascha. Du schon, und darum beneide ich dich.«

Am Boden zerstört, erklärten sich Leon und Ewa bereit, zu unterschreiben, was auch immer man ihnen vorlegte. Noch bevor die Tinte auf ihrer erzwungenen zionistischen Erklärung trocken war, wurde ihnen die polnische Staatsbürgerschaft entzogen. Sie bekamen ein provisorisches Dokument, mit dem sie aus Polen über die Tschechoslowakei nach Österreich reisen durften. Als sie die Grenze überquerten, war ihr Schicksal offiziell: Sie waren staatenlos.

Aus dem Land geschmissen, das sie immer als ihre Heimat betrachtet hatten, fanden sich meine Mutter, mein Onkel, mein Großvater und meine Großmutter plötzlich in Wien wieder. Wohin konnten sie sich wenden?

Es wäre für sie leicht gewesen, nach Israel auszuwandern. Jüdische Flüchtlingsorganisationen boten freie Überfahrten in die neue alte Heimstatt der Juden an. Bei ihrer Ankunft hätten sie israelische Pässe, Hebräischunterricht und ein wenig Geld bekommen, um ein neues Leben anzufangen. Doch Leon wollte nicht. Ein Zionist war er trotz aller Versuche der polnischen Regierung, ihn als solchen darzustellen, nie gewesen.

Während ihre Eltern immer noch unsicher waren, was sie tun sollten, beschlossen Roman und Ala, ihr neues Leben in Schweden zu starten. Ein Bekannter von ihnen hatte dort entfernte Verwandte. Als ihm klar wurde, dass er aus Polen fliehen musste, bewarb er sich um ein Visum. Völlig unerwartet wurde es ihm bewilligt. Außer sich vor Freude erzählte der Schwede in spe seinen Freunden davon. Die erzählten es ihren Freunden. Auch sie bewarben sich um Visa. Innerhalb weniger Monate waren Hunderte junger polnischer Juden auf dem Weg nach Schweden – alles, wie sich später herausstellte, dank der Initiative eines einzigen gutgesinnten Botschaftsangestellten.

Auch mein Onkel und meine Mutter kamen auf diese Weise an schwedische Visa. Kurz nach ihrer Ankunft in Österreich trafen sie die Reisevorkehrungen. Gemeinsam sollten sie Wien am Abend des 13. Februar 1969, Romans achtzehntem Geburtstag, im Nachtzug verlassen. Bei ihrer Ankunft in Malmö würde sie ein Vertreter der jüdischen Gemeinde abholen. Roman und Ala hatten sogar schon die Fahrkarten gekauft.

Aber dann, wenige Tage vor ihrer Abreise, gerieten ihre Pläne plötzlich durcheinander. Ala, die seit zwei Jahren ein Tonmeisterstudium absolvierte, hatte an die Königliche Musikhochschule in Stockholm geschrieben, um sich über entsprechende Studiengänge zu informieren. Als die Antwort endlich ankam, barg sie schlechte Neuigkeiten: Alas Studium konnte sie nirgendwo in Schweden fortsetzen. Am Boden zerstört beschloss sie, in ihrem Wiener Schwebezustand zu verbleiben.

Stinksauer über Alas Sinneswandel, fuhr Roman allein nach Schweden. Mit nichts bei sich als ein paar Dollar, einem kleinen Rucksack und einer Gitarre bestieg er am Abend seines achtzehnten Geburtstags voll gespannter Erwartung auf ein unbekanntes Land, das er für den Rest seines Lebens sein Zuhause nennen sollte, den Nachtzug gen Schweden.

Als Roman endlich in Malmö ankam, war der Vertreter der jüdischen Gemeinde nirgends zu sehen. Eine Stunde wartete Roman auf dem Bahnsteig. Dann schulterte er sein bescheidenes Gepäck und suchte in einer fremden Stadt, deren Einwohner einen freundlichen, unverständlichen Singsang sprachen, nach dem Büro der jüdischen Gemeinde. Als er es endlich gefunden hatte, war es Abend geworden. Das Gemeindezentrum hatte bereits geschlossen.

Da ihm für ein Hotelzimmer das Geld nicht reichte, bereitete Roman sich innerlich schon auf eine eisige Nacht auf der Straße vor. Dann hatte er eine letzte Idee. So gut es ging, versuchte er die Schikanen der vergangenen Monate zu vergessen und betrat eine Polizeiwache. Höflich hörten die Polizisten sich seine Geschichte an – von der sie herzlich wenig verstanden, da Romans Schwedisch ungefähr so gut war wie ihr Polnisch. Schließlich bat einer der Beamten Roman, ihm seine Schnürsenkel auszuhändigen. Damit Sie nicht versuchen, sich zu erhängen, erklärte er anhand einer kleinen Pantomime. Dann führte er Roman lächelnd zu einer Gefängniszelle, deren schwere Tür er offen ließ. So verbrachte Roman, achtzehn Jahre und einen Tag alt, die erste Nacht in seinem neuen Land damit, in einer Gefängniszelle leise Gitarre zu spielen.

Immer noch ohne Plan, beschloss Ala, einstweilen an der Wiener Musikhochschule Tontechnik zu studieren. Sie ging zur Zulassungsstelle, wurde abgewiesen, marschierte in das Büro des Direktors und ergatterte aus lauter Chuzpe ein kurzes Vorstellungsgespräch bei ihm. Auf Französisch erkundigte sie sich, ob es im Konservatorium ein Studium für *prise de son* gebe. Ja, das gab es. Allerdings, so erklärte der Direktor, würden nur Studenten zugelassen, die fließend Deutsch sprechen. Könne sie sich nicht für einen anderen Studiengang einschreiben und zu *prise de son* wechseln, sobald sich ihre sprachlichen Fähigkeiten verbessern? Ala stimmte zu. Nachdem sie auf dem Steinway im Büro des Direktors eine Chopin-Etüde vorgespielt hatte, nahm er sie kurzerhand in das renommierte Klavierstudium auf.

In den nächsten Monaten versuchte Ala, sich so gut wie möglich in Wien einzuleben. Als sich ihr Deutsch verbessert hatte, ging sie erneut zum Direktor, um den Studiengang zu wechseln. Wie sich herausstellte, gab es einen solchen Studiengang in Wien gar nicht. Der Direktor hatte *prise de son* als elektronische Komposition missverstanden. Wenn Ala es mit dem Tonmeisterstudium ernst meinte, musste sie Österreich verlassen. Den besten Studiengang, erklärte man ihr, gebe es an der Musikhochschule in Detmold. Studentenvisa seien nicht schwer zu bekommen. Aber über ihre Studienzeit hinaus würde sie ohne einen deutschen Pass nicht in Deutschland bleiben können.

Das erleichterte Ala die Entscheidung. Für immer nach Deutschland zu ziehen kam für sie nicht infrage. Für ein paar Jahre, nur bis zu ihrem Abschluss – das war etwas anderes. Da sie kaum andere Optionen hatte, beschloss sie, es zu versuchen.

Meine kleine Familie stand kurz vor der Implosion.

Leon und Ewa waren nie ein glückliches Paar gewesen – nicht, solange Ala und Roman sich erinnern konnten; also nicht seit dem Krieg; also nicht seit die Frau, die Leon einst geliebt hatte, für immer verschollen war.

Ewa muss einmal eine extrem mutige Frau gewesen sein. Ihre Mutter starb bei ihrer Geburt. Ihr Vater widmete seine Tage der Trauer und der Thora. Er versäumte es sogar, seine Tochter zur Schule anzumelden. Also lief Ewa im Alter von sechs Jahren in die nächste Grundschule und meldete sich selbst an. Auf der weiterführenden Schule verdiente sie sich das Schulgeld mit Nachhilfeunterricht für ihre Klassenkameraden. Doch die hohen Gebühren für die Abschlussprüfung konnte sie nicht zusammenkratzen. Sie musste die Schule verlassen und schloss sich dem kommunistischen Untergrund an – wo sie Leon kennenlernte und bald heiratete.

Wie Leon wanderte auch Ewa für ihre Überzeugungen ins Gefängnis. Später, als Hitler einmarschierte, floh sie ebenfalls in den Osten. Die Kriegsjahre verbrachte sie in Gori, einer Kleinstadt in Georgien, deren größter Beitrag zur Weltgeschichte es gewesen war, für die Geburt Josef Stalins als bewundernde Kulisse zu dienen.

Ewas Körper überlebte den Krieg. Ihr Geist überlebte ihn nicht. Als sie aus Gori zurückkehrte, war aus ihr ein anderer Mensch geworden.

Ich für meinen Teil bekam nie mehr als ein Aufblitzen ihrer früheren Persönlichkeit zu sehen. Wenn ich an Ewa denke, dann sehe ich die alte Frau, die bei unseren alljährlichen Besuchen jeden Zentimeter ihres kleinen Küchentischs mit Essen bedeckte. In der Mitte des Tisches prangte ein gewaltiger Berg meiner Lieblingsspeise: Pierogi mit Fleischfüllung. Ich aß und aß und aß.

Ein paar Minuten nachdem ich vor diesem unerschöpflichen Essensberg kapituliert hatte, redete Baba Ewa mit einer verzweifelten Beharrlichkeit, die mir schon als Kind lustig, nervig und unheimlich zugleich schien, auf mich ein: »Du musst doch hungrig sein! Du hast schon so lange nichts mehr gegessen … Komm, iss noch ein paar Pierogi, Yaschka. Nur noch ein paar Pieroschki.«

Unfähig, ihr Flehen länger zu ertragen, aß ich noch ein paar Happen – so viel, wie ich irgendwie herunterbekam. Das kaufte mir fünfzehn, zehn, manchmal auch nur fünf Minuten Frieden. Dann fing Ewa wieder an. »Yaschka, bitte iss. Bitte. Nur noch ein paar Pieroschki. Du hast doch schon so lange nichts mehr gegessen …«

So ging es weiter, Stunde um Stunde, Jahr um Jahr.

Als ich meine Mutter fragte, warum Baba Ewa dermaßen vom Essen besessen war, erzählte sie mir eine Geschichte aus ihrer eigenen Kindheit. Eines Tages, als Ala ungefähr in meinem Alter war – vielleicht zehn oder elf Jahre alt – brach sie eine verschlossene Schublade in ihrer Warschauer Wohnung auf. Die Schublade enthielt einen einzigen Gegenstand: das gerahmte Foto eines kleinen Jungen.

Der Junge starrte Ala an. Ala starrte zurück in seine dunklen, hübschen Augen. Mit seinem markanten Kinn und der melancholischen Stirn hatte er etwas Stattliches, sogar Männliches, an sich. Und doch war das Gesicht des Jungen zu schmal für sein Alter. Ala fiel auf, dass er ihrem Bruder Roman ähnelte.

Wieso kam ihr dieser kleine Junge, den sie nie zuvor gesehen hatte, so bekannt vor? Und warum hatte man sein Bild in einer Schublade verschlossen? Instinktiv begriff Ala, dass sie auf ein streng gehütetes Geheimnis gestoßen war.

Erst später, als sie den untröstlichen Brief fand, den Leon geschrieben hatte, als Ewa ihm die schreckliche Nachricht übermittelt hatte, verstand sie, was das Bild zu bedeuten hatte. Der Junge, der sie anstarrte, war ihr Bruder: ein älterer Bruder, dessen kurzes Leben Ewa und Leon sorgfältig vor ihr verborgen hatten; ein älterer Bruder, der im Krieg geboren war; ein älterer Bruder, der, ein paar Monate, nachdem er für dieses Foto posiert hatte, inmitten der Entbehrungen des Kriegs verhungert war.

Leon und Ewa sprachen, wie so viele Holocaust-Überlende, nur selten über ihre ermordeten Geschwister, Eltern und Großeltern. Über ihren ältesten Sohn sprachen sie nie. Das Wissen, dass es diesen kleinen Jungen einst gegeben hatte, blieb. Solange sie lebte, blieb auch Ewas verzweifeltes Verlangen, ihre Familie zu füttern. Ansonsten ist von ihm nichts geblieben.

Der Tod ihres erstgeborenen Sohnes hilft zu erklären, warum Ewa mich ein halbes Jahrhundert später mit solch unheimlicher Hingabe vollstopfen wollte. Aber diese Erklärung kann die Frau, die Ewa einst gewesen sein musste, nicht wieder lebendig machen. Für Roman, Ala, Rebecka und mich bleibt diese Frau fast ebenso verloren wie ihr erstgeborener Sohn.

In gewisser Hinsicht machte uns das die Sache leichter.

Anders als Roman und Ala erinnerte sich Leon, wer seine Frau früher gewesen war. Für ihn war Ewas Verwandlung eine tägliche Qual. Obwohl er versuchte, Geduld und Mitgefühl für sie aufzubringen, war ihre Beziehung zum Scheitern verurteilt. Sie konnten sich immer weniger ausstehen. In ihren letzten Jahren in Polen sprachen sie kaum ein Wort miteinander.

Als Ewa nach Israel ziehen wollte, verkündete Leon, dass er sie nicht begleiten würde. Sie ging trotzdem. Leon und Ewa sahen sich nur noch zwei oder drei Mal in ihrem Leben wieder.

In Israel versuchte Ewa, sich in der kleinen Küstenstadt Aschkelon eine neue Existenz aufzubauen. Doch ihr Leben im Gelobten Land war eine Enttäuschung. Ihre Hebräischkenntnisse blieben minimal. Ihre Ausbildung war nicht gerade auf ihre neue Umgebung zugeschnitten. Sie war tief unglücklich.

Ein paar Jahre später bekam Roman die schwedische Staatsbürgerschaft – und damit das Recht, für seine Eltern ein Visum zu beantragen. Ohne groß zu zögern verließ Ewa Israel und folgte ihrem Sohn nach Schweden.

Leon sah sich nach der Trennung von seiner Frau nach anderen Optionen um. Die Vereinigten Staaten hatten seinen Visumsantrag abgelehnt, weil er aus Überzeugung – und nicht etwa aus Karrierismus – Kommunist geworden war. Schweden, wo Roman sich ein neues Leben aufbaute, nahm zu der Zeit nur junge Flüchtlinge auf. Leon wäre gern in Österreich geblieben, wo ihm, dank der Deutschkenntnisse, die er sich in seiner Kindheit angeeignet hatte, bereits eine gute Stelle angeboten worden war. Doch es stellte sich als unmöglich heraus, eine Arbeitserlaubnis zu ergattern. Da seine Tochter, zumindest vorübergehend, nach Deutschland zog, beschloss Leon, dort als politischer Flüchtling Asyl zu beantragen.

Leon hatte gute Chancen auf Asyl. Aber als Staatenloser durfte er nicht nach Deutschland einreisen. Um Ala nach Deutschland zu begleiten, musste er einen Weg finden, die Grenze illegal zu überqueren.

Mit ein wenig Glück fand sich bald eine Lösung. Der Vater einer Schulfreundin von Ala war bis vor Kurzem polnischer Botschafter in Österreich gewesen. Aus diesen Zeiten stand er noch mit Bruno Kreisky, dem damaligen Vorsitzenden der österreichischen Sozialdemokraten, in Kontakt. Der Vater der Freundin rief Kreisky an, und dieser (es mag weit hergeholt klingen, aber so hat mir Leon die Geschichte immer erzählt) brachte ihn mit einem einfachen Genossen zusammen, der als Schaffner im Nachtzug von Wien nach Frankfurt arbeitete.

An einem Dienstagabend trug Leon eine kleine Tasche mit seinen wenigen Besitztümern zum Wiener Westbahnhof und bestieg den Zug nach Deutschland. Der Schaffner brachte ihn in ein Abteil, zog die Vorhänge zu und schloss Leon dort ein. Als in den frühen Morgenstunden deutsche Grenzer zustiegen, sagte ihnen der treue Genosse – der sich in jener Nacht vielleicht an hehre Dienste erinnerte, die er seiner Partei in gefährlicheren Zeiten geleistet hatte –, Leons Abteil sei leer.

Alles verlief nach Plan. Einst hatte Leon den letzten Zug aus Lwów genommen, um der anrückenden Wehrmacht zu entgehen. Diesmal gelang es ihm mithilfe eines in die Jahre gekommenen österreichischen Genossen, sich nach Deutschland hineinzuschmuggeln.

In Frankfurt wurde Leon in einem heruntergekommenen Asylbewerberheim untergebracht. Lange Monate vergingen – schwierige Monate, in denen er weder arbeiten noch sich mehr als ein paar Kilometer von dem Gebäude entfernen durfte. Als sein Antrag auf Asyl endlich genehmigt wurde, hatte er bereits ein Stellenangebot. Als technischer Leiter der RSW Prasa hatte er oft Maschinen bei einer Firma in Wiesbaden gekauft. Der Chef dieser Firma bot Leon nun eine gute Stelle im mittleren Management an.

Doch nach all den Verwandlungen, die Leon in seinem Leben durchgemacht hatte – vom Schtetl-Bewohner zum kommunistischen Untergrundkämpfer, vom Untergrundkämpfer zum Kriegsflüchtling, vom Kriegsflüchtling zum hohen Funktionär des Regimes und vom Funktionär des Regimes zum Asylbewerber –, war ihm diese letzte Verwandlung, vom Asylbewerber zum Kapitalisten, ein Schritt zu viel. Er lehnte die Stelle ab, dankte seinem ehemaligen Geschäftspartner für seine Großzügigkeit und fragte, ob er nicht als einfacher Drucksetzer bei ihm anfangen könne. Und so verbrachte Leon den Rest seines Arbeitslebens mit derselben Tätigkeit, die er als jugendlicher Ausreißer in Lwów erlernt hatte: Buchstabe für Buchstabe setzte er die Zeitung.

—

Als sich die unbarmherzigen Sechzigerjahre ihrem Ende neigten und ein neues Jahrzehnt am Horizont heraufdämmerte, war meine Familie über die ganze Welt verstreut: Ala lebte in Detmold, Leon in Wiesbaden, Roman in Malmö und Ewa in Aschkelon. Sie versuchten, an den Orten, an die das Schicksal sie verschlagen hatte, ein neues Leben aufzubauen. Aber ihre Zukunft war ungewiss. Würden sie in ihrer neuen Umgebung Frieden finden – oder abermals weiterwandern?

Alas Zukunft war besonders unwägbar. Sie hatte weder das Recht noch die Absicht, den Rest ihres Lebens in Deutschland zu verbringen. Und doch blieb sie am Ende hier. Das ist auch der seltsamen Geschichte einer anderen Familie zu verdanken – einer Familie, die nur wenig mit der meinen zu tun hat und doch erklärt, wie ich zu einem Deutschen wurde.

Bevor sie Warschau verließ, hatte Ala eine stürmische Affäre mit Christian Skrzyposzek, einem jungen Schriftsteller, der für seine frühen literarischen Werke hoch angesehen und wegen seiner Attacken auf das kommunistische Regime allseits berüchtigt war. Christian kam aus einer deutsch-polnischen Familie in Schlesien. Seine Mutter Margarete war eine glühende Nationalistin. Ein Verwandter von ihr war ein hochrangiger Nazifunktionär – einigen Berichten zufolge sogar ein SS-Offizier. Als die Nazis in ihrer Heimatstadt die Macht übernahmen, war Margarete begeistert.

Christians Vater, Wilhelm, hatte eine kompliziertere Identität. Trotz seines polnischen Nachnamens scheint er deutsche Vorfahren gehabt zu haben: Nach der Machtergreifung unterzeichnete er jedenfalls eine Erklärung, dass er Volksdeutscher sei. Er durfte weiterstudieren und stieg bald zum Direktor einer örtlichen Filiale der Deutschen Bank auf.

Doch ohne seiner Frau seine Meinung mitzuteilen, fühlte Wilhelm sich von den Nazis abgestoßen. Er identifizierte sich immer weniger mit seinen deutschen Vorfahren und immer mehr mit seinen polnischen. Heimlich trat er dem Widerstand bei.

Nach außen hin schien das Leben von Wilhelm und Margarete in jenen ersten Kriegsjahren vollkommen normal. Aber Wilhelm schwebte in großer Gefahr. Und tatsächlich: Eines Tages, als Margarete gerade mit einem kleinen Jungen schwanger war, stand die Gestapo vor der Tür. Wilhelm wurde nach Auschwitz gebracht und später in das Arbeitslager Mauthausen verlegt.

Margarete tat, was sie konnte, um Wilhelms Leben zu retten. Und doch ekelte ihr vor den Taten ihres Mannes. Dass er ihr geliebtes Vaterland verraten hatte, war für sie unfassbar. Als ein paar Monate später ihr Sohn zur Welt kam, rächte sie sich für seinen Verrat. Der neugeborene deutsch-polnische Junge sollte einen entschieden germanischen Namen tragen: Christian Berthold Wilhelm.

Was für ein Name: Christian Berthold Wilhelm … Skrzyposzek. Laut einer Familienlegende – Christian liebte sie so sehr, dass der Gedanke naheliegt, er könne sie erfunden haben – sorgte seine Geburt bei seinem Vater und dessen Mithäftlingen in Mauthausen für große Heiterkeit. Eines Tages rief der Aufseher bei einem der sadistischen Anwesenheitsappelle die Nummer auf, die auf Wilhelms Unterarm tätowiert war.

»Häftling! Deine Frau hat einen gesunden Sohn zur Welt gebracht. Sein Name ist Christian Berthold Wilhelm Skr... äh, Christian Berthold Wilhelm Skrzrzp...«

Die ersten Gefangenen fingen an, zu kichern.

»Ordnung! Sein Name ist Christian Berthold Wilhelm Skrzprprk...«

Ein unverhoffter Lachanfall – teils kindischem Humor, teils unbändigem politischem Widerstandsgeist geschuldet – breitete sich auf den ausgemergelten Gesichtern der KZ-Insassen aus. »Sein Name ist«, brüllte der Aufseher schließlich und rollte dabei drohend das R, »Chrrristian Berrrthold Wilhelm ... Schi ... posch.«

Anders als so viele überlebte Wilhelm das Lager. Kurz nach seiner Befreiung sah er seinen Sohn zum ersten Mal. Trotz des Traumas, das ihn für den Rest seines Lebens zeichnete, konnte er für sich und seine Familie ein neues Leben aufbauen. Margarete wurde zu Małgosia. Seinen Kindern gab er eine patriotische polnische Erziehung.

Christian teilte den Patriotismus seines Vaters. Von seinem Vater erbte er außerdem seine couragierte Ungeduld gegenüber jeglicher Ungerechtigkeit. Seine kompromisslose Kritik am kommunistischen System hatte, als er Ala kennenlernte, bereits die Aufmerksamkeit zahlreicher Bewunderer – und auch einiger Regierungsfunktionäre – erregt. Als Ala ins Exil ging und seine eigene Lage immer brenzliger wurde, beschloss Christian, ihr nach Detmold zu folgen.

Ohne große Hoffnung beantragte er ein Ausreisevisum. Zu seiner Überraschung wurde es rasch bewilligt. Dem Regime schien daran gelegen, Christian so schnell wie möglich außer Landes zu verfrachten. Aber während er seine Ausreiseerlaubnis viel leichter als gehofft erhielt, gestaltete sich sein Antrag auf die deutsche Aufenthaltsgenehmigung viel schwieriger als gedacht.

Christian war davon ausgegangen, dass er problemlos die deutsche Staatsbürgerschaft erhalten würde. Immerhin floss in seinen Adern »deutsches Blut«. Doch als er nach Deutschland kam, musste er feststellen, dass weder seine deutsche Mutter noch seine deutschen Vornamen als Nachweis für seine deutsche Abstammung ausreichten.

»Eine deutsche Mutter spielt für Ihren Antrag keine Rolle, Herr Skrrk... Herr Schikosch. In unserem Land hängt die Staatsbürgerschaft ausschließlich von der Abstammung des Vaters ab, verstehen Sie?«

»Des Weiteren«, belehrte ihn der Beamte im Ausländeramt, »wurde Ihr Vater laut der Dokumentenlage aus Auschwitz als polnischer Insasse geführt.« Mit der selbstzufriedenen Miene eines Mathematikers, der *QED* unter einen einwandfreien Beweis schreibt, wies der Bürokrat Christian Berthold Wilhelms Antrag auf die deutsche Staatsbürgerschaft ab.

Christian erhob Einspruch und begann auf eigene Faust, Nachforschungen anzustellen. Schließlich gelang es ihm, ein einziges Dokument aufzutreiben, in dem die Nationalität seines Vaters als deutsch angegeben wurde. War es Wilhelms Erklärung, ein Volksdeutscher zu sein? Oder war es wirklich, wie Christian hartnäckig behauptete, ein Dokument aus Mauthausen?

Laut Christian hatte seine Mutter Margarete, obwohl sie über Wilhelms Verrat schockiert gewesen war, ihren

Verwandten, den SS-Offizier, nach der Verhaftung ihres Manns angefleht, alles in seiner Macht Stehende zu tun, um ihn zu retten. Margaretes Verwandter sorgte demnach tatsächlich dafür, dass Wilhelm von Auschwitz nach Mauthausen verlegt wurde. Später veranlasste er sogar eine medizinische Untersuchung. Da Wilhelm mit einem deutschen SS-Offizier verwandt war, der ihm derartig gefällig war, ging man wie selbstverständlich davon aus, dass er Deutscher sein müsse. Laut Christian war es Wilhelms Sanitätskarte aus Mauthausen, die seine Abstammung als deutsch auswies – und letztlich seinen Anspruch auf die deutsche Staatsbürgerschaft belegte.

Nachdem Christian sich das Recht erkämpft hatte, in Deutschland zu bleiben, gründeten er und Ala in Detmold ein neues Leben. Ihre Beziehung lief gut, und im Februar 1970 heirateten sie.

Auch beruflich ging es für Ala aufwärts. Für eine Karriere als Tonmeisterin war sie letztlich zu kreativ. Obwohl es in ihrem erkorenen Beruf so gut wie keine Frauen gab, beschloss sie, Dirigentin zu werden. Schon nach kurzer Zeit konnte sie erste Erfolge feiern. Da ihre Musikkarriere gut gestartet war, ihr Vater in Wiesbaden arbeitete und ihr Mann bei ihr in Detmold lebte, war es nur natürlich, dass Ala vorläufig in Deutschland bleiben wollte.

Doch sie hatte gemischte Gefühle, als es darum ging, sich hier dauerhaft niederzulassen. Einen deutschen Pass wollte sie auf keinen Fall. Nachdem ihre Liebe zu Polen so brutal enttäuscht worden war, fühlte sie sich keinem bestimmten Land zugehörig – schon gar nicht jenem, das für den Tod so vieler ihrer Verwandten verantwortlich gewesen war. Staatenlos war sie, im Prinzip, ganz gerne.

In der Realität bereitete die Staatenlosigkeit ihr allerdings ständig Probleme. Selbst einfache Reisen waren fast unmöglich. Als Ala nach Westberlin zog, konnte sie die Stadt nur mit riesigem Umstand verlassen.

All diese Unannehmlichkeiten nahm Ala bereitwillig hin. Doch als sie versuchte, ihre Aufenthaltsgenehmigung zu verlängern, sagte ihr der Sachbearbeiter, sie habe nur zwei Optionen. Entweder, sie müsse mitten im Semester nach Österreich zurückkehren, um auf unbestimmte Zeit auf ihr neues Visum zu warten. Oder sie nehme den deutschen Pass an, der ihr als Christians Frau zustand. Widerwillig fügte Ala sich dem Unausweichlichen: Sie beantragte die deutsche Staatsbürgerschaft.

Christians Familiengeschichte erklärt nicht nur, warum Ala am Ende doch in Deutschland blieb – sondern auch, wie ich selbst zu einem Deutschen wurde.

Ich erbte meine deutsche Staatsbürgerschaft – gemäß einem 1975 verabschiedeten Gesetz, das deutschen Müttern endlich erlaubte, ihren Pass an ihre Kinder weiterzugeben – von meiner Mutter. Meine Mutter wiederum hatte ihre deutsche Staatsbürgerschaft aufgrund ihrer Ehe mit Christian (die schon lange vor meiner Geburt gescheitert war) erworben. Und Christian wiederum verdankte seine deutsche Staatsbürgerschaft dem Eingreifen eines SS-Offiziers sowie einem Beamten der Bundesrepublik Deutschland, der 1970 die penibel geführten Archive von Mauthausen konsultierte.

All das lässt einen Schluss erahnen, den ich wieder und wieder lernen musste, während ich aufwuchs: Als deutscher Jude muss man sich keine besondere Mühe geben, sich an die Vergangenheit zu erinnern. Die Vergangenheit findet vielmehr einen Weg, sich einem aufzudrängen – oft auf denkbar surreale Weise.

Oberflächlich scheint das Leben von Juden in Deutschland mittlerweile recht normal. Aber die Beziehung zwischen Deutschen und Juden ist auch heute noch vom Schatten der Vergangenheit geprägt – manchmal auf augenscheinliche, manchmal auf schwer ersichtliche Weise. Was denen, die von klein auf an einen Zustand gewöhnt waren, als selbstverständlich erscheinen mag, stellt sich mit der nötigen Distanz als nicht gerade natürlich heraus. Deshalb lassen sich die Missverständnisse zwischen Deutschen und Juden, die es auch heute noch gibt, nicht ohne ein Bewusstsein für das andauernde Erbe der Vergangenheit verstehen – und schon gar nicht aus der Welt schaffen.

3.

WIDERHALLENDES SCHWEIGEN

»Herzlich willkommen und viel Glück für eure Gymna-
siallaufbahn«, begrüßte uns Herr Bilger am ersten Tag der
fünften Klasse. Herr Bilger war groß, um die vierzig,
schwäbelte stark und schien stolz darauf, seinen Schülern
ein wenig Angst zu machen. »Bevor wir mit der Mathe-
stunde anfangen, müssen wir ein paar Formalitäten aus
dem Weg räumen. Schaun wir mal auf die Klassenliste.
Allsbach, Lisa. Katholisch oder evangelisch?«

»Wie bitte?«

»Konzentriert euch, Leute. Ich muss euch in katholischen
oder evangelischen Religionsunterricht einteilen. Also,
Lisa?«

»Katholisch.«

»Gut. Bach, Klaus?«

»Evangelisch.«

»Emmerle, Johannes?«

Bald, so merkte ich, würden wir bei M ankommen.
Und wie mir plötzlich klar wurde, war ich vollkommen
unsicher, was ich eigentlich sagen sollte – zum Teil, weil
ich Angst hatte, irgendwie anders zu sein, und zum Teil,
weil ich nicht religiös bin und deshalb nicht so wirklich
wusste, wie die richtige Antwort gelautet hätte.

»Mo… Mo-unk. Ya… Wie spricht man das denn überhaupt aus, Junge?«

»Yascha.«

»Sascha?«

»Yascha. Wie Sascha, nur mit Y.«

»Okay, Sascha. Katholisch oder evangelisch?«

»Also, ich glaub, ich bin irgendwie … jüdisch?«

Ich hatte alle möglichen Reaktionen erwartet – außer diese. Die Klasse brach in schallendes Gelächter aus.

»Hör auf zu lügen«, rief Johannes Emmerle aus der letzten Reihe. »Jeder weiß doch, dass es die Juden nicht mehr gibt!«

Herr Bilger wies Johannes zurecht. »Melde dich, wenn du was sagen willst. Na schön, Sascha. Wenn die anderen Reli haben, kriegst du eine Freistunde. In der Parallelklasse sind, glaub ich, ein paar Türken. Ihr könnt euch dann Gesellschaft leisten.« An die Klasse gewandt, fügte Herr Bilger hinzu: »Und, Johannes, das stimmt nicht, was du da sagst. Ein paar Juden gibt es mittlerweile. Wieder.«

—

Die politische Führungsriege der frühen Bundesrepublik behandelte 1945 als eine »Stunde null«. Durch die bedingungslose Kapitulation des Dritten Reichs war die Gegenwart ein für alle Mal von der Vergangenheit losgelöst. Wie zu Zeiten der biblischen Jubeljahre waren alte Schulden, moralische wie materielle, scheinbar erlassen worden. Die wenigen, die auf einer Aufarbeitung der Nazizeit bestanden, wurden oftmals als Nestbeschmutzer abgetan.

In den ersten Jahren nach dem Krieg war die Wahrnehmung eines radikalen Bruchs zwischen Vergangenheit und Zukunft nur natürlich. Bis vor Kurzem hatte Deutschland fast ganz Europa beherrscht; nun stand das Land unter der Besatzung der Alliierten. Bis vor Kurzem erschienen die führenden Köpfe des Dritten Reichs allmächtig; wenige Monate später hatten sie Selbstmord begangen, waren nach Südamerika geflohen oder saßen in Nürnberg auf der Anklagebank. Bis vor Kurzem hatten verzweifelte Menschen aus zahllosen Ländern deutsche Soldaten um ihr Leben angefleht; nun waren diese Soldaten in Lumpen nach Hause zurückgekehrt oder fristeten ihr Dasein in Kriegsgefangenenlagern.

Selbst das Leben der deutschen Frauen und Kinder, die während des Kriegs in der Heimat geblieben waren, hatte sich innerhalb weniger Monate drastisch verändert. Der NS-Führung war es während des Zweiten Weltkriegs lange gelungen, Schlachten auf deutschem Boden zu vermeiden. Auf Kosten der Hungernden überall sonst wurde die Heimatfront mit großzügigen Essensrationen verwöhnt. Doch in den letzten Kriegsjahren richteten die Luftangriffe der Alliierten in deutschen Städten verheerende Schäden an. Zum ersten Mal mussten sich die Deutschen an ernste Lebensmittelknappheit gewöhnen. Hinzu kamen Millionen Vertriebener, die plötzlich nach einer neuen Heimstatt suchten. Das Gerede von einer Stunde null war also nicht, wie es später manchmal heißen sollte, völlig aus der Luft gegriffen. Es hatte einen Anker in der Realität.

Doch schon bis 1949 hatte sich die Stunde null von einer realitätsverhafteten Beschreibung in eine eigennützige Ideologie verwandelt. Sie drückte nicht mehr einen faktischen Wandel aus, sondern rechtfertigte zusehends die Haltung der neu gegründeten Bundesrepublik zum Dritten Reich. Die Botschaft war eindeutig: Das neue Deutschland würde kaum Verantwortung für die Taten des alten übernehmen. Und auch die Schlussfolgerung für die Beziehungen zwischen Juden und Nichtjuden war unzweideutig: Bis auf Weiteres würden sie auf einem Fundament oberflächlicher Höflichkeit und tief sitzenden Misstrauens aufbauen.

Die meisten Deutschen schienen im Geist der Stunde null zu glauben, es sei einfach, sich mit ihrer Vergangenheit auseinanderzusetzen: Sie bräuchten nichts weiter zu tun, als im Geschichtsunterricht das Dritte Reich zu überspringen, ein paar Hakenkreuze zu entfernen, jeden Adolf-Hitler-Platz in einen Bonner Platz umzubenennen und ein dünnes Lippenbekenntnis über die Schrecken des Totalitarismus abzulegen. Doch den Juden im Nachkriegsdeutschland war vollkommen klar, wie oberflächlich solche Reuebekundungen waren. Viele von ihnen schämten sich, in Deutschland zu leben. Welche Ausrede konnte es schon dafür geben, sich in einem Land niederzulassen, das so viele ihrer Familienmitglieder ermordet hatte – insbesondere, da so viele seiner Bewohner nicht einmal ein schlechtes Gewissen zu haben schienen?

Im Dritten Reich hatten sich viele Deutsche, die gegen Hitler waren, in eine Art »inneres Exil« zurückgezogen. Sie leisteten dem Dritten Reich keinen aktiven Widerstand, nahmen aber auch nicht am öffentlichen Leben teil. In den Fünfziger- und Sechzigerjahren trainierten sich viele in Deutschland lebende Juden eine ähnliche Haltung an.

Dies gilt insbesondere für die ehemaligen Displaced Persons (DPs). Prominente wie Theodor Adorno, die sich vor dem Krieg in Deutschland einen Namen gemacht hatten und jetzt aus dem Exil wiederkehrten, beteiligten sich aktiv am deutschen Kulturleben. Doch ein viel größerer

Teil der jüdischen Nachkriegsbevölkerung hatte gar keine deutschen Wurzeln. Aus Osteuropa verschleppt, hatten die meisten von ihnen den Krieg in Konzentrationslagern überlebt und warteten nun auf deutschem Boden auf ein Visum für die USA oder Palästina. Von Hunderttausenden DPs verließen die allermeisten bis Ende der Vierzigerjahre das Land. Aber ein paar verliebten sich, eröffneten ein Geschäft oder waren schlicht zu geschwächt, um abermals umzusiedeln. Sie steckten einstweilen in Deutschland fest, wollten hier jedoch auf keinen Fall heimisch werden. Wie sie es gerne ausdrückten, lebten sie »auf gepackten Koffern«.

Diese ehemaligen DPs, die hauptsächlich in München, Frankfurt und Berlin lebten, begegneten Nichtjuden in ihrem beruflichen Leben oder wenn sie einkaufen gingen. Aber abends kehrten viele von ihnen in ihre Wohnungen zurück, luden andere Juden zum Essen ein oder besuchten eine improvisierte Kulturveranstaltung im jüdischen Gemeindezentrum. Soweit es die Umstände zuließen, beschränkten sie den Kontakt mit der Mehrheitsgesellschaft auf ein Minimum.

Bis Anfang der Siebzigerjahre taute die eisige Beziehung zwischen Deutschen und Juden nur langsam auf. Lediglich auf offizieller Ebene trafen der deutsche Staat und die Vorsitzenden der jüdischen Gemeinden einen provisorischen Deal. Um seinen westlichen Partnern zu beweisen, dass sich sein Land wesentlich gewandelt hatte, wollte Adenauer herausstellen, wie gut Deutschland die Juden behandelte. Wenn ausländische Würdenträger zu Besuch kamen, brauchte er wohlgesinnte Juden als Publikum für seine hehren Worte.

Heinz Galinski, der Vorsitzende des Zentralrats der Juden in Deutschland, war unterdessen international isoliert.

Der Jüdische Weltkongress und andere jüdische Organisationen erkannten die deutschen Gemeinden nicht an. Sie wollten kein wertvolles Geld verschwenden, um Glaubensgenossen dabei zu helfen, ein Leben in Deutschland aufzubauen, anstatt nach Israel oder in die USA auszuwandern. Wenn diese jedoch ein rudimentäres religiöses Leben aufrechterhalten und ihren alternden Mitgliedern die benötigten Sozialeinrichtungen bieten wollten, brauchten die jüdischen Gemeinden dringend Geld.

Adenauer und Galinski verständigten sich also auf einen stillschweigenden Kuhhandel. Der deutsche Staat gewährte den jüdischen Gemeinden finanzielle Mittel, um auf einfachem Niveau zu funktionieren. Im Gegenzug sangen die Vorsitzenden der jüdischen Gemeinde verlässlich Loblieder auf die Bundesrepublik, hörten lächelnd zu, wenn sie zu entsprechenden Anlässen – oft von ehemaligen Nazis – mit geheucheltem Philosemitismus überhäuft wurden, und taten allzu offensichtliche Ausbrüche von Antisemitismus als reine Missverständnisse ab.

Einer von Galinskis Nachfolgern, Werner Nachmann, war sogar noch pflichtbewusster. Während seiner Amtszeit wurde bekannt, dass Hans Filbinger, der beliebte baden-württembergische Ministerpräsident, ein skrupelloser Nazirichter gewesen war. Selbst nach dem Tode seines geliebten Führers hatte Filbinger ihm die Treue gehalten. Gemäß den Genfer Konventionen hatten die Alliierten deutschen Kriegsgefangenen erlaubt, untereinander Recht zu sprechen. Als ein anderer Kriegsgefangener sich die Hakenkreuze von der Uniform riss, hatte ihn Filbinger – am 1. Juni 1945, fast einen Monat nach der bedingungslosen Kapitulation des Tausendjährigen Reichs – zu sechs Monaten Gefängnis verurteilt. Noch schockierender war Filbingers Mangel an Reue. Als er 1978 nach seinen

Urteilen befragt wurde, antwortete er mit einem alsbald berüchtigten Satz: »Was damals rechtens war, kann heute nicht Unrecht sein!«

Nachmann spielte trotzdem seine Stammrolle als nützlicher Jude. Filbinger, so bescheinigte er ihm brav, sei ein »anständiger Mensch«.

Auf offizieller Ebene stand also bereits in den Sechziger- und Siebzigerjahren zwischen Juden und Nichtjuden alles halbwegs zum Besten. Doch in Wirklichkeit nahmen viele deutsche Juden Galinski und Nachmann ihre Unterwürfigkeit übel. In ihren Augen änderte das Verhalten solcher »Hofjuden« wenig daran, dass Deutschlands hartnäckiges Festhalten am Mythos der Stunde null es Juden unmöglich machte, sich in der Bundesrepublik zu Hause zu fühlen.

So empfanden es auch Leon und Ala, als sie nach Deutschland kamen. Die Nachkriegsordnung begegnete ihnen als alltägliches Dilemma. Wie sollte Ala reagieren, als ein etwas älterer Freund beiläufig erwähnte, dass er wie sie in Łódź geboren worden war (sein Vater, ein ranghoher Nazi, hatte die Region verwaltet)? Was sollte Leon sagen, wenn Mitarbeiter, wie so viele Deutsche dieser Generation, unaufhörlich von den Schlachten bei Monte Cassino und Stalingrad erzählten? Oder wenn Kollegen behaupteten, Hitler sei doch gar nicht so schlimm gewesen? Oder wenn sie mal wieder mit ihren Kriegsabenteuern prahlten?

Wie die meisten anderen Juden in der Nachkriegszeit bissen sich auch Leon und Ala zumeist auf die Zunge. Nur wenige Menschen spielen gerne die Rolle des Nörglers, der sich über eine vermeintliche Ungerechtigkeit beschwert, an der außer ihm niemand etwas Schlimmes zu erkennen vermag.

Fast immer hielten sie ihren Mund. Nur ein paar Mal wurde es ihnen einfach zu viel.

Eines Tages stimmte einer von Leons Kollegen eine besonders inbrünstige Hasstirade auf die Juden an. Mein geliebter *zaza* – dieser friedliebende alte Mann, der vor Traurigkeit zitterte, sobald im Fernsehen über einen neuen Krieg berichtet wurde; dieser sanftmütige Optimist, der mir an dem Tag, als Jitzchak Rabin erschossen wurde, eine niedergeschmetterte Nachricht auf den Anrufbeantworter sprach – bat den Kollegen höflich, derartige Beleidigungen zu unterlassen. Der kam daraufhin erst richtig in Fahrt. Zu seiner eigenen Überraschung verlor Leon die Beherrschung. Er forderte den Alt-Nazi auf, ihn nach draußen zu begleiten.

Als ich Leon nach dieser Geschichte, die in unserer kleinen Familie längst zur Legende geworden war, befragte, sagte er nur: »Den Kampf hab ich gewonnen. Aber ich bin nicht stolz darauf.«

Den ersten Satz glaube ich ihm. Leon war zwar friedliebend und sanftmütig, aber auch sehr stark. Noch heute erinnere ich mich, wie er einmal gegen seinen Sohn beim Armdrücken angetreten ist. Roman ist ein kräftiger Kerl. Doch nach vier, fünf, sechs Minuten hatte er es immer noch nicht geschafft, seinen achtzigjährigen Vater zu besiegen. Als Roman und Leon rot anliefen und Ala sie schon panisch anschrie, einigten sie sich endlich auf ein Unentschieden.

Doch obwohl mich Leons erster Satz überzeugt, kaufe ich ihm den zweiten nicht ab. Es fällt schwer, sich vorzustellen, dass er nicht einmal ein klein wenig stolz darauf war, dieses einzige Mal die Beherrschung verloren zu haben. Wie so viele andere schämte er sich für seine stillschweigende Duldung der herrschenden Verhältnisse.

Auch die Schuldgefühle so vieler Überlebender teilte er im Stillen: die irrationale und hartnäckige Scham, warum ausgerechnet er dem Schicksal seiner Eltern, seiner Geschwister, seines erstgeborenen Sohnes entkommen war.

Leon mochte Deutschland sehr gerne. Und doch verspürte er zeitlebens ein Unbehagen über seine merkwürdige Entscheidung, ausgerechnet im »Land der Täter« – unter Menschen, die eine so große Schuld auf sich geladen hatten und doch so wenig Reue zeigten – Zuflucht gesucht zu haben. Wie hätte diese kurze Flucht vor seiner täglichen Machtlosigkeit und Verstellung – dieser kurze Bruch mit dem selbstherrlichen Mythos der Stunde null – also irgendetwas anderes sein können als ein Moment des Triumphs?

———

Als ich selbst in Deutschland aufwuchs, hatte sich das Land bereits zum Besseren gewandelt. Doch wie ich erfahren sollte, als ich im Alter von neun Jahren nach Laupheim zog, hallte das Schweigen über die Nachkriegszeit an einigen Orten selbst in den frühen Neunzigerjahren noch nach.

1991 wurde Ala zur Generalmusikdirektorin am Ulmer Opernhaus ernannt. Wir zogen nach Laupheim, einer Kleinstadt mit sechzehntausend Einwohnern südwestlich von Ulm. Die Stadt verfügte über ein passables Schloss, einen großen Bundeswehrstützpunkt und das aufregende Gerücht, McDonald's werde bald am Stadtrand eine Filiale eröffnen. (»Wenn der McDonald's einmal aufmacht«, sagten mir meine Mitschüler, »dann ist Laupheim eine echte Großstadt.«)

Soweit ich weiß, brachte es Laupheim nach unserer Ankunft auf genau zwei jüdische Einwohner: meine Mutter und mich. Es ist also nicht besonders überraschend, dass die Einstellung vieler Laupheimer eher in die unmittelbare Nachkriegszeit gepasst hätte als in die frühen Neunzigerjahre.

Oder vielleicht sollte ich sagen: Es wäre nicht überraschend gewesen, hätte Laupheim nicht eine ungewöhnlich lange und reiche jüdische Geschichte. Bis heute befindet sich im Stadtzentrum ein wunderschöner jüdischer Friedhof. Mitte des 19. Jahrhunderts war Laupheim sogar die größte jüdische Siedlung im Königreich Württemberg gewesen. Damals war jeder fünfte Einwohner jüdisch.

Bei einem dieser Laupheimer Juden handelte es sich um einen gewissen Carl Laemmle. In einem kleinen Haus, gerade außerhalb des jüdischen Ghettos, zur Welt gekommen, wanderte Laemmle im Alter von siebzehn Jahren in die USA aus, gründete dort die Universal Studios und wurde ihr erster Vorsitzender. Selbst als er reich und berühmt war, besuchte Laemmle seine Heimatstadt oft. In den Zwanzigerjahren wurde er zum größten Wohltäter der Stadt. Großzügig unterstützte er die örtlichen Armen, spendete Riesensummen, nachdem viele Häuser bei einem Hochwasser zerstört worden waren, und finanzierte die Sportanlagen für das örtliche Gymnasium. In Anerkennung seiner gemeinnützigen Arbeit wurde er zum Ehrenbürger von Laupheim benannt.

Doch Laemmles Zeiten als Ehrenbürger währten nicht lange – nach der Machtergreifung begann der Naziterror auch in Laupheim. Am 1. April 1933 wurde das Kaufhaus Einstein – dessen Eigner angeblich entfernte Verwandte von Albert Einstein gewesen waren – bei einem brutalen antijüdischen Boykott von SA-Truppen verwüstet. In den nächsten Monaten wurden jüdische Geschäfte und Wohnhäuser »arisiert«. Zum letzten Mal spielte Laemmle eine

wichtige Rolle: Er unterzeichnete Affidavits für über drei-
hundert arme Laupheimer Juden. Mit seiner Hilfe bekamen sie US-Visa und konnten dem Holocaust entkommen.
Bis zum Ende des Kriegs war Laupheim judenfrei.

Als ich in Laupheim lebte, war nicht nur die jüdische
Gemeinde verschwunden. Auch die Erinnerung an sie war
größtenteils ausgelöscht.

1993 kündigte das Geschäft, das die Räumlichkeiten der
Einsteins übernommen hatte, eine große Jubiläumsfeier
zum 55. Jahrestag an. Bald tat es ihm ein anderes einhei-
misches Geschäft gleich. In den Folgemonaten stellte sich
heraus, dass weitere Geschäfte ein erstaunlich ähnliches
Jubiläum zu feiern hatten. Falls dieser Zufall dem einen
oder anderen Laupheimer seltsam vorkam, taten sie ihr
Bestes, ihre Überraschung zu verbergen.

Schon vor meinem ersten Schultag war mir, wenn auch
verschwommen, bewusst gewesen, dass ich Jude bin. Aber
wahrscheinlich wusste ich nicht viel mehr darüber, was es
bedeutete, ein Jude zu sein, als meine Mitschüler.

Dass ich Jude bin, wusste ich, weil Ala und Leon hin
und wieder darüber diskutierten, ob dieser oder jener Prominente vielleicht auch ein Jude sein könnte. Dass ich Jude
bin, wusste ich, weil Ala jedes Mal, wenn irgendwo auf
der Straße das Wort »Jude« fiel, zusammenzuckte – und
gleichzeitig den Hals reckte, um zu hören, was denn da
gesagt wurde. Dass ich Jude bin, wusste ich, weil ich Ala –
nachdem ich eine Fernsehsendung gesehen hatte, in der
Juden vorkamen – fragte, wer denn diese seltsamen Wesen
seien, und sie mir sagte: Das sind wir.

Aber wenn ich auch wusste, dass ich ein Jude bin, so
blieb meine jüdische Herkunft für mich doch eine entschieden abstrakte Tatsache. Mein Judesein bedeutete mir

nicht mehr als andere abstrakte Tatsachen auch – in welchem Krankenhaus ich geboren wurde zum Beispiel oder wie alt ich war, als ich mein erstes Wort sagte. So wie jene anderen Tatsachen keine spürbaren Auswirkungen auf mein Leben hatten, so würde es diese wohl auch nicht haben. Dass sie mich von anderen Kindern abgrenzen könnte, war mir jedenfalls noch nicht in den Sinn gekommen – und so glaubte ich auch nicht, sie würde mich irgendwie davon abhalten können, ein »echter« Deutscher zu sein. Das sollte sich im Laufe der nächsten Jahre ändern.

Wenn mich meine Erinnerung nicht trügt, setzte dieser langsame Veränderungsprozess an jenem Tag ein, als ich, meiner selbst noch unsicher, vor einer Klasse voller Fremder aussprach, dass ich ein Jude bin. Ein paar Sekunden lang, während alle lachten, war ich einfach nur verwirrt. Wie jeder, der andere ungewollt zum Lachen bringt, versuchte ich zu verstehen, was da passiert war. Lachten die mich aus, weil ich Jude bin? Und wenn ja, was ist so komisch daran, ein Jude zu sein? Oder lachten die mit mir, weil ich mich irgendwie über Juden lustig gemacht hatte? Und wenn ja, warum ist es so lustig, wenn jemand tut, als wäre er Jude?

Doch dann verstummte das Lachen, und ich verstand langsam die Situation. Meine Mitschüler begriffen, dass ich gar keinen Witz erzählt hatte: Nein, anscheinend war ich tatsächlich ein Jude. Herr Bilger begriff, dass er wirklich ein seltenes Exemplar jener bedrohten, schwer zu handhabenden Gattung am Hals hatte. Und ich für meinen Teil begann zu ahnen, dass es wohl doch keine bedeutungslose Abstraktion ist, ein Jude zu sein.

Es war nicht so, als wären meine Mitschüler mir gegenüber plötzlich feindselig geworden. Sie warfen mir auch keine antisemitischen Beleidigungen an den Kopf. Stattdessen sahen sie mich fortan schlicht als einen Exoten – als jemanden, der zwar nicht schlecht oder böse war, aber auch bestimmt nicht so wie die anderen. Wenn man meine Klassenkameraden an meinem zweiten, zehnten oder auch fünfhundertsten Tag gefragt hätte, ob ich Deutscher sei, hätten sie in aller Unschuld geantwortet: »Yascha? Nein, der ist kein Deutscher. Der ist Jude.«

Als ich begriff, was für Auswirkungen diese Tatsache auf alle um mich herum hatte, begann sich mein Selbstverständnis zu ändern. Zuvor hatte ich zwar gewusst, dass ich irgendwie jüdisch bin – hatte mich selbst jedoch nicht wirklich als Juden identifiziert. Jetzt begann ich, diese Identität auf sehr viel bewusstere Weise zu verinnerlichen. Wenn ich kein Deutscher sein konnte, dachte ich mir, dann musste ich halt ein Jude sein.

Meine zögerliche Annäherung an meine jüdische Identität wich ein halbes Jahr später einem trotzigen Stolz. An einem wunderschönen Frühlingstag dirigierte Ala an der Ulmer Oper *Figaros Hochzeit*. Ich bin zwar nicht gerade musikalisch, war als liebender Sohn aber trotzdem von der Vollkommenheit der Darbietung überzeugt. Als der letzte Vorhang fiel, verließ ich den Zuschauerraum durch eine kleine Seitentür, rannte die Treppe bis in den dritten Stock hoch und hopste den langen Flur zu Alas Garderobe entlang, um ihr zu gratulieren. Als ich sie endlich sah, blieb ich wie angewurzelt stehen.

»Ich bin deutscher Sänger auf deutschem Boden!«, schrie Bernd Kastaffer. Selbst ich merkte, dass er vollkommen blau war. Eine Gruppe von Schaulustigen hatte sich bereits versammelt.

»Vielleicht sollten wir das lieber morgen besprechen«, sagte Ala. Ihre Stimme klang fest, doch sie sah ein wenig ängstlich aus. »Aber eins will ich Ihnen sagen: Wenn Sie jemals wieder so betrunken zur Vorstellung kommen, wird das Konsequenzen haben.«

Entsetzt schaute ich zu, wie Kastaffer auf sie zutaumelte. Seine Opernstimme hallte den Flur auf und ab. »Sie sind Jude. Ich bin Deutscher. Sie haben mir gar nichts zu sagen.«

Während Kastaffer nach einem angemessen eindrucksvollen Abgang suchte, entstand eine kleine, peinliche Pause. »Ein *deutscher* Sänger. Auf *deutschem* Boden«, brüllte er schlussendlich. »Hau doch ab nach Israel, wo du hingehörst!« Von seinem Abschluss befriedigt, machte Kastaffer sich mit dem melodramatischen Gestus einer mittelbegabten Rampensau auf die Suche nach seiner Garderobe.

Ich war von diesem Vorfall ein wenig erschüttert, tat allerdings mein Bestes, ihn zu vergessen: Bernd Kastaffer, so sagte ich mir, ist halt ein Alkoholiker, der wirres Zeug redet.

Aber dann, ein oder zwei Monate später, kam ich früher als sonst aus der Schule. Ala saß in der Küche und las einen Brief. Ihr Gesicht war so weiß wie das Papier, das sie in der Hand hielt. Als sich unsere Blicke trafen, legte sie den Brief sofort weg – und weigerte sich standhaft, meine Fragen zu beantworten.

An jenem Abend, als Ala schon im Bett lag, suchte ich im ganzen Haus nach dem Brief. Schließlich fand ich ihn in einer verschlossenen Schreibtischschublade. »Deutsche Stellen sind für Deutsche«, hieß es darin. »Geh lieber zurück nach Israel – oder *wir* kümmern uns um das Problem.« Darunter fand ich weitere Briefe, alte Briefe, einige noch wesentlich aggressiver.

Meine erste Reaktion war Angst. Wer hatte diese Briefe geschrieben? Würden diese Leute Ala etwas antun? Sollten wir nicht besser umziehen? Oder uns verstecken?

Doch als ich über Bernd Kastaffer und die anderen anonymen Briefe nachdachte, nahm meine Angst ab und mein Trotz zu. Das Gefühl der Gefahr trat in den Hintergrund und meine Empörung über die Ungerechtigkeit wuchs. Wenn wir nichts Falsches getan hatten, so dachte ich mir, dann sollten wir auch nicht in Angst leben müssen. Und schon gar nicht sollten wir unsere Identität verstecken – oder verschweigen, dass wir Juden sind.

Von jetzt an, beschloss ich, würde ich freimütig bekennen, dass ich Jude bin. Mich selbst einen Juden zu nennen – offen und ehrlich über die Tatsache zu sprechen, die meine Mitschüler für so geheimnisvoll hielten und die einige Fremde anscheinend so verachtenswert fanden – kam mir jetzt mutig vor. Wenn ich dazu verdammt war, ein Außenseiter zu sein, würde ich das Zeichen meiner Andersartigkeit mit Stolz tragen.

4.

WOHLWOLLEN

Von hinten meinte einer: »Trau bloß keinem Deutschen,
der voller guter Absichten ist!«

Orhan Pamuk, *Schnee*

Da die Tragödie geschehen war,
musste das Satyrspiel folgen.

Wolfgang Koeppen, *Der Tod in Rom*

In Laupheim habe ich nie so ganz dazugehört. Aber dafür
gab es, wie ich dachte, einfache Gründe. Der Ort war klein
und provinziell. Es gab nur wenige Migranten und keine
Juden. Mit der eigenen Vergangenheit hatte sich Laupheim
noch kaum auseinandergesetzt.

Deshalb hatte ich stets eine Hoffnung: Wenn ich eines
Tages in eine größere, kosmopolitischere Stadt ziehen könnte, würde auch ich dazugehören. Und so war der Tag gegen
Ende der sechsten Klasse, als Ala mir sagte, dass wir in ein
paar Monaten nach München ziehen würden, einer der
glücklichsten meiner Kindheit. Ich war mir sicher, endlich
ein richtiger Deutscher sein zu können.

Es kam anders als gedacht. Ja, München gefiel mir viel
besser als Laupheim. Die Stadt war bunter und weltoffener.

Es gab eine recht große jüdische Gemeinde, ich trat einem jüdischen Jugendklub bei und fuhr sogar durch die halbe Stadt, um in einem anderen Gymnasium an jüdischem Religionsunterricht teilzunehmen. Auch mit meinen Klassenkameraden verstand ich mich viel besser. Nach meinen unglücklichen Jahren in Laupheim genoss ich mein Leben in München von Herzen – und auch heute noch empfinde ich eine tiefe Zuneigung zu der einzigen Stadt, die für mich als Jugendlicher so etwas wie eine Heimat war.

Und doch: Als echter Deutscher habe ich mich in München noch weniger gefühlt als in Laupheim. Mit der Art von Unwissenheit oder gar Feindseligkeit, die ich aus Laupheim kannte, hatte das nichts zu tun. Die meisten Leute, denen ich in München begegnete, waren nicht nur nicht antisemitisch; sie waren geradezu darauf erpicht, mir zu zeigen, dass sie keine Antisemiten seien – und behandelten mich deshalb mit der ausgesuchten Freundlichkeit, die ansonsten Todkranken und Geistesgestörten vorbehalten ist. Sie meinten es gut mit mir. Aber aufgrund ihres unendlichen Mitleids und ihrer demonstrativen Güte hatten wir letztlich alle das Gefühl, nichts gemeinsam zu haben.

Zu diesem zuvorkommenden Philosemitismus gehörte auch die stetige Angst vor dem Fauxpas. Es ist diese Angst, die auch heute noch viele Gespräche zwischen Juden und Nichtjuden in eine politisch korrekte Komödie der Irrungen verwandelt. Ein Freund, der fälschlicherweise davon ausging, dass ich zu Hause Hebräisch spreche, hielt eine lange Lobrede auf diese ach so schöne Sprache. Eine Freundin vertraute mir in angemessen verschwörerischem Tonfall an, dass ihre »Familienleute« auch »ein Siebtel« jüdisch seien. Und ein Bekannter fragte mich gar mit bedeutungsschwangerer Einfühlsamkeit, ob ich das Wort »Jude« als antisemitisch empfände.

Wie ich bei meiner Musterung erfuhr, flößt die Sorge vor einem Fauxpas heutzutage selbst der Bundeswehr eine gewisse Angst ein.

Ich saß erst fünf Minuten im Warteraum des Kreiswehrersatzamts, als ein uniformierter Soldat mit zutraulichem Babygesicht auf mich zumarschierte und steif seine Hand ausstreckte. »Hättest du vielleicht Lust auf eine Karriere in der Bundeswehr, Yascha?«

Thomas, der junge Soldat, war gut in seinem Job. Bevor ich antworten konnte, fing er an, die Vorteile des patriotischen Dienstes aufzuzählen.

»Zwölf Jahre ist dein Job sicher«, schwärmte er. »Und das ist noch nicht alles. Die Bundeswehr bietet dir eine tolle Ausbildung. Würdest du nicht gerne lernen, wie man einen Bomber fliegt?«

Höflich erklärte ich, dass ich dies lieber nicht lernen wollte. Meinen Trumpf spielte ich mit klopfendem Herzen aus: »Um ehrlich zu sein, möchte ich die Rückstellung meiner Wehrpflicht über die Einberufungsaltersgrenze hinaus beantragen.«

Jetzt, da ich zu einer lang erprobten Rede ansetzte, schien Thomas weniger selbstsicher. »Eine was?«

»Eine Rückstellung meiner Wehrpflicht über die Einberufungsaltersgrenze hinaus.«

»Aber ... warum?«

»Laut Artikel 12a des Grundgesetzes kann man aufgrund eines besonderen Härtefalls von der Wehrpflicht befreit werden. Das Verteidigungsministerium sagt, dass so ein Härtefall vorliegt, wenn man direkte Vorfahren hat, die vom Dritten Reich aufgrund ihrer ethnischen Herkunft verfolgt wurden. Das ist bei mir der Fall. Ich bin ... Jude.«

Thomas hätte kaum weißer werden können, wenn er meine Familiengeschichte in all ihren grausamen Details gekannt hätte. »Oh, natürlich. Natürlich. Das tut mir wirklich leid. Ich bin nur hier, um Leute zu rekrutieren. Da wirst du ... ich meine, da werden Sie ... äh, da werden Sie mit jemandem in der Verwaltung sprechen müssen. Bitte, warum ... warum setzen Sie sich nicht einfach, und ich hole gleich jemanden, der Ihnen helfen kann?«

Ein paar Minuten später war Thomas wieder zur Stelle. Verlegen führte er mich zum Tisch einer Verwaltungsangestellten in Zivil. Sie sah so aus, als hätte sie sich auch unter weniger genierenden Umständen in ihrer Haut nicht besonders wohlgefühlt.

»Thomas hat mir von Ihrem Proble...« Als sie das Wort fast schon ausgesprochen hatte, entschied sie sich, dass es höchst unangebracht war. »Ich meine ... über Ihre ... Situation berichtet. Könnten Sie mir freundlicherweise noch einmal alles erklären?«

Das tat ich. Nachdem ich im Detail Bericht erstattet hatte, sagte sie mir jedoch, dass sie nur als Teilzeitkraft im Kreiswehrersatzamt arbeite. »Wirklich, echt, leider«: Sie wisse nicht, was zu tun sei. Sie schickte mich zu ihrem Vorgesetzten.

Herr Weiland, auch er in Zivil, schien weniger nervös: Sein Büro war mit einem Poster von Mallorca, einer Plastikpalme und einem Kalender, in dem lächelnde Soldaten stolz ihre neuesten Waffen zur Schau stellten, dekoriert. Er schüttelte mir energisch die Hand, wies mir einen Stuhl zu und machte sich daran, auf seiner Festplatte einen Musterbefehl zu finden, der zu meinem Fall passen könnte. Härtefall, weil der mögliche Wehrdienstleistende auf dem Bauernhof der Familie benötigt wird – nein. Härtefall, weil zwei ältere Brüder schon in der Bundeswehr gedient haben – nein. Härtefall, weil ein Verwandter im Dienst verstorben ist – nicht ganz.

Mit einem entschuldigenden Lächeln drehte Herr Weiland sich zu mir: »Ich würde Ihnen gerne heute noch den offiziellen Bescheid ausstellen. Aber ich muss mir erst einmal die richtige Formulierung überlegen. Sie können gerne warten. Sonst schicke ich Ihnen die Rückstellung per Post zu. Sie kriegen sie dann bis Weihnachten.«

Jetzt war auch Herr Weiland bleich geworden. »Ich meine, bis Chanu…« Leicht panisch brach er einen heroischen Versuch ab, sich nicht nur an den Namen, sondern gar an die Aussprache von Chanukka zu erinnern. »Bis zum 24. Dezember. Auf jeden Fall. Das versprech ich Ihnen.«

Mit diesen Worten endete, keine dreißig Minuten, nachdem ich im Kreiswehrersatzamt vorstellig geworden war, mein Abenteuer mit der Bundeswehr. Die sonst so methodischen Verwaltungsangestellten hatten sogar vergessen, mich zu mustern – eigentlich eine gesetzliche Notwendigkeit, Härtefall hin oder her. Wie versprochen erhielt ich am Morgen des 24. Dezembers einen Brief, der mich offiziell darüber in Kenntnis setzte, dass »der potenzielle Wehrdienstleistende aufgrund seiner sehr speziellen Familienumstände von der Wehrpflicht zurückgestellt wird«.

In den Sechzigerjahren begann eine jüngere Generation, auf die gravierenden Missstände der Nachkriegszeit aufmerksam zu machen – auf die selbstgerechte Illusion, das Dritte Reich könne einfach vergessen werden; auf die ehemaligen Nazis, die in der Bundesrepublik hohe Ämter bekleideten; und auch auf die allgemeine Unfähigkeit, die Opfer des Dritten Reichs zu betrauern. Die Stunde null entlarvten sie als dünnes Feigenblatt. Ein wirklich radikaler Bruch zwischen Vergangenheit und Gegenwart, so betonten sie, habe 1945 nicht stattgefunden.

Die Rebellion gegen den Mythos der Stunde null veränderte die Bundesrepublik von Grund auf. In den Fünfziger- und Sechzigerjahren war der Holocaust ein Tabu – heute kann man kaum durch die Fernsehsender schalten, ohne bei einem Dokumentarfilm über den Holocaust zu landen. Als Ala und Leon nach Deutschland kamen, wurden sie oft mit schamlosem Antisemitismus oder unverhüllter Nostalgie konfrontiert – heute neigen die meisten Leute, die einem als deutscher Jude begegnen, eher zu einem Übermaß an Philosemitismus.

Führende Intellektuelle wie Jürgen Habermas sind auf den Fortschritt, für den sie so hart gekämpft haben, verständlicherweise stolz. Für sie war 1968, und nicht 1945, der wirklich radikale Wendepunkt in der deutschen Geschichte.

Daran ist viel Wahres. Und doch fürchte ich, dass die Rebellion gegen den allzu bequemen Gründungsmythos von 1945 mittlerweile selbst zu einem allzu bequemen Gründungsmythos geworden ist. Obwohl er nie bei demselben Namen genannt wird, spielt dieser neue Mythos eine auffällig ähnliche Rolle: Für viele Intellektuelle ist das Jahr 1968 zu einer zweiten Stunde null geworden. So wie Konservative einst 1945 zu einem grundlegenden Wendepunkt hochstilisierten, so überhöhen Linke heute 1968 als den Moment, der Deutschlands demokratische Gegenwart ein für alle Mal von Deutschlands autoritärer Vergangenheit isolierte.

So heuchlerisch wie die erste Stunde null ist die zweite natürlich nicht. Statt in einem Mangel an Selbstprüfung zu wurzeln, wird sie als verdiente Belohnung für unerschrockene Selbstkritik eingefordert. Und doch sind manche ihrer Folgen ähnlich problematisch. So wie der Mythos der ersten Stunde null die vielen Missstände der Nachkriegszeit ausblendete, so übertreibt auch der Mythos der zweiten Stunde null, wie makellos Deutschlands Entwicklung zu einer liberalen Demokratie verlaufen ist. Und so wie die erste Stunde null es Juden schwer machte, sich in Deutschland zu Hause zu fühlen, so gibt auch die zweite Stunde null uns deutschen Juden manchmal das Gefühl, in Deutschland nicht wirklich heimisch zu sein.

—

Bis in die frühen Neunzigerjahre kam auf tausend Deutsche ungefähr ein halber Jude. Als ich in Laupheim und München lebte, hatten die meisten Deutschen also noch nie in ihrem Leben mit einem Juden einen Kaffee getrunken oder gar eine echte Freundschaft geschlossen. Wie sie Juden behandelten, als sie ihnen doch einmal im richtigen Leben begegneten, hatte wenig mit persönlichen Erfahrungen und viel mit abstrakten Vorstellungen zu tun – und diese abstrakten Vorstellungen waren wiederum unweigerlich von ihrer Wahrnehmung der deutschen Vergangenheit beeinflusst.

Jene Deutsche, die sich der Realität des Dritten Reichs nie gestellt haben, hatten also oft Vorurteile gegenüber Juden. Das war es, was Leon und Ala das Leben in Deutschland anfangs so schwer machte – und was auch ich in meinen Laupheimer Jahren zum Teil noch erlebte.

Im Gegensatz dazu sind Deutsche, die ehrlich über die Vergangenheit entsetzt sind, bei den seltenen Begegnungen mit einem Juden oft peinlich berührt. Als sich Deutschlands Haltung gegenüber der Vergangenheit in den späten Sechziger-, den Siebziger- und den frühen Achtzigerjahren radikal änderte, veränderte sich also auch der Umgang zwischen Juden und Nichtjuden.

Von einer plötzlichen Scham für die Vergangenheit motiviert, empfanden mehr und mehr Deutsche eine plötzliche Liebe für die Juden. Um auszudrücken, wie sehr sie die Verbrechen des Dritten Reichs verurteilten, überschütteten sie jeden Juden, den zu treffen sie das Glück hatten, mit demonstrativer Freundlichkeit und überzogener Aufmerksamkeit. Wie viele andere deutsche Juden geriet auch ich recht oft zum Objekt ihres ostentativen Wohlwollens.

Ein paar Jahre nach unserem Abi zum Beispiel gab ein alter Schulfreund von mir eine Party. Als ich ankam, war Franz mitten in einer hitzigen Debatte mit einem hübschen, mir unbekannten blonden Mädchen. Ich ging zu ihnen, überreichte Franz eine Flasche Chianti, und er stellte uns vor. »Worüber redet ihr denn so aufgeregt?«

»Woody Allen«, antwortete das Mädchen, Marie, empört. »Franz findet Woody schmierig und seine Filme mittelmäßig. Das ist doch nicht zu fassen, oder?«

Franz lief rot an. »Dass er schmierig oder mittelmäßig ist, hab ich nie gesagt.«

»Was? Vor fünf Sekunden hast du gesagt, dass er schmierig ist, weil er seine Stieftochter geheiratet hat. Und dass seine Filme nicht so seriös sind wie die von Almo…«

»Na ja«, sagte Franz ausweichend und warf mir einen nervösen Blick zu, »so hab ich das ja gar nicht gemeint. Klar, ein bisschen komisch ist es schon, dass er seine Stieftochter geheiratet hat. Aber na gut, sie sind beide erwachsen … und es ist ja nicht illegal … Also …«

»Warum bist du plötzlich so komisch?«, fragte Marie.

»Ich bin überhaupt nicht komisch. Es ist nur … Du klingst so, als hätte ich was gegen Woody Allen. Hab ich aber nicht. Er ist ein sympathischer Typ. Wie du schon gesagt hast: Sein Judenhumor ist bewundernswert.«

Jetzt war auch Marie ganz aufgebracht. »Gerade bist du noch total über Woody Allen hergezogen. Dann kommt Yascha hier an, und plötzlich bist du sein größter Fan.« Ihre Lippen zu einem spöttischen Lächeln verzogen, wandte sie sich an mich. »Du musst wohl der Grund für seine plötzliche Verwandlung sein. Also, sag an. Was soll das alles? Schreibst du eine Arbeit über Woody Allen? Bist du mit ihm verwandt?«

Ich lachte. »Keine Sorge. Bei dem Thema hab ich ganz bestimmt kein Eisen im Feuer.«

Franz warf Marie einen beschwörenden Blick zu. Dann murmelte er: »Na ja, genau genommen ist Yascha schon irgendwie mit Woody Allen ...« Hilflos brach er ab.

»Was?«, fragte Marie skeptisch. »Du bist echt mit Woody Allen verwandt?«

Franz starrte Marie an, Marie starrte mich an, und ich hielt Ausschau nach einem dringend benötigten Bier.

»Nein, gar nicht«, sagte ich schließlich. »Franz will einfach nur sagen, dass ich jüdisch bin.«

Marie schnappte nach Luft. »Echt, du bist Jude? Wie aufregend!«

Franz machte sich derweil daran, mir haarklein zu erklären, warum *Harry außer sich* ein großartiger Film sei.

Franz und Marie sind Extremfälle. Die meisten Leute, die ich traf, waren besser darin, ihre Verlegenheit zu überspielen. Ihr Enthusiasmus war weniger demonstrativ, ihr Philosemitismus weniger aufdringlich. Trotzdem: Solange ich in Deutschland lebte, kam es deprimierend häufig zu solchen Situationen.

Überraschend ist diese Unbeholfenheit zwischen Juden und Nichtjuden natürlich nicht. Es war wohl unvermeidlich, dass Deutschlands plötzliche Liebe zu den Juden

71

zu abstrakt, zu verkopft und zu ideologisch ausfallen würde.

Bis 1990 gab es in der Bundesrepublik etwa dreißigtausend Juden. Im Vergleich dazu kam die Gesamtbevölkerung auf über sechzig Millionen. Der deutschen Schwärmerei für die Juden fehlte von Anfang an ein Objekt aus Fleisch und Blut. Da ihre Liebe nicht ausgelebt werden konnte, war plötzlich alles rund um die Juden in Mode. Einige Möchtegern-Philosemiten engagierten sich gegen Rechtsextremisten oder für Israel. Andere arbeiteten ihre Schuldgefühle so lange an Kunst und Literatur ab, bis sie auch noch die uninteressantesten Aspekte der verflossenen deutsch-jüdischen Kultur wiederentdeckt hatten. Volkshochschulen boten Hebräischunterricht an. Auf literarischen Veranstaltungen wurden jiddische Gedichte rezitiert. Bei Vernissagen spielten blonde, blauäugige Bands Klezmer.

Wieder andere beschäftigten sich mit Geschichte. Angespornt von ihrer schmerzlichen Wiederentdeckung des Dritten Reichs, schweiften sie in die fernere Vergangenheit, um ein glücklicheres Zeitalter jüdischen Lebens in Deutschland zu rekonstruieren. Viele Schriftsteller und Künstler waren – einige wegen ihres Widerstands gegen die Nazis, andere wegen ihrer jüdischen Abstammung – jahrzehntelang in Vergessenheit geraten. Jetzt waren sie wieder angesagt. Es gab große Ausstellungen von Marc Chagall, George Grosz, Otto Dix, Wassily Kandinsky und Ernst Ludwig Kirchner. Jüdische Autoren von Lion Feuchtwanger bis Else Lasker-Schüler wurden mehr gelesen als je zuvor.

Für viele Philosemiten schien das wiedererwachte Interesse an diesen lang vernachlässigten Kulturschätzen der Tragödie der Gaskammern noch eine weitere Bitterkeit hinzuzufügen. Nicht nur hatten ihre Vorfahren schreckliche Schuld auf sich geladen. Mehr noch: Die Deutschen selbst waren dadurch zu Verlierern geworden. Hatte es nicht einst ein goldenes Zeitalter deutschen Kulturlebens gegeben – ein Zeitalter, zu dem die Juden einen riesigen Beitrag geleistet hatten? Und war die Möglichkeit dieser gegenseitigen Befruchtung nun nicht unwiederbringlich verloren gegangen? Im Zeitalter des neuen Philosemitismus wurden Klagen über die Toten des Holocausts schnell zu Klagen über das blutige Ende der »deutsch-jüdischen Symbiose«. Und diese Klagen trieben zum Teil recht seltsame Blüten.

—

»Yascha? Ist das nicht ein jüdischer Name?«, fragte Markus mich gleich, als ich ihn im Herbst 2003 kennenlernte. Obwohl ich seine Frage nicht beantwortete, schien er geradezu versessen darauf, sich mit mir anzufreunden – so versessen, dass mir seine Aufdringlichkeit mit der Zeit unangenehm wurde.

»Ich hasse es, Deutscher zu sein«, erklärte er einmal wie aus dem Nichts. Ein anderes Mal seufzte er theatralisch und rief dann: »Wir tragen solch eine historische Last! Jeden Tag muss ich daran denken …« Wie sehr die Vergangenheit ihn verfolgte, war mir trotzdem nicht klar, bis er mich eines Morgens mit einem »Chag sameach!« in perfekter hebräischer Aussprache begrüßte.

»Dir auch ein frohes Fest«, murmelte ich. »Aber ehrlich gesagt weiß ich nicht mal, welchen Feiertag wir heute haben.«

»Den wichtigsten. Jom Kippur. Der Tag der Versöhnung.«

73

»Woher weißt du das denn überhaupt?«

»Für meine Bar-Mizwa hab ich alle Feiertage gelernt.«

»Deine Bar-Mizwa? Ich wusste nicht, dass du Jude bist!«

»Na ja, bin ich auch nicht so richtig. Jedenfalls nicht mehr. Aber ich war es mal, ein paar Jahre lange. Als ich dreizehn war, hab ich eine Doku über den Holocaust gesehen. Das hat mich völlig fertiggemacht, weißt du. Ich hab mich so geschämt. Ich wusste nicht, was ich tun kann. Also bin ich zum Judentum übergetreten.«

»Ich verstehe. Und jetzt bist du nicht mehr religiös?«

»Jaja, das war alles ein Fehler. Das hab ich mittlerweile kapiert.«

»Weil du nicht an Gott glaubst?«

»Nee, weil ich mich immer noch schuldig fühle.«

In meinem Leben habe ich oft genug seltsame Erfahrungen mit Philosemiten gesammelt. Aber irgendetwas an Markus fand ich besonders verstörend. Auch mein Gespräch mit Franz und Marie war absurd. Und doch konnte ich mir gut vorstellen, mit ihnen befreundet zu sein. Markus dagegen ging mir einen Schritt zu weit. Wenn er so besessen davon war, dass ich Jude bin – mochte er mich dann überhaupt um meiner selbst willen? Wäre er auch mit mir befreundet gewesen, wenn ich kein Jude wäre?

Je mehr ich über meine kurzlebige Freundschaft mit Markus nachdachte, desto mehr beschlich mich ein verstörender Verdacht. Konnte die Besessenheit mit der Vergangenheit Leute wie Markus nicht dazu verleiten, aus schierer guter Absicht schreckliche Taten zu tolerieren oder sie gar selbst zu begehen?

Als ich Markus kennenlernte, hatte ich seit Kurzem mein Studium am Trinity College in Cambridge abgeschlossen und arbeitete als Regieassistent an den Münchner Kammerspielen. Während meines Studiums wollte ich unbedingt Theaterregisseur werden, nach wenigen Monaten in meinem Job wurde mir aber klar, dass das Theater nichts für mich war. Ich fing an, nach einer Alternative zu fahnden.

Just zu jener Zeit schenkte mir ein Freund der Familie Theodor Lessings *Geschichte als Sinngebung des Sinnlosen*. In den dunkelsten Stunden des Ersten Weltkriegs geschrieben, war es ein seltsames, faszinierendes Buch, voll bombastischer Rhetorik. Lessings Hauptaussage war, wenn ich es richtig verstand, dass das menschliche Leben aus Schlächterei besteht – und es die Schlächter selbst sind, deren Sichtweise überlebt. »Die Toten sind stumm«, beklagte Lessing. »Immer schreiben Sieger die Geschichte von Besiegten, Lebengebliebene die von Toten.«

In meiner pessimistischen Stimmung schien mir das ein interessanter Gedanke zu sein. Ich beschloss, mehr über Lessing herauszufinden.

Wie ich alsbald feststellte, war Lessing in Deutschland gerade sehr in Mode. Neuausgaben seiner Werke überschwemmten den Markt. Historiker und Literaturwissenschaftler publizierten ein neues Werk über Lessing nach dem anderen. Einstimmig bejubelten sie ihn als weise, zu Unrecht vernachlässigte Stimme. Hannover, Lessings Heimatstadt, hatte gerade einen öffentlichen Platz, eine große Stiftung und eine Volkshochschule nach ihm benannt. Der AStA setzte sich gar dafür ein, die Universität Hannover in die Theodor-Lessing-Universität umzubenennen. *Unsere Besten,* eine beliebte Fernsehshow, die nach den »größten Deutschen aller Zeiten« suchte, nahm Theodor Lessing als wichtigen Philosophen in die Liste seiner Kandidaten auf – neben Immanuel Kant und Friedrich Nietzsche.

Lessings Biografie war ebenso interessant wie sein Revival. Er wurde am 8. Februar 1872 als Kind einer assimilierten jüdischen Familie in Hannover geboren. Obwohl Lessing hochfliegende philosophische Ambitionen hatte, schaffte er es nicht, sich als Gelehrter zu etablieren. Stattdessen verdankte er seinen Platz in der Geschichte der Weimarer Republik einem kurzen Meinungsartikel, den er 1925 in einer Lokalzeitung veröffentlichte.

Paul von Hindenburg – der während des Ersten Weltkriegs als Generalfeldmarschall quasi-diktatorische Macht über Deutschland ausgeübt hatte – kandidierte gerade für das Amt des Reichspräsidenten. In seinem Artikel kritisierte Lessing Hindenburg scharf. Hindenburg möge im Alter wie ein harmloser »Zero« erscheinen. Und doch sei er eine Gefahr für die Demokratie, weil seine politische Inkompetenz einem künftigen »Nero« Tür und Tor öffne. Lessings düstere Vorhersage sollte sich als richtig erweisen. Hindenburg wurde zum Reichspräsidenten gewählt – und tatsächlich war es dieser senile Zero, der am 30. Januar 1933 Hitler zum Reichskanzler ernannte und so das Schicksal der ersten deutschen Demokratie besiegelte.

In der explosiven Atmosphäre der Weimarer Republik provozierte Lessings Respektlosigkeit gegenüber einem Kriegshelden wie Hindenburg gewalttätige Proteste. Lessing erhielt massive Drohungen und verlor seinen Posten als Privatdozent. Bei Rechtsextremen entfesselte Lessings Artikel einen solchen Hass, dass die Nazis, als sie einmal an der Macht waren, dazu aufriefen, ihn zu töten.

Am 30. August 1933 wurde Lessing im tschechischen Marienbad von zwei pflichtbewussten Nationalsozialisten ermordet. Wenige Tage darauf verkündete Joseph Goebbels auf dem Nürnberger Parteitag triumphierend »die Abschüttelung dieses Jochs«.

Ich fand das alles ungemein spannend. Als erste Nachforschungen ergaben, dass bisher fast nichts über Lessing auf Englisch erschienen war, fasste ich einen Entschluss: Am Ende der Theatersaison würde ich an die Uni zurückkehren, um eine Masterarbeit über Lessing zu schreiben.

Sobald ich zurück in Cambridge war, fingen die Probleme an. Als ich Lessings weitere Werke las, wurde mir rasch klar, dass sie Seiten über Seiten merkwürdiger – bisweilen gar düsterer – Tiraden enthielten. So ist die folgende Liste logisch kaum zusammenhängender, und zum Teil zutiefst verstörender politischer Forderungen für Lessing leider nicht untypisch:

Bewusste Beschränkung der Geburten auf Erden. Aufzucht alles Geborenen zur höchsten Erfüllung der in ihm angelegten Möglichkeiten. Ein bewusstes Ideal, das am Stoffe und im Leibe des Menschen verwirklicht werden soll. Bruch mit Geschichte; Bruch mit Natur – als mit den Bereichen des Alogischen, bloß Zufälligen. – Vielmehr: Vergesellschaftung zu enger und engster Zweck- und Lebensgemeinschaft. Freiheit der Frau. Förderung aller sektiererischen Aristokratien als Gegenpol der künftig bewusst fortzuführenden Sozialisierung Europas. Förderung aller Kleinstaaterei und Selbstverwaltung. Endlich: bewusste Ausmerzung der heillos kranken, defekten, verbrecherischen, parasitären Existenzen; sei es durch Tötung, sei es durch Kastration. Ehegesetzgebung. Erzüchtung immer höherer geistiger Bedürfnisse; tieferer seelischer Verfeinerung. Kampf gegen Kapital und Mammonismus in jeder, aber auch jeder praktisch durchführbaren Form. Das war, das bleibt unsere Politik, europäische Politik.

Lange Wochen und Monaten verbrachte ich damit, den Sinn von Lessings Politik zu begreifen. Vergeblich. Das war schon beunruhigend genug. Doch als ich mich Lessings Philosophie zuwandte, wurde ich vollends ratlos. Sie erschien mir noch abstruser. Ich geriet in eine tiefe Krise: Anscheinend war ich einfach nicht klug oder belesen genug, um die Methode hinter Lessings Wahnsinn zu erkennen.

Ich wollte meine Masterarbeit schon aufgeben, als mir ein seltsamer Gedanke kam. Was, wenn die Zweifel, die ich mir die ganze Zeit über verkniffen hatte, berechtigt waren? Was, wenn all die Wissenschaftler und Politiker, die brav Loblieder auf Lessing sangen, so sehr darauf erpicht waren, für die Sünden der Vergangenheit zu büßen, dass sie nicht erkannten, in welchem Maße Lessing, obgleich von Rassisten ermordet, selbst ein Rassist gewesen war?

Vor Aufregung ein wenig zittrig, las ich einige Schlüsselpassagen ein weiteres Mal – und kam gleich ins Staunen. Solange ich davon ausgegangen war, dass seine Werke große Weisheiten beinhalten müssten, verstand ich kaum etwas. Als ich diese Annahme ablegte, trat die Wahrheit unumgänglich zutage. Lessings Werke beinhalteten keine schwer zu verstehenden Weisheiten – sondern waren vielmehr eine dreiste Ansammlung von Widersprüchen.

Lessings Philosophie war nicht viel mehr als ein willkürlich zusammengewürfeltes Sammelsurium philosophischer Modeerscheinungen seiner Zeit, von der Lebensphilosophie bis hin zum Sozialdarwinismus. Seine Politik war ähnlich inkohärent, aber noch viel verstörender. Lessing mag die Nazis verabscheut haben. Die Demokratie jedoch scheint ihm auch nicht lieber gewesen zu sein. Und ja, plötzlich war es nur allzu offensichtlich, dass er in all seinen Schriften mit eugenischen, rassistischen und gar antisemitischen Thesen liebäugelte.

Selbst 1933, kurz vor seinem Tod, schrieb Lessing noch, die Nationalsozialisten hätten in vielen wichtigen Punkten recht: »Man verkündet der Welt die bekannten Lehren von Volksertüchtigung und Aufzucht einer edleren Rasse. Es sind meine eigenen Lehren. Ich habe sie in vielen Schriften immer neu niedergelegt.«

Als Thomas Mann vom Mord an Theodor Lessing erfuhr, notierte er in seinen Tagebüchern lapidar, dieser sei »einer Gesinnung mit seinen Mördern« gewesen. Je länger ich über Lessing nachdachte, desto mehr musste ich Thomas Mann beipflichten.

Meine Masterarbeit verwandelte sich so von einer Würdigung zu einer Demontage Lessings. Doch während das Hauptanliegen meiner schriftlichen Arbeit darin bestand, die seltsame wissenschaftliche Literatur über jemanden zu berichtigen, den ich mittlerweile für einen drittklassigen philosophischen Schreiberling hielt, rang ich abseits davon mit Fragen, die mir viel interessanter erschienen: Wie konnten sich so viele gewissenhafte, intelligente Wissenschaftler in ihrer Einschätzung Lessings so sehr täuschen? Woran lag es, dass sie, die sich ständig mit Antisemitismus beschäftigten, Lessings eigenen Antisemitismus beschönigten – oder gar vertuschten?

Als ich anfing, nach Antworten zu suchen, sprangen sie sofort ins Auge. So schrieb Rainer Marwedel, vielleicht der führende Lessing-Experte, dass »die Geschichte seiner öffentlichen Wirkung vor allem als eine Geschichte seiner Verfolgung zu verstehen ist, die bis in die Sekundärliteratur hinein sich fast ungebrochen fortsetzte«. Marwedel hielt es für seine Pflicht, dieses Unrecht wiedergutzumachen. Wie er freimütig einräumte, war sein Ziel »die Rekonstruktion eines jüdischen Philosophenlebens *und* die Vergegenwärtigung der jüngeren deutschen Geschichte«.

Ich kann Marwedel und seinen Mitstreitern keinen Vorwurf machen. Es ist wenig überraschend, dass ein scheinbar prophetischer jüdischer Philosoph, mit dessen Ermordung selbst ein Goebbels lauthals geprahlt hatte, in den Fokus von Wissenschaftlern geriet, die fest entschlossen waren, die Sünden der deutschen Vergangenheit zu sühnen. Und doch ist es frappierend, wie unkritisch und einstimmig das Lob auf Lessing ausfiel. Im neuen intellektuellen Klima wurden antisemitische Passagen in Lessings Werk ignoriert oder verharmlost – vermutlich, weil er selbst jüdischer Herkunft gewesen war. Im Endergebnis bejubelte ein ganzer Zirkel von philosemitischen Wissenschaftlern ein Œuvre, das schwerlich in größerem Widerspruch zu ihren innig gehegten Idealen hätte stehen können.

Deutschlands plötzliche Liebe zu Lessing hat natürlich etwas charmant Absurdes an sich: Aus lauter Philosemitismus ehren heute in Hannover – und auch in ein paar anderen deutschen Städten – öffentliche Straßen und Plätze einen ausgemachten Rassisten. Und doch ist der Aufstieg eines jüdischen Eugenikers, der für die »bewusste Ausmerzung der heillos kranken, defekten, verbrecherischen, parasitären Existenzen« eintrat, zum deutschen Kulturhelden erschreckend. Lessings Fall zeigt, wie sehr manche Philosemiten sich von ihren hehren politischen Zielen blenden lassen. Am Ende drohen sie so stark von ihrem selbstgefälligen Aktivismus geblendet zu werden, dass sie Rassisten und Antisemiten buchstäblich ein Denkmal setzen.

—

Die Verehrung Lessings war letztlich nicht viel mehr als eine akademische Posse. In der wirklichen Welt dagegen kann ein ähnliches Verlangen, um jeden Preis eine Lehre aus Auschwitz zu ziehen, viel schwerwiegendere Folgen haben – wie das allmähliche Abgleiten führender Achtundsechziger in Gewalt und Terrorismus zeigt.

Viele der Anführer der Achtundsechzigerbewegung waren von dem Gedanken, dass ihre Eltern Nazis gewesen waren, geradezu besessen. Eigentlich hätte dieses Wissen befreiend auf sie wirken können, einen besseren Grund, das eigene Land friedlich zu erneuern, gibt es schließlich kaum. Doch wie Hans Kundnani in *Utopia or Auschwitz: Germany's 1968 Generation and the Holocaust* darlegt, verunsicherte dieses Wissen die Anführer der Studentenbewegung zutiefst.

Sie sahen sich als das Fleisch und Blut ihrer Eltern. Wenn ihre Eltern, scheinbar ganz normale Menschen, derart schreckliche Verbrechen begangen hatten, wie konnten sie sich dann sicher sein, dass die »gleichen Gene« sie nicht zu gleichen Taten verleiten würden? Schlimmer noch, wenn die scheinbar zivilisierte Weimarer Republik der Barbarei des Dritten Reichs weichen musste, wer konnte dann garantieren, dass die Bundesrepublik – die schließlich ihre eigenen offensichtlichen Missstände hatte – nicht in ähnliche Gewalt ausarten würde?

Eine radikale Auslegung der Frankfurter Schule vertiefte diese Sorge noch. Schon zu Beginn des Zweiten Weltkriegs hatten Max Horkheimer und Theodor Adorno behauptet, das kapitalistische System leide an inneren Widersprüchen, die normalerweise zu einem wirtschaftlichen Zusammenbruch führen würden. Um einen solchen Zusammenbruch zu vermeiden, bedürfe es immer schärferer Formen von staatlichem Zwang.

Der Faschismus sei deshalb nichts anderes als eine zwingende Folge aus den inneren Bewegungsgesetzen des Kapitalismus. Auch das Dritte Reich, so argumentierten sie, sei als ein solcher »Staatskapitalismus« zu verstehen.

Linksextreme Studenten in Frankfurt und Berlin machten sich diese »Kontinuitätsthese« nun zu eigen, um auf die Parallelen zwischen dem Dritten Reich und der Bundesrepublik hinzuweisen. In ihren Augen können beide Formen des Staatskapitalismus nur überleben, indem sie eine konformistische Bevölkerung mithilfe von Massenmedien und Kulturindustrie manipulieren. Diese Ähnlichkeiten zeigten nicht nur, dass die Bundesrepublik keine echte Demokratie war; schlimmer noch, sie schienen ihr eine katastrophale Zukunft zu prophezeien. Die Bundesrepublik war scheinbar nichts anderes als ein faschistischer Staat mit demokratischem Feigenblatt. Die wenigen Freiheiten, die es noch gab, würden bald den Diktaten der wirtschaftlichen Notwendigkeit zum Opfer fallen.

Diese politische Analyse, die für die radikaleren Anführer der Studentenbewegung bald zum Leitfaden wurde, gab ihnen eine starke Rechtfertigung für ihre Rebellion gegen den Staat. Demokratische Skrupel konnten sie getrost beiseiteschieben. Wer will sich schon Sorgen machen, ob es legitim ist, dem Rest der Bevölkerung die eigene Sichtweise aufzudrücken, wenn es sich beim Aufstand gegen die herrschende Ordnung um nichts weniger als den Widerstand gegen Deutschlands erneutes Abgleiten in den Nationalsozialismus handelt?

Auch passiver Widerstand konnte angesichts der vermeintlichen Parallelen zum Dritten Reich nicht genug sein. Behaupteten ihre eigenen Eltern nicht kleinlaut, sie hätten nur Befehle befolgt? Und würden sie selbst sich jetzt nicht ebenso schuldig machen, wenn sie nicht entschlossen gegen die Faschisten vorgingen?

Als Willy Brandt 1969 Kanzler wurde und bald weitreichende Reformen einführte, begriff ein Großteil der Achtundsechziger, dass die Bundesrepublik doch nicht rettungslos faschistisch war. Sie betonten zwar weiterhin die realen Kontinuitäten zum Dritten Reich – bauten nun aber darauf, diese durch demokratische Reformen überwinden zu können. Dank der Unterstützung einer friedlichen linken Jugendbewegung wurde Brandt 1973 mit einem Rekordergebnis wiedergewählt.

Eine kleine Minderheit hielt trotzdem an ihrem Glauben fest, hinter dem aufpolierten Antlitz der Bundesrepublik verstecke sich die hässliche Fratze des Faschismus. Dieser harte Kern isolierte sich immer mehr. Je mehr er sich isolierte, desto radikaler wurde er.

Ulrike Meinhof ist für diese Verwandlung eine Art Kronzeugin. Als Journalistin schrieb sie in den Sechzigerjahren eloquente Angriffe auf die vielen Altnazis, die in der Bundesrepublik erneut Karriere gemacht hatten. Während der ersten Massenkundgebungen unterstützte sie die protestierenden Studenten, wenn auch nur aus der Ferne. Als die *Bild-Zeitung* eine Hetzkampagne gegen die Achtundsechziger anzettelte, avancierte Meinhof zum Sprachrohr der Protestbewegung. Doch dann ließ der revolutionäre Eifer bei den meisten allmählich nach. Meinhof blieb davon überzeugt, dass die Bundesrepublik kurz vor dem Faschismus stand. Zunehmend paranoid schloss sie sich mit Veteranen der Studentenbewegung, die sich ähnlich belagert fühlten, zu einer »antifaschistischen Stadtguerilla« zusammen: der Roten Armee Fraktion.

Meinhofs Hinwendung zur Gewalt erfolgte nicht trotz, sondern gerade wegen der Besessenheit der Achtundsechziger von der deutschen Vergangenheit. Während die RAF eine brutale Terrorkampagne gegen die Bundesrepublik entfesselte, rechtfertigte sie ihre Taten kontinuierlich mit einer einfachen Parole: »Nie wieder Auschwitz!«

Die Gepflogenheit vieler Achtundsechziger, die faschistische Vergangenheit für ihre eigenen Ziele auszuschlachten, hatte sich bereits in den ersten Tagen der Studentenbewegung gezeigt. Immerhin waren sie an jenem schicksalsträchtigen Tag, an dem Benno Ohnesorg am Rande einer Demonstration gegen den iranischen Machthaber von einem Polizisten erschossen wurde, mit dem Slogan »SA – SS – Schah!« durch die Straße gezogen. Doch sie gewann in den folgenden Monaten an Dynamik: Die Kontinuitätsthese, von der die RAF überzeugt war, löste sich mehr und mehr von der Wirklichkeit.

Die Studentenführer hatten in ihrer Grundthese richtiggelegen, dass es beunruhigende Kontinuitäten zwischen dem Dritten Reich und der Bundesrepublik gab. Im nächsten Schritt hatten einige den falschen Schluss gezogen, beide Systeme wären moralisch gleichwertig. Die Folgerungen, die sie nun daraus ableiteten, wurden immer abstruser.

Ulrike Meinhof zum Beispiel war ursprünglich ehrlich über den Holocaust erschüttert gewesen. Marcel Reich-Ranicki schreibt in seiner Autobiografie, dass Meinhof – die ihn Mitte der Sechzigerjahre interviewt hatte – die erste deutsche Journalistin war, die wirklich wissen wollte, was er im Warschauer Ghetto erlebt hatte. Doch Anfang der Siebzigerjahre begann Meinhof, die ganze Welt durch den Schwarz-Weiß-Filter des Faschismus zu betrachten.

Sie sprach jetzt in einem Atemzug von Auschwitz und der Bombardierung Dresdens: Beide seien faschistisch – und folglich moralisch gleichwertig – gewesen. Paradoxerweise brachte Meinhofs Fixierung auf das Dritte Reich sie also schon nach kurzer Zeit dazu, den Holocaust zu verharmlosen.

Schließlich gingen gewaltbereite Splittergruppen sogar so weit, im Namen von Auschwitz tödliche Angriffe auf Juden zu rechtfertigen. Sie setzten den Faschismus mit dem Kapitalismus, den Kapitalismus mit der Bundesrepublik, die Bundesrepublik mit den Vereinigten Staaten, die Vereinigten Staaten mit Israel und Israel mit den Juden gleich. Die Juden, so folgerten sie schlussendlich, waren die wahren Faschisten.

Am 10. November 1969, einen Tag nach der Gedenkfeier für die Reichskristallnacht, wurde eine scharfe Bombe im jüdischen Gemeindezentrum in Berlin entdeckt. Wie der Historiker Wolfgang Kraushaar in seiner akribischen Rekonstruktion der Ereignisse nahelegt, hatten Linksradikale den Anschlag geplant. Als Nazis sahen sich die Bombenleger natürlich trotzdem nicht. Vielmehr verdrehten sie ihre Opfer zu den wahren Faschisten. In einem Flugzettel mit dem Titel »Shalom + Napalm« verkündeten sie:

Am 31. Jahrestag der faschistischen Kristallnacht wurden in Westberlin mehrere jüdische Mahnmale mit »Shalom und Napalm« und »El Fath« beschmiert. Im Jüdischen Gemeindehaus wurde eine Brandbombe deponiert. Beide Aktionen sind nicht mehr als rechtsradikale Auswüchse zu diffamieren, sondern sie sind ein entscheidendes Bindeglied internationaler sozialistischer Solidarität. Das bisherige Verharren der Linken in theoretischer Lähmung bei der Bearbeitung des

Nahostkonflikts ist Produkt des deutschen Schuldbewusstseins [...] Der wahre Antifaschismus ist die klare und einfache Solidarisierung mit den kämpfenden Feddayin. [...] Jede Feierstunde in Westberlin und in der BRD unterschlägt, dass die Kristallnacht von 1938 heute tagtäglich von den Zionisten in den besetzten Gebieten, in den Flüchtlingslagern und in den israelischen Gefängnissen wiederholt wird. Aus vom Faschismus vertriebenen Juden sind selbst Faschisten geworden, die in Kollaboration mit dem amerikanischen Kapital das palästinensische Volk ausradieren wollen.

An dieser verdrehten Logik änderte sich auch nichts, als die Anschläge, die sie rechtfertigte, immer blutiger wurden. Einen Monat später wurde eine nahe der Berliner Filiale von El Al deponierte Bombe gerade noch rechtzeitig entdeckt. Ein Anschlag auf einen jüdischen Kindergarten kam nie über das Planungsstadium hinaus.

Dann, am 13. Februar 1970, gegen 21 Uhr, setzten unbekannte Täter in München ein jüdisches Seniorenheim in Brand. Es dauerte über zwei Stunden, bis die Feuerwehr die Flammen unter Kontrolle brachte. Als sie sich endlich Zutritt in das schwer beschädigte Gebäude verschaffte, fand sie sieben Bewohner tot vor. Sie hatten den Holocaust überlebt, manche von ihnen in Konzentrationslagern. Ihre Mörder wurden nie gefasst. Doch die Indizien weisen darauf hin, dass ihre Mörder sich als Antifaschisten sahen.

Während linksextreme Terroristen den Juden die Rolle des Klassenfeinds zuwiesen, erkoren sie radikale Palästinenser, die Feinde ihrer Feinde, zu ihren Verbündeten. 1972 nahmen palästinensische Terroristen bei den Olympischen Spielen in München elf Mitglieder der israelischen Mannschaft als Geiseln. Die GSG 9 verpfuschte einen Befreiungsversuch. Alle Geiseln wurden getötet. Wie die RAF klarstellte, unterstützte sie den Anschlag: »Israel vergießt Krokodilstränen. Es hat seine Sportler verheizt wie die Nazis die Juden – Brennmaterial für die imperialistische Ausrottungspolitik.«

Der Antisemitismus der radikalen Linken fand schließlich auf einem Flugfeld in Afrika seinen makabren Höhepunkt. Die Terrorgruppe »Revolutionäre Zellen« entführte, gemeinsam mit einer palästinensischen Vereinigung, am 27. Juni 1976 eine Air-France-Maschine auf dem Weg von Tel Aviv nach Athen und Paris. Das Flugzeug, in dem sich zweihundertsechzig Passagiere und Crewmitglieder befanden, wurde nach Entebbe in Uganda umgeleitet. Dort machte sich Wilfried Böse, ein Anführer der Revolutionären Zellen, daran, die arischen Passagiere von den nichtarischen zu trennen. Die meisten Passagiere wurden freigelassen; nur die fünfundachtzig Juden mussten bleiben.

Während Böse seiner abscheulichen Aufgabe nachging, entblößte einer der Gefangenen empört die Nummer, die ihm einst auf den Arm tätowiert worden war. Spielte Böse nicht dieselbe Rolle wie die SS-Wächter, die in den Konzentrationslagern diejenigen, die weiterleben durften, von jenen, die ins Gas geschickt wurden, selektiert hatten?

Böse bestritt jede Parallele. »Ich bin kein Nazi«, erklärte er sich. »Ich bin Idealist!«

Natürlich waren linksextreme Antisemiten nur eine kleine Minderheit in der Studentenbewegung. Eine bittere Wahrheit bleibt trotzdem bestehen: Seit 1945 wurden die blutigsten Anschläge gegen Juden auf deutschem Boden nicht von Rechtsradikalen verübt – sondern von linken »Idealisten«, die von sich selbst glaubten, die richtigen Lehren aus Auschwitz gezogen zu haben.

Dies legt einen beunruhigenden Schluss nahe. Vielleicht war es kein Zufall, dass gerade Leute wie Meinhof, die zunächst einen besonders ehrlichen Blick auf die Vergangenheit geworfen hatten, schließlich überall ein neues Auschwitz zu erkennen glaubten. Vielleicht lag es an dem Entsetzen, das sie über die Taten ihrer Eltern empfanden – oder vielleicht war es ihre Paranoia, dass sie ihren Eltern insgeheim doch ähnelten. So oder so war es für sie verlockend, Juden eine besondere Schuld zuzuschreiben.

So gesehen war die Rollenumkehr zwischen Opfer und Täter nicht nur die logische Konsequenz eines dubiosen ideologischen Ausgangspunkts; sie war auch einem psychologischen Bewältigungsmechanismus geschuldet. Henryk M. Broder – mit dem ich, insbesondere was seine abfällige Meinung über muslimische Einwanderer angeht, eher selten übereinstimme – erklärte die zugrunde liegende Logik einleuchtend:

Und so verschafft Ihr Euch Erleichterung, indem Ihr die Auseinandersetzung, die Ihr mit Euern Eltern nie geführt habt, nie führen konntet, auf die Opfer Eurer Eltern übertragt. Es funktioniert: Die Juden sind die Nazis, die Palästinenser sind die Opfer der Juden, und Eure Eltern sind aus allem heraus (und Ihr auch) [...] Ihr könnt Ihnen wieder ins Gesicht schauen, denn Ihr wisst jetzt, wo die Nazis sitzen, die es hier ja nie gegeben hat.

Noch bevor ich von 1776, 1789 oder 1848 gehört hatte, wusste ich über 1968 Bescheid. Das war nur natürlich, denn die Achtundsechziger hatten Deutschland demokratisiert und endlich den langen Schatten einer schrecklichen Diktatur gebannt.

Meine kindliche Sicht auf die Achtundsechzigerbewegung war naiv. Aber wenn meine eigene Sicht es war, dann waren es auch die Leute, die mir diese Sicht vermittelt hatten – viele davon intelligent und bewundernswert: die Künstlerfreunde meiner Mutter, meine Lehrer und so mancher Schriftsteller.

Unser Verlangen, die deutsche Geschichte endlich zu bewältigen, ist mit dieser positiven Sicht auf 1968 eng verknüpft. Jeder, der das heutige Deutschland als sicher vor etwaigen Kontaminationen durch den Schatten des Dritten Reichs sehen will, ist versucht, nach einem sauberen Bruch mit der Vergangenheit zu fahnden. Für die Konservativen kam dieser Bruch in der ursprünglichen Stunde null. Angesichts der offensichtlichen Missstände im Nachkriegsdeutschland war dies für die Linke – und auch für deutsche Juden – nie eine Option. Die überhöhte Sicht auf die Ereignisse von 1968 verschaffte da Abhilfe. Sie wurde zu einer noch radikaleren Version der Stunde null – zu einem kathartischen Augenblick nationaler Erneuerung, der gründlich genug mit der Vergangenheit abschloss, um endlich eine makellose Zukunft in Aussicht zu stellen. Gerade deshalb bleibt die alte, naive Geschichte über den erlösenden Heldenmut einer ganzen Generation guter Deutscher bis heute so verführerisch.

Wenn die Besessenheit der Achtundsechzigergeneration von der Vergangenheit aber so viele ihrer Vorkämpfer zu gefährlichen Verblendungen verleitete, dann beruht unsere Idealisierung von 1968 auf einem Irrtum. Die »guten Deutschen«, die verzweifelt versuchten, die Sünden von Deutschlands Vergangenheit zu sühnen, haben das Land nicht neu erschaffen; vielmehr waren sie selbst von all den Widersprüchen der deutschen Nachkriegszeit geprägt. 1968 war ebenso wenig *die* Stunde nationaler Wiedergeburt wie 1945.

—

Bis ich zwölf war, hatte Deutschlands neu entdeckte Liebe für die Juden kaum einen Einfluss auf mich. In Laupheim, wo ich zum ersten Mal darüber nachdachte, was es bedeutet, ein Jude zu sein, herrschten ältere Einstellungen vor. Wie meine Klassenkameraden wussten die meisten Leute nicht viel über Juden – oder taten zumindest so. Auf die relativ feindselige Umgebung reagierte ich mit Trotz. Zu sagen, dass ich gerne jüdisch war, ist vielleicht eine Übertreibung. Aber schämen wollte ich mich dafür auch nicht. Wenn die Tatsache, dass ich jüdische Vorfahren habe, mich als fremd oder gar minderwertig brandmarkte, war ich umso fester entschlossen, mich einen Juden zu nennen.

Mit meinem Umzug nach München hätte sich das alles ändern sollen. In einer Stadt, die mir als Zwölfjährigem riesig und ungemein kosmopolitisch vorkam, würde ich nicht mehr so auffallen wie im provinziellen Laupheim. Endlich würde ich sowohl ein Jude als auch ein Deutscher sein können.

Wie sich bald herausstellte, hatte ich mich zu früh gefreut. Die Hindernisse, die mir in München im Weg standen, unterschieden sich von denjenigen, die ich aus Laupheim gewohnt war: statt Unwissenheit ein allzu schmerzliches Bewusstsein für die Vergangenheit, statt Feindseligkeit eine übermäßige Beflissenheit, statt unwissendem Antisemitismus eine wohlmeinende Form von Philosemitismus. Sympathischere Hindernisse, das ja – aber nicht unbedingt kleinere.

Stück für Stück, ohne dass ich mir dessen zunächst bewusst gewesen wäre, führte dies in mir zu einer seltsamen Veränderung. In Laupheim bekannte ich mich aufgrund der allgemeinen Unwissenheit oft und offen als Juden. In München erwähnte ich meine Abstammung hingegen immer seltener. Die gekünstelte Freundlichkeit, die so viele aufsetzten, sobald sie mich als Juden erkannten, wollte ich niemandem zumuten – nicht mir selbst und auch nicht den wohlmeinenden Leuten, denen ich über den Weg lief.

Meine jüdische Herkunft zu verschweigen war recht einfach. Wenn ich wollte, konnte ich leicht als Nichtjude durchgehen. Nach außen hin half mir dieses selbst auferlegte Schweigen, mich einzufügen. Innerlich aber entfremdete es mich immer mehr von dem Land, das doch eigentlich das meine hätte sein sollen.

Solange ich mit negativen Reaktionen gerechnet hatte, lag etwas Nobles darin, freiherzig zu erwähnen, dass ich Jude bin. Aber meine Herkunft zu verschweigen, weil ich peinlich berührte Stille und gestelzte Komplimente vermeiden wollte, fühlte sich gar nicht nobel an. Ich kam mir immer mehr wie ein Betrüger vor: In dem Versuch, mich anzupassen, gab ich mich als jemanden aus, der ich nun einmal nicht war.

Bis ich nach München zog, hatte ich keinen besonderen Wert darauf gelegt, Deutscher zu sein. Aber ich hatte auch nie daran gezweifelt, dass ich dies war. Meine Begegnungen mit »aufgeklärten« Philosemiten untergruben diese Sicherheit. Langsam dämmerte es mir, dass diese mich trotz – oder vielleicht gerade aufgrund – ihrer Fixierung auf die Vergangenheit in erster Linie als Juden und erst in zweiter Linie als Deutschen sahen.

Und so wurde mir mit jedem Tag bewusster, dass ich ein Jude bin – wenn auch einer, der es vorzog, seine wahre

Identität geheim zu halten. Gleichzeitig wuchsen mit jedem Tag meine Zweifel, ob ich je zu einem echten Deutschen werden würde.

In meinem Gefühl, dass »jüdisch« und »deutsch« irgendwie widersprüchlich sind, war ich nicht alleine. Auch Ala fühlte sich in Deutschland nie ganz zu Hause.

Äußerlich betrachtet ist Deutschland seit vierzig Jahren das Zentrum ihres Lebens. In all den Jahren hatte Ala immer zahlreiche deutsche Kollegen, Bekannte und Freunde. Während Alas Deutsch immer noch den Hauch von einem Akzent hat, kennt sie die Kultur und Literatur Deutschlands mittlerweile besser als die ihrer einstigen Heimat. Das Gefühl, vollkommen dazuzugehören, hatte Ala trotzdem nie. Bei all ihrem Erfolg wurde das Land, dessen Staatsangehörigkeit sie hat, nie ganz das ihre.

Lange Zeit führte ich Alas Unfähigkeit, sich in Deutschland zu Hause zu fühlen, auf ihre Persönlichkeit zurück. Im Familienkreis oder unter engen Freunden ist Ala warmherzig und ausgelassen. Aber Menschen, die sie nicht mag, begegnet sie wenig diplomatisch. Durch ihre Kompromisslosigkeit läuft sie manchmal Gefahr, Fremden gegenüber allzu misstrauisch aufzutreten. Vielleicht war das der Grund, warum sie nie ganz dazugehörte?

Vielleicht. Doch je mehr ich über deutsche Juden lese, die im Nachkriegsdeutschland noch größere Erfolge gefeiert haben, desto mehr scheint mir Alas Dilemma emblematisch für die unüberbrückbare Kluft, die Juden und Nichtjuden auch heute noch voneinander trennt.

Peter Zadek zum Beispiel war einer der bekanntesten deutschen Theaterregisseure der Nachkriegszeit. Im Mai 1926 geboren, floh er 1933 mit seiner Familie nach England. 1958 kehrte Zadek nach Deutschland zurück und machte sich dort bald als einer der innovativsten und experimentierfreudigsten Regisseure seiner Zeit einen Namen.

In den Sechzigerjahren verursachte er mit einer Inszenierung von *Der Kaufmann von Venedig,* in der Shylock, der Jude, als ungeniert böse dargestellt wurde, seinen ersten großen Skandal. Obwohl er selbst jüdisch war, warf man Zadek sofort Antisemitismus vor. »Solange die Deutschen nicht die schlechten Seiten von Juden aussprechen«, verteidigte Zadek sich, »haben sie nicht begonnen, sich mit ihrem Antisemitismus auseinanderzusetzen.«

Gegen Ende seiner Karriere hatte sich Zadeks Einschätzung der deutsch-jüdischen Beziehungen kaum verbessert. Im Mai 2009, kurz vor seinem Tod, empfand er immer noch Unbehagen gegenüber dem Philosemitismus – so viel Unbehagen, dass er gar die wahren Gründe für seinen eigenen Erfolg infrage stellte:

> Philosemiten sind wirklich etwas sehr Deutsches. Sie sehen einen nur als Opfer. Und ich habe mich nie als Opfer gefühlt. Der Philosemitismus ging ja so weit, dass ich nie wusste, warum man mich engagierte. Ob sie mich vielleicht nur wollten, weil ich ein Jude war.

Auch Marcel Reich-Ranicki ist ein gutes Beispiel für den inneren Zwiespalt, in den selbst die erfolgreichsten und assimiliertesten deutschen Juden geraten.

Reich-Ranicki – der den Krieg im Warschauer Ghetto überlebte und wie Zadek 1958 nach Deutschland zog – hatte bei seiner Ankunft in der Bundesrepublik nicht das Gefühl, ein Außenseiter zu sein. So ging er beispielsweise davon aus, ein vollwertiges Mitglied des einflussreichen literarischen Kreises Gruppe 47 zu sein, zu deren Jahrestreffen er immer eingeladen wurde. Und obwohl er es seltsam fand, dass ihm keine der Zeitungen, für die er regelmäßig schrieb, eine feste Stelle anbot, nahm er einfach an, dass es dafür eine harmlose Erklärung geben müsse.

In späteren Jahren war sich Reich-Ranicki da nicht mehr so sicher. Tatsächlich bestätigte Hans Werner Richter, Kopf der Gruppe 47, Jahrzehnte danach: Reich-Ranicki »blieb irgendwie ein Außenseiter. Er schrieb ›wir‹, er gehörte also schon dazu, ganz selbstverständlich, obwohl ich nichts Dementsprechendes gesagt hatte.«

Rückblickend erklärte sich Reich-Ranicki seine Ausgrenzung mit seiner jüdischen Herkunft: Richters »Verhältnis zu Juden«, so beklagte er in seiner Autobiografie, »war auch vierzig Jahre nach dem Ende des Zweiten Weltkriegs befangen und verkrampft«.

Das war noch nicht alles. In den Sechzigerjahren hatte Reich-Ranicki regelmäßig für *Die Zeit* geschrieben. Dass die Redakteure der Zeitschrift damals lange darüber diskutiert hatten, ob sie ihm eine feste Stelle anbieten sollten, erfuhr er erst aus einer Festschrift zur Feier ihres fünfzigjährigen Bestehens. Erstaunt musste er darin lesen, dass sich die Redakteure gegen ihn entschieden hatten, weil sie nicht glaubten, einen so »rabulistischen« Kollegen aushalten zu können.

»Rabulistisch« ist, wie Reich-Ranicki anmerkt, ein seltsames Wort. Es beschreibt einen übermäßig streitlustigen, starrsinnigen Menschen. Im heutigen Sprachgebrauch ist das Wort praktisch ausgestorben.

Aber man konnte es häufig in der nationalsozialistischen Kampfpresse finden, vor allem in den Artikeln von Joseph Goebbels. Er gebrauchte diese Vokabel beinahe immer mit einem Adjektiv – entweder hieß es bei ihm »jüdische Rabulistik« oder »jüdisch-marxistische Rabulistik«.

Angesichts dieser neuen Informationen war Reich-Ranicki sich nicht mehr so sicher über die wahren Gründe für seinen Ausschluss.

Ist es wirklich so gewesen? Bekam Zadek an deutschen Theatern nur deshalb Arbeit, weil er Jude war, während Reich-Ranicki aus ebendemselben Grund aus der Gruppe 47 und der Redaktion der *Zeit* ausgeschlossen wurde?

Ich weiß es nicht. Es spielt für mich auch keine Rolle. Die Tragik liegt nicht darin, was im Kopf eines Zeitungsverlegers oder eines Theaterintendanten vorging, als er Personalentscheidungen traf. Die Tragik liegt vielmehr in der Tatsache, dass Zadek und Reich-Ranicki – zwei der bedeutendsten und erfolgreichsten deutschen Juden seit dem Zweiten Weltkrieg – sich selbst am Ende ihres Lebens noch derartige Fragen stellten.

Weder Zadek noch Reich-Ranicki mangelte es an Anerkennung und Selbstvertrauen. Trotzdem waren sie, wie Ala, nicht in der Lage, zwei scheinbar gegensätzliche Ängste zu überwinden. Einerseits befürchteten sie, nie ganz zum deutschen Establishment zu gehören. Andererseits befürchteten sie, womöglich nur so erfolgreich gewesen zu sein, weil sie Juden sind.

Ein Hauch von Paradox schwebt über dieser doppelten Furcht. Aber sie ist nicht so paradox, wie sie scheint. Denn beide Ängste entstammen demselben Phänomen: dem Philosemitismus der guten Absichten.

Dieser fehlgeleitete Philosemitismus ist es, der erklärt, warum selbst erfolgreiche Juden sich der Rolle, die sie in der deutschen Gesellschaft spielen, zutiefst unsicher sind. Deutsche Juden wissen, dass sie vor lauter gutem Willen manchmal besonders zuvorkommend behandelt werden. Feiert ein Jude große Erfolge, kommt er nicht umhin, sich im Stillen zu fragen, ob seine Herkunft ihm geholfen haben könnte. Gleichzeitig wissen deutsche Juden, dass antisemitische Vorbehalte in gehobenen Kreisen nie offen ausgesprochen werden. Bleiben einem Juden also bestimmte Türen versperrt, so ist er versucht, den Grund dafür in seinem Anderssein zu suchen. Die Furcht von Zadek und die von Reich-Ranicki sind also zwei Seiten derselben Medaille. Zusammen machen sie verständlich, warum so viele Juden sich in Deutschland noch immer nicht ganz zu Hause fühlen.

5.

WUT

Und Schuld hat der Jud, weil er uns schuldig macht,
denn er ist da. Wär er geblieben, wo er herkam,
oder hätten sie ihn vergast, ich könnte heute
besser schlafen. Sie haben vergessen, ihn zu vergasen.
Das ist kein Witz, so denkt es in mir.

Rainer Werner Fassbinder,
Der Müll, die Stadt und der Tod

Ich hatte fünfundvierzig Minuten Zeit, meine Flucht zu planen. Ich war bereit. Sobald die Glocke läutete, rannte ich aus der Klasse.

Eine Freundin winkte mir im Flur zu, doch ich lief an ihr vorbei, vier lange Treppen hinunter. Die Fünftklässler, deren Klassenzimmer im Erdgeschoss lagen, verstopften den Ausgang. Damit hatte ich gerechnet. Ich schob, schubste und drängelte mir einen Weg durch die Menge. Endlich war ich im Freien, konnte die achthundert Meter rennen, die mich von meiner Straßenbahnhaltestelle, und von meiner Sicherheit, trennten.

Erst als ich über den Markt lief, vorbei an den vollbusigen Verkäuferinnen, wurde mir klar, dass ich gar nicht wusste, warum ich eigentlich in solche Panik verfallen war. Klar, Daniel – ein Jahr älter und einen Kopf größer als ich – war ein ziemlich hartgesottener Typ. Doch als er mir vor einem Monat gesagt hatte, jetzt setzts Schläge, war ich ruhig geblieben. Und ja, sicher, ich wollte meine langen Haare nicht verlieren. Aber war das nicht allemal besser, als verprügelt zu werden?

Und trotzdem: Aus Gründen, die mir unverständlich waren und doch irgendwie bedeutungsschwer erschienen, war das, womit er mir diesmal drohte, schlimmer.

»Da bist du ja«, sagte Daniel, als ich die Haltestelle erreichte. Er stellte die gezwungene Lässigkeit eines Möchtegern-Machos zur Schau, der zu viele Mafiafilme gesehen hat. »Wir sind schon ganz ungeduldig.«

Natürlich. Naiv, wie ich war, dachte ich, ihm so einfach entkommen zu können. Daniel und seine Clique hatten jedoch die letzte Stunde geschwänzt, vielleicht heimlich ein paar Bier im Park gekippt, und jetzt warteten sie hier in aller Ruhe darauf, dass ich ihnen in die Arme lief.

Daniel gab ein Zeichen. Adrian und Philipp wollten mich ergreifen, doch ich rannte ein paar Schritte – mehr, um mein Gesicht zu wahren, als in der Hoffnung, ihnen wirklich entkommen zu können. In ein paar Sekunden hatten sie mich überwältigt. Daniel holte einen elektrischen Rasierer aus der Tasche und stellte ihn kurz auf die höchste Stufe, als ließe er ein Motorrad aufheulen. »Ihr habt uns lang genug rumkommandiert«, sagte er zu mir.

Das war eine Überraschung. »Ich … wir … was?«

Er lächelte. »Du weißt genau, was ich meine. Ständig sagt ihr Juden uns, was wir zu tun haben. Seit Auschwitz. Sogar mein Vater«, – seine Miene verfinsterte sich einen Moment lang – »hat 'nen Riesen-Ständer wegen euch. Aber damit hat sich's jetzt. Wir werden euch schon zeigen, wer hier das Sagen hat.«

Endlich verstand ich den Grund für meine Panik. Ich war zwar erst dreizehn und wusste noch nicht allzu viel über Auschwitz. Dass die Nazis KZ-Insassen die Köpfe rasiert hatten, wusste ich allerdings. Daniels Gesichtsausdruck ließ keinen Zweifel daran, dass er es auch wusste.

Ich wurde unglaublich wütend, vielleicht so wütend wie noch nie. Ich schlug, boxte und trat um mich. Wie durch ein Wunder traf ich Adrian in die Eier. Er krümmte sich vor Schmerz, Philipp sah überrascht auf, und ich riss mich los.

Ich lief, so schnell mich meine kurzen Beine trugen. Als ich mich umsah, lag Adrian am Boden. Daniel und Philipp lachten schallend – aus Schadenfreude über Adrians Schmerz oder über meine Demütigung oder vielleicht über beides.

Jede Generation sieht in der Geschichte, was sie in ihr sucht. Als viele Deutsche endlich die Notwendigkeit für eine ernste, kontinuierliche Auseinandersetzung mit der Vergangenheit einsahen, waren andere schon dabei, den neuen Konsens zu demontieren. Je mehr ihre Landsleute über die dunkelsten Kapitel der deutschen Vergangenheit sprachen und je mehr der Philosemitismus in Mode kam, desto mehr lehnten sie sich auf gegen die Vorstellung, dass sie sich für Deutschlands Vergangenheit irgendwie schämen sollten.

Ihre Ressentiments fielen selten so brutal aus wie Daniels Versuch, eine Szene aus dem Konzentrationslager an einer Münchner Straßenbahnhaltestelle nachzuspielen. Und doch nahm sich Daniel auf seine plumpe Weise jene feinsinnigen Intellektuellen wie Ernst Nolte zum Vorbild, die behaupteten, es sei an der Zeit, Deutschlands Verhältnis zu seiner Vergangenheit zu verändern. Auch sie sind davon überzeugt, dass Juden schon zu lange eine Sonderbehandlung bekommen. Und auch sie finden, dass wir endlich einen »Schlussstrich« unter Deutschlands Beschäftigung mit dem Dritten Reich ziehen sollten.

Laut der gängigen Lesart schaffte Deutschland es im Sommer 2006 endlich, diesen Schlussstrich zu ziehen und seine Komplexe über die eigene Vergangenheit abzuschütteln. Während der WM im eigenen Land war Schwarz-Rot-Gold plötzlich überall zu sehen, auf Fan-Fahnen und in Fan-Gesichtern. Die langjährige Hemmung, Patriotismus öffentlich zur Schau zu stellen, verflog im Laufe des »Sommermärchens« ein für alle Mal.

Während der WM berichteten die Zeitungen über kaum etwas anderes. Der deutsche Nationalismus war wieder da – in einer freundlicheren, weltoffeneren Form, als selbst die größten Optimisten hätten hoffen können. Deutschland war endlich eine »normale« Nation.

Dieses Bild ist verlockend. Aus jüdischer Perspektive verspricht es, die unsichtbare Mauer zu überwinden, die der Philosemitismus zwischen Juden und Nichtjuden errichtet hat. Aus deutscher Perspektive ermöglicht es, Juden als Individuen – und nicht etwa als Verkörperung einer ewigen historischen Schuld – zu behandeln. Juden wie Nichtjuden würden gerne eine normale, weniger neurotische Beziehung zueinander aufbauen.

Doch leider ist die Realität noch immer ein wenig komplizierter.

Bis zu einem gewissen Grad hat Deutschland wirklich seine Komplexe abgelegt. So ist die neu entdeckte Bereitschaft, Deutschlandfahnen zu hissen, völlig harmlos. Aber in den meisten »normalen« Ländern betonen die Zeitungen nicht gebetsmühlenartig, wie unglaublich normal das Land sei. Und so wie das Selbstverständnis eines Landes nicht wirklich normal sein kann, wenn die Zeitungen diese Normalität immer wieder betonen, sezieren und verteidigen, reicht ein reiner Willensakt auch nicht aus, um die Beziehung zwischen Juden und Nichtjuden von langjährigen Neurosen zu befreien.

Deshalb habe ich persönlich zwar alle Sympathie der Welt für junge Leute, die den zum Teil etwas hysterischen Philosemitismus ihrer Eltern hinter sich lassen wollen. Besonders ihr erklärter Wunsch, Juden so zu behandeln wie alle anderen auch, ist genau richtig. Trotz all ihrer guten Absichten fürchte ich dennoch, dass der Ruf nach einem Schlussstrich zumeist kontraproduktiv ist.

Mir wäre nichts lieber, als so behandelt zu werden wie andere Deutsche auch. Aber viele Leute in meinem Alter sind viel zu sehr darauf erpicht, zu beweisen, dass sie mich ganz normal behandeln. Im Endeffekt behandeln sie mich gerade deshalb auf eine umso seltsamere Art und Weise.

—

An diese harte Lektion wurde ich fern der »Heimat« erinnert, als ich vor einigen Jahren in den USA einer kleinen Diskussionsgruppe beitrat. Die Gruppe bestand aus renommierten Philosophen und Politikwissenschaftlern sowie ein paar Doktoranden. Jede Woche hielt jemand einen informellen Vortrag über ein Thema, das für ihn von besonderem Interesse war. Bei meinem ersten Besuch sprach ein Experte über die Entfremdung vieler Afroamerikaner von der Mehrheitskultur der Vereinigten Staaten. Für die Professoren in der überwiegend weißen Gruppe war es ein heikles Thema – doch die Diskussion war recht ungezwungen.

Spät am Abend meldete ich mich zu Wort. Ich gab zu, dass ich wenig darüber wusste, was es in den Vereinigten Staaten, insbesondere in den ärmsten Vierteln, bedeutet, schwarz zu sein. Aber, so fuhr ich vorsichtig fort, vielleicht ähnelten meinen Erfahrungen als Jude in Deutschland in gewisser Hinsicht der Situation wohlhabender Afroamerikaner in vorwiegend weißen, bewusst politisch korrekten Kreisen.

Der Gastgeber fand das sehr interessant und fing an, mich mit Fragen zu löchern. Ich erzählte ihm von meiner kurzen Begegnung mit der Bundeswehr und von meiner gescheiterten Freundschaft mit Markus. Dann berichtete ich von einer Unterhaltung, die ich im Februar 2008 – auf dem Höhepunkt des Vorwahlkampfes zur Präsidentschaftswahl zwischen Hillary Clinton und Barack Obama – in Harvard erlebt hatte.

Cathy, eine Kommilitonin aus meinem Doktorandenprogramm, war eine leidenschaftliche Unterstützerin von Hillary Clinton. »Obama ist noch nicht so weit«, erklärte sie uns beim Mittagessen. »Er sitzt erst seit ein paar Jahren im Senat. Er mag ein guter Redner sein. Aber hat er so viel Ahnung von Tagespolitik wie Hillary? Natürlich nicht.«

Just in dem Moment kam Mike herein. Sobald Cathy Mike – der schwarz ist – sah, änderte sich ihr Tonfall. Zwar bestand sie immer noch darauf, dass Hillary die bessere Kandidatin sei. Doch während sie noch vor einer Minute – für einen politischen Parteigänger ganz normal – heftig gegen ihren Gegner ausgeteilt hatte, überschüttete sie Obama jetzt mit Lob.

»Ihr müsst das verstehen«, sagte Cathy und schaute verhohlen zu Mike hinüber, »so ein Talent wie Barack, das gibts nur selten. Und reden kann der Mann … Er ist was Besonderes, ganz ehrlich. Ich bin absolut dafür, dass wir ihn 2016 nominieren. Aber jetzt gerade …«

Die Befangenheit linker Amerikaner im Umgang mit Schwarzen, erklärte ich meiner Diskussionsgruppe, war der Befangenheit gebildeter Deutscher im Umgang mit Juden also nicht ganz unähnlich.

Während ich redete, sah ich aus dem Augenwinkel, dass Professor Schmidt, ein Philosophieprofessor an einer prestigeträchtigen amerikanischen Universität, immer aufgebrachter wurde. Professor Schmidt ist Deutscher. Anders als die meisten Deutschen musste er in seinem Leben reichlich Kontakt mit Juden gehabt haben – schließlich lebte und unterrichtete er seit vielen Jahren in den Vereinigten Staaten. Doch nun, da das Gespräch auf die deutschen Juden gekommen war, fühlte sich Professor Schmidt sichtlich unwohl. Er schwitzte stark und lief tiefrot an.

Verärgert fiel er mir ins Wort: »Das wahre Problem sind nicht die Deutschen. Das wahre Problem ist, dass die deutschen Juden so dünnhäutig sind. Ignatz Bubis zum Beispiel ...«

Ich erinnere mich nicht mehr an jedes Wort seiner Widerrede. Doch seine letzten Sätze haben sich mir ins Gedächtnis eingebrannt:

Anstatt Debatten einfach mal laufen zu lassen, müssen die Juden immer zu allem eine Erklärung abgeben. Sie glauben vielleicht, dass sie dadurch ihre Interessen verteidigen. Aber letztlich machen sie nur die Beziehung zwischen Juden und Deutschen kaputt. Der Zentralrat der Juden ist es, der durch solche Anmaßungen den Brunnen vergiftet.

Den Brunnen vergiftet?

Jahrhundertelang war dieser Vorwurf der Auslöser für antisemitische Pogrome. Als der Schwarze Tod bis zu einem Drittel der europäischen Bevölkerung dahinraffte, ging der Schlachtruf aus: »Die Juden haben den Brunnen vergiftet!« – und so reihte sich tragischer Mord an tragischen Tod. Warum um alles in der Welt sollte Professor Schmidt, der ja sicher um die Geschichte dieses Ausdrucks wusste, solch ein makabres Bild heraufbeschwören? Ist er etwa ein geheimer Antisemit?

Ich halte Professor Schmidt nicht für einen Antisemiten. Ich glaube eher, er hatte – obwohl er sich just gegen diese politische Korrektheit aussprach – eine unheimliche Angst davor, in seiner Wut politisch unkorrekt zu klingen. So wie Cathy Angst hatte, irgendwie als Rassistin rüberzukommen, so dachte sich auch Professor Schmidt: »Gott bewahre, dass einer meiner versammelten Kollegen mich für einen Antisemiten halten könnte …«

Dies würde auch seine letzten Worte erklären. Wie Sigmund Freud in *Zur Psychopathologie des Alltagslebens* darlegt, geben sich Menschen aus Angst vor Fauxpas große Mühe, alle scheinbar indiskreten Formulierungen zu vermeiden. Doch sobald diese enorme Anspannung nachlässt – wie zum Beispiel gegen Ende eines kleinen Vortrags oder Monologs, wenn man sich schon gratulieren will, nicht in das Fettnäpfchen getreten zu sein – entschlüpft einem die unterdrückte Formulierung doch noch.

Als freudscher Versprecher verrät Schmidts Bemerkung keinen Antisemitismus. Sie zeigt vielmehr die Anspannung auf, unter der selbst gebildete, weltgewandte Deutsche stehen, wenn sie über Juden reden. Aber wenn sogar ein Professor Schmidt bei dieser Thematik leicht ins Schwitzen kommt, dann erfüllt sein passiv-aggressives Beharren auf dem Schlussstrich seinen angedachten Zweck wohl kaum: Eine echte Normalität im Umgang zwischen Juden und Nichtjuden kann nicht per Ansage entstehen.

Professor Schmidt hat sich mit seiner Wortwahl keinen Gefallen getan. Doch das ist kein Grund, das abzutun, worauf er hinauswollte. Vielleicht haben er – und die Befürworter eines Schlussstrichs allgemein – nicht ganz unrecht mit ihrer Behauptung, die deutschen Juden würden viele Diskussionen verfänglich machen. Ist der aggressive Backlash gegen die politische Korrektheit nicht auch unsere eigene Schuld?

Bis zu einem gewissen Punkt vielleicht schon. Ermutigt von der Ausbreitung des Philosemitismus in den Achtzigerjahren, begannen Juden in Deutschland eine selbstbewusstere Rolle zu spielen. Während auch viele normale Juden endlich den Mut fassten, ihr nervöses Schweigen zu brechen, veränderte sich insbesondere die Rolle ihrer führenden Vertreter.

In der Nachkriegszeit hatten Vorsitzende des Zentralrats der Juden wie zum Beispiel Heinz Galinski es als ihre Aufgabe betrachtet, sich bei den Regierenden einzuschmeicheln. Doch je sicherer die Finanzierung für die jüdischen Gemeinden wurde, desto selbstbewusster wurden die neuen Vorsitzenden im Umgang mit deutschen Politikern. Im Gegensatz zu Heinz Galinski und Werner Nachmann kritisierte Ignatz Bubis antisemitische und fremdenfeindliche Äußerungen regelmäßig.

Da die Vorsitzenden des Zentralrats sich über die Jahre immer offener äußerten, ist es wenig verwunderlich, dass ihnen dabei auch Fehleinschätzungen unterliefen. Im Juli 2009 beispielsweise kam der Künstler Ottmar Hörl auf die Idee, zwei durch und durch deutsche Dinge miteinander zu kombinieren: eine Fixierung auf die Nazis und Gartenzwerge. Er fertigte also einen goldenen Gartenzwerg an, der den rechten Arm zum Hitlergruß hob. Die Figurine, die in einer kleinen Nürnberger Galerie für fünfzig Euro zum Verkauf angeboten wurde, sollte lustig und irgendwie subversiv zugleich sein. »Wenn die deutsche Herrenrasse als Gartenzwerg dargestellt wird – das entwickelt doch Ironie«, erklärte Hörl der *Bild-Zeitung*.

Arno Hamburger, Vorsitzender der Israelitischen Kultusgemeinde in Nürnberg, fand das allerdings alles andere als komisch. »Hier hört der Spaß auf. Das verletzt Menschen«, erklärte er gegenüber der Presse. Den Gartenzwerg nannte er »eine absolute Geschmacklosigkeit«.

Das ist natürlich herrlich absurd. Ein bedeutendes Kunstwerk mag der hitlergrüßende Gartenzwerg nicht gerade sein; rechtsextreme Gewalt wird er aber ebenso wenig inspirieren. Bis zu einem bestimmten Punkt hat Professor Schmidt also recht: Manchmal täten die Vertreter der deutschen Juden wirklich besser daran, Debatten einfach laufen zu lassen, ohne zu betonen, wie »verletzt« – wie es im nichtssagenden Lieblingsvokabular der Identitätspolitik häufig heißt – sie sich fühlen.

Deshalb darauf zu schließen, deutsche Juden wollten ihren Sonderstatus als Opfer um jeden Preis verteidigen, wäre trotzdem ein Irrtum. Tatsächlich spielen Vertreter der Juden in Deutschland ebenso oft eine mäßigende Rolle.

Im Sommer 2008 beispielsweise machte Faruk Şen, der damalige Leiter des Zentrums für Türkeistudien in Essen, auf wachsende Fremdenfeindlichkeit und Diskriminierung aufmerksam. Um seine Argumente zu veranschaulichen, bezeichnete er Türken als »die neuen Juden Europas«. Aufgrund seiner angeblichen Trivialisierung des Holocausts wurde Şen von Armin Laschet, dem nordrhein-westfälischen Integrationsminister, gefeuert.

Doch anstatt Şen seinerseits anzugreifen, verteidigte ihn Stephan Kramer, der Generalsekretär des Zentralrats der Juden. Wie Laschet meinte auch Kramer, dass es sich um einen unglücklichen Vergleich gehandelt habe. Aber es sei auch wahr, dass »türkischstämmige Muslime in Deutschland, ja in Europa, trotz aller freundschaftlichen Beteuerungen, sehr wohl alltäglichen Diskriminierungen und Ausgrenzungen ausgesetzt sind [...] Statt den Boten der Nachricht zu bestrafen, sollten wir uns alle mehr und ernsthafter mit den Ängsten und Gefühlen der türkischstämmigen Muslime und anderer Minderheiten in unserem Land auseinandersetzen.« Nach den Machenschaften einer Gruppe, die eigennützig ihren Sonderstatus als Opfer zu schützen versucht, um etwaige Vorteile zu monopolisieren, klingt das kaum.

Dass deutsche Juden als eine Art Gedankenpolizei fungieren, hört man heutzutage häufig. Doch letztlich sind es die Massenmedien, die bestimmen, wessen Meinung ein Publikum findet. Und diese haben bekanntlich ein Faible für extreme Positionen.

In der Nachkriegszeit, als die Gesellschaft hauptsächlich daran interessiert war, Deutsche von jeglicher Schuld freizusprechen, erkoren die Medien jeden Juden, der willens war, ein Loblied auf die Bundesrepublik zu singen, zum medialen Sprachrohr. Heute dagegen ist die Gesellschaft selbstkritischer – und die Medien haben gleichzeitig erkannt, dass jüdische Empörung (und die darauf folgende Empörung über jüdische Empörung) für Klicks und Zuschauerquoten sorgt. Und so reicht es schon, wenn einer von hunderttausend Juden an einem Ereignis oder einer Aussage Anstoß nimmt, damit Zeitungen und TV-Sender aufgeregt darüber berichten – ungeachtet der Tatsache, dass die überwiegende Mehrzahl deutscher Juden im Vorgefallenen überhaupt kein Problem zu erkennen vermag.

Bei all dem Gerede über die Selbstgerechtigkeit der

Juden wird daher oft übersehen, dass es die Deutschen selbst sind, die Juden in die Rolle des Zensors drängen. Geschieht in Deutschland ein rassistisches oder antisemitisches Verbrechen, geht es in den gebetsmühlenartig wiederholten Verurteilungen der Politiker ebenso häufig um die »schlechte Wirkung auf die internationale öffentliche Meinung« wie um das Leid der Opfer selbst. Und wenn ein Prominenter antisemitische Bemerkungen macht, halten sich die Medien mit eigenen Urteilen zurück und zitieren lieber Juden, die dazu klar Stellung bezogen haben.

Vor ein paar Jahren beispielsweise gab Bernie Ecclestone, Geschäftsführer der Formel 1, ein wirres Interview, in dem er seine Bewunderung für verschiedentliche Diktatoren ausdrückte und leugnete, dass Hitler den Holocaust geplant hat. Die Überschriften in der europäischen Presse fassten einfach seine bizarren Bemerkungen zusammen. Die *Times* schrieb: HITLER? DER WUSSTE, WIE MAN SICH DURCHSETZT, SAGT FORMEL-1-CHEF BERNIE ECCLESTONE. Die Überschrift von *El País:* ECCLESTONE HÄLT LOBREDE AUF HITLER. Der Blog einer führenden britischen Zeitung titelte mit einem Wortspiel: FORMULA DUMB.

Die Schlagzeilen deutscher Zeitungen dagegen sahen anders aus. *Spiegel online* schrieb: JÜDISCHER WELTKONGRESS FORDERT ECCLESTONES RÜCKTRITT. Die *Bild-Zeitung* schrie auf: ZENTRALRAT DER JUDEN FORDERT FORMEL-1-BOYKOTT (eine riesige Übertreibung seiner tatsächlichen Position). Der *Stern* titelte sogar noch pauschaler: JUDEN FORDERN FORMEL-1-TEAMS ZUM BOYKOTT AUF.

Juden verkaufen sich in Deutschland. Der Holocaust verkauft sich noch besser. Zeitschriften bringen gerne Titelgeschichten über die Nazis – mit auffälligen Bildern von Hitler auf der Titelseite. Fernsehsender zeigen mit Vorliebe Dokus über das Dritte Reich. Buchläden stellen Bände über den Zweiten Weltkrieg ins Schaufenster.

Laut den Fürsprechern eines Schlussstrichs wird Deutschland diese Fixierung auf die eigene Vergangenheit von außen auferlegt. So sagte Martin Walser in seiner berühmt-berüchtigten Paulskirchenrede im Jahr 1998:

Kein ernst zu nehmender Mensch leugnet Auschwitz; kein noch zurechnungsfähiger Mensch deutelt an der Grauenhaftigkeit von Auschwitz herum; wenn mir aber jeden Tag in den Medien diese Vergangenheit vorgehalten wird, merke ich, dass sich in mir etwas gegen diese Dauerpräsentation unserer Schande wehrt. Anstatt dankbar zu sein für die unaufhörliche Präsentation unserer Schande, fange ich an wegzuschauen. Wenn ich merke, dass sich in mir etwas dagegen wehrt, versuche ich, die Vorhaltung unserer Schande auf Motive hin abzuhören und bin fast froh, wenn ich glaube, entdecken zu können, dass öfter nicht mehr das Gedenken, das Nichtvergessendürfen das Motiv ist, sondern die Instrumentalisierung unserer Schande zu gegenwärtigen Zwecken.

Wer ist es, der Walser zufolge die deutsche Schande zu gegenwärtigen Zwecken instrumentalisiert? Da er sich hinter mühevoll komponierter Zweideutigkeit verschanzt, ist das schwer zu sagen. Aber eines ist klar: Die deutschen Juden können die Allgegenwärtigkeit des Holocaust kaum erklären. Denn wenn sich Zeitschriften mit Hitler-Titelbildern besonders gut verkaufen, dann liegt das nicht an den 0,2 Prozent der deutschen Bevölkerung, die jüdisch sind.

Wer also kauft all die Zeitschriften mit Hitlers herrlich böser Visage auf dem Cover? Und wer schaut sich all die Dokus über die Kriegsmaschinerie des Tausendjährigen Reichs an?

Die Antwort ist klar. Für jeden deutschen Juden, der sich eine Doku über den Holocaust ansieht, gibt es wahrscheinlich zwei Rechtsextreme, die dieselbe Sendung aus ihren eigenen Gründen schauen. Für jeden philosemitischen Intellektuellen, der aus Scham für die Vergangenheit einen seriösen Dokumentarfilm über das Dritte Reich ins Programm nimmt, gibt es fünf Programmdirektoren, die nur zu glücklich sind, ein sensationslüsternes Nazispektakel zu bringen, um die Quote nach oben zu treiben. Und für jeden schuldbeladenen Deutschen, der die letzte *Spiegel*-Titelstory aus echtem historischem Interesse liest, gibt es wahrscheinlich zehn, die sich – wie die Millionen Zuschauer rund um die Erde, die dem History Channel einen derartigen kommerziellen Erfolg beschert haben – einfach nur den Kick des Bösen reinziehen.

In einem Punkt hat Martin Walser also nicht unrecht. Die Erinnerung an den Holocaust kann in einer Gesellschaft tatsächlich zu allgegenwärtig sein, besonders wenn die meisten Erscheinungsformen des Erinnerns an die niedrigsten Instinkte appellieren. Walser mag sogar damit recht haben, dass in Deutschland – und wahrscheinlich in vielen anderen Ländern auch – zurzeit eine bestimmte Form des Holocaust-Gedenkens zu allgegenwärtig ist. Doch in einem Punkt liegen Walser und seine Unterstützter gefährlich falsch: in ihren Andeutungen, Juden und Ausländer würden diese Omnipräsenz anfeuern, um Deutschen eine Kollektivschuld einzuflüstern.

Das gilt, im weiteren Sinne, auch für Deutschlands allgemeine Fixierung auf die Juden. Meine Erfahrung mit

Professor Schmidt war in dieser Beziehung recht typisch. Ich hatte mich nicht in erster Linie an ihn gewandt – geschweige denn versucht, ihn mit meiner »Spezialwaffe« in irgendeiner Form einzuschüchtern. Im Gegenteil wollte ich, weit von Deutschland entfernt, schlicht aus eigener Perspektive etwas zu einer interessanten Diskussion über das heutige Amerika beitragen. Aber Professor Schmidt konnte meine Worte nur als Angriff werten. Er blies zum Gegenangriff – und sorgte so, entgegen seiner eigenen Absicht, nur für weitere Verbitterung.

———

Seit den Achtzigerjahren hat sich die Forderung, die Deutschen sollten die Vergangenheit endlich hinter sich lassen, immer weiter verbreitet. Was als Idée fixe einer aufständischen Minderheit anfing, wurde bald auch im Establishment salonfähig. Laut verschiedenen Umfragen ist es mittlerweile Mehrheitsmeinung: Im Anschluss an Walsers Rede wollten 63 Prozent aller Deutschen einen »Schlussstrich unter Diskussionen über die Verfolgung der Juden ziehen«.

Doch die wirklich verblüffende Entwicklung ist, wie sehr selbst die letzte Bastion reumütiger Respektabilität – jene Klasse deutscher Intellektueller, die noch vor Kurzem so lautstark darauf bestanden, dass ihre Landsleute sich gefälligst schonungslos mit ihrer Vergangenheit auseinandersetzen sollten – de facto zu Verfechtern des Schlussstrichs mutiert ist.

Jahrzehntelang dachten die meisten Deutschen, das Vermächtnis des Kriegs bestünde hauptsächlich aus dem Leiden, das er über das eigene Volk gebracht hat. Da waren die toten oder vermissten Ehemänner. Da waren die verheerenden Schäden, die alliierte Luftangriffe in den letzten Kriegsjahren an Städten, Industrie und Infrastruktur verursacht hatten. Und da waren die Millionen von Vertriebenen, die sich fern ihrer Heimat ein neues Leben aufbauen mussten. Kurz: Falls es im kulturellen und intellektuellen Leben der jungen Bundesrepublik überhaupt um das bleibende Erbe des Zweiten Weltkriegs ging, dann meistens um deutsche Opfer.

Doch als viele Deutsche anerkannten, in welchem Maße das Dritte Reich für die Entstehung des Kriegs verantwortlich war – und als sie die grundlegenden Fakten über die Ungeheuerlichkeit des Holocausts verinnerlichten –, änderte sich das. Als breite Teile der deutschen Öffentlichkeit für die Vergangenheit sühnen wollten, waren insbesondere die Intellektuellen weniger an den deutschen Opfern als an den Opfern Deutschlands interessiert.

Jetzt, im neuen Jahrtausend, schlug das Pendel langsam zurück. Der erste große Erfolg dieser Art, ein Buch namens *Der Brand,* erschien 2002 und wurde sofort zum Bestseller. Jörg Friedrich berichtet darin detailliert über die Luftangriffe der Alliierten, die eine halbe Million Opfer forderten. Das Buch ist sorgfältig recherchiert. Prinzipiell bringt es zum ersten Mal seit Jahrzehnten einem breiten Publikum ein wichtiges Thema nahe.

Die Mängel des Buchs überwiegen trotzdem. Friedrich sagt fast nichts über den weiteren Kontext der Luftangriffe. So erwähnt er nur am Rande, dass Deutschland den Krieg begonnen hatte. Schlimmer noch: Wenn Friedrich doch einmal die Umstände erörtert, scheint er den Alliierten zusätzliche Schuld anlasten zu wollen. Indem er Nazibombenkampagnen herunterspielt oder verschweigt, erweckt er streckenweise gar den Eindruck, Naziflugzeuge hätten nie Zivilisten ins Visier genommen.

Noch problematischer ist Friedrichs Sprache. Wie auch viele Rezensenten anmerkten, ist sie nicht nur emotional; sie scheint den Wortschatz des Holocausts für seine eigenen Zwecke zu vereinnahmen. Bei Friedrich wird die Bombergruppe Nummer 5 der Royal Air Force zur »Massenvernichtungsgruppe Nr. 5«. Die Alliierten betreiben ihm zufolge eine »Vernichtungspolitik«. Bunker werden zu »Krematorien«.

Der riesige Erfolg von *Der Brand* war tonangebend für ein neues Genre: Unter dem Vorwand, endlich mit Tabus zu brechen, setzte es auf Gefühl statt auf Analyse und blendete historischen Kontext für einen exklusiven Fokus auf deutsche Opfer aus. 2006 sendete das ZDF eine Miniserie über die Luftangriffe auf Dresden und wurde mit dem Deutschen Fernsehpreis belohnt. Ein Jahr später produzierte die ARD ihre eigene Miniserie über deutsches Leiden: *Die Flucht* erzählte die Geschichte einer heroischen Adligen, die ihre Schützlinge vor dem Ansturm der Roten Armee ins sichere Bayern führt. Den vorläufigen Endpunkt erreichte dieser Trend mit *Unsere Mütter, unsere Väter*. Der moralische Relativismus, der in den früheren Sendungen implizit blieb, ist bei dieser ZDF-Produktion Programm. Denn es geht nicht mehr um deutsche Opfer – sondern vielmehr um eine retroaktive Rehabilitation deutscher Täter.

Von den vier Protagonisten der Serie – drei arisch, einer jüdisch – begehen alle kompromittierende Taten. Und doch darf jeder Einzelne von ihnen vor Ende der Serie eine Heldentat begehen, die ihn moralisch erlöst. Das Fazit scheint klar. Zu denken, im Holocaust hätte es Täter und Opfer, gute und böse Menschen gegeben, ist viel zu einfältig. Letztlich waren es fast alles gute Menschen, die halt in schwierige Umstände geraten sind – ob sie nun Zivilisten oder Soldaten, Juden oder Deutsche waren.

Es spricht nichts dagegen, einen moralisch komplexen Nazi darzustellen, der trotz schlimmer Taten auch Positives an sich hat. Doch wenn ein Drehbuchautor ein gesamtes Filmuniversum mit Charakteren füllt, die trotz schlimmer Taten gute Menschen sind, dann sendet er eine klare Botschaft: Ja, die deutschen Taten waren schlimm. Aber nein, viele der Menschen, die diese Taten zu verantworten haben, waren es nicht. Wir sollten ihnen gegenüber endlich Verständnis zeigen.

Insofern ist das Ende der Miniserie nur konsequent. In den letzten Einstellungen werden die fiktiven Lebensdaten der Protagonisten gezeigt. Drei Protagonisten sind schon tot. Einer lebt noch. Die Suggestion an die Zuschauer ist eindeutig: Redet mit euren Müttern und euren Vätern über den Krieg, bevor es zu spät ist. Egal, was sie getan haben mögen – sehr wahrscheinlich waren auch sie nur gute Menschen, die in eine schwierige Lage geraten sind.

Die deutsche Geschichtsobsession fing 1968 an, als eine mutige Generation ihren Eltern am Küchentisch die schwierigste aller Fragen stellte: »Und was habt ihr zu verantworten?« Heute hat sich diese Frage scheinbar ins Gegenteil verkehrt. Mit dem Mut des Schlussstrichs bewaffnet, fragt manch einer: »Und wie können wir euch aus der Verantwortung nehmen?«

Einige Künstler und Intellektuelle haben also Karriere gemacht, indem sie deutsche Opfer darstellen – und sind dabei, wie die Macher von *Unsere Mütter, unsere Väter,* zum Teil übers Ziel hinausgeschossen. Aber die wirklich erstaunliche Wandlung der letzten Jahre ist, dass selbst große Teile der alten Garde – selbst viele von jenen, die immer auf Deutschlands offener und ehrlicher Auseinandersetzung mit der eigenen Vergangenheit beharrt hatten – gegen Ende ihrer Karriere vor allem eines wollten: endlich vergessen.

Der Fall Günter Grass ist in dieser Hinsicht besonders aufschlussreich. Die Neuigkeit, dass Grass, »das moralische Gewissen Deutschlands«, im November 1944 mit siebzehn Jahren der Waffen-SS beigetreten war, schockierte 2006 ganz Deutschland. Monatelang beschäftigten sich die Feuilletons mit der Frage, ob man einen so jungen Menschen dafür verantwortlich machen kann, zur SS gehört zu haben. Grass' Verteidiger wiesen darauf hin, dass er solange er denken konnte von der mörderischen Ideologie des Nationalsozialismus indoktriniert worden war; aus ihrer Sicht entschärfte oder eliminierte dies jede etwaige moralische Kritik. Grass' Gegner konterten, dass ein intelligenter Siebzehnjähriger keine vollständige moralische Entlastung dafür verlangen könne, in der SS gedient zu haben – ganz gleich unter welchen Umständen.

Angesichts seiner echten Errungenschaften und der leidenschaftlichen Dringlichkeit seiner Beiträge zur Versöhnung mit den Opfern Deutschlands waren die meisten Deutschen – und wohl auch die meisten deutschen Juden – dazu geneigt, Grass zu vergeben. Sie betrachteten seine schwerwiegenden moralischen Versäumnisse als trauriges Anzeichen, dass selbst intelligente, mitfühlende Menschen fehlbar sind – und nicht etwa als Anlass für eine dauerhafte Verdammung seines Werks oder seines Charakters.

Viele verstanden aber nicht, wie Grass mehr als sechzig Jahre warten konnte, bis er seine jugendlichen Missetaten gestand. Dass Grass sich über die eigene Vergangenheit so lange ausgeschwiegen hatte, während er immer wieder die Notwendigkeit einer ehrlichen Auseinandersetzung mit Deutschlands Vergangenheit betonte, fanden sie unverzeihlich.

Trotz der Kontroverse über seine eigene Vergangenheit wurde Grass nicht weniger willens, sich zur moralischen Autorität aufzuschwingen. Vielmehr wurde er in hohem Alter noch selbstgerechter. Dass seine lang verschwiegene Vergangenheit ihn wieder einholte, obwohl er den Großteil seines Lebens dem Kampf für das Gute gewidmet hatte, schien ihn maßlos zu verbittern. Hatte er sich die zertifizierte moralische Reinheit nicht durch harte Arbeit angedient?

Wie sehr Grass sich weiterhin anmaßte, über andere zu Gericht zu sitzen, zeigte sich am deutlichsten im Frühjahr 2012, als er eine kontroverse Attacke auf Israel veröffentlichte. Obwohl es in *Was gesagt werden muss* vordergründig um den drohenden Konflikt zwischen Israel und dem Iran ging, behandelte es in Wirklichkeit zwei weit hiesigere Themen: die Ungeduld, die deutsche Vergangenheit hinter sich zu lassen – und die selbstgefällige Sorge, Israel bedrohe die moralische Reinheit der deutschen Nation.

In den neun kurzen, reimlosen Strophen des Prosagedichts identifizierte Grass mühelos den Hauptschuldigen für die eskalierenden Spannungen im Nahen Osten. Für Grass ist Israel der wahre Aggressor. Der jüdische Staat will das »iranische Volk auslöschen [!] [...], weil in dessen Machtbereich der Bau einer Atombombe vermutet [!] wird«. Iran dagegen stellt Grass als potenzielles Opfer dar – als eine unterdrückte Nation, die von einem reinen »Maulhelden« – Mahmud Ahmadinedschad – unterdrückt wird.

Hätte Grass sich auf die Warnung beschränkt, die Hardliner um Benjamin Netanjahu liefen Gefahr, auf die iranische Bedrohung mit einer Überreaktion zu antworten, hätten viele seiner Kritik an der israelischen Außenpolitik beigepflichtet. Stattdessen schilderte er den Konflikt auf so manichäische Weise – und vertauschte die Rollen von Gut und Böse dabei so gründlich –, dass sich sogar viele seiner möglichen Sympathisanten abgestoßen fühlten. Sie verwiesen darauf, dass es keineswegs so unwahrscheinlich sei, dass der Iran bald in der Lage sein wird, eine Atombombe zu bauen; dass die iranische, und nicht etwa die israelische, Führung regelmäßig bekundet, ihre Feinde »von der Landkarte radieren« zu wollen; und dass ein israelischer Angriff auf iranische Atomanlagen zwar eine moralische Katastrophe wäre, das iranische Volk aber schwerlich »auslöschen« würde.

Doch noch auffälliger als diese Falschdarstellungen war die Art, wie Grass sich auf die Seite jener schlug, die das lästige Gerede über die Vergangenheit endgültig hinter sich lassen wollten. In der ersten Zeile des Gedichts fragt Grass: »Warum schweige ich, verschweige zu lange [...]?« Seine Antwort legt nahe, dass Deutsche sich nicht frei zu jüdischen Themen äußern dürften:

Das allgemeine Verschweigen dieses Tatbestandes,
dem sich mein Schweigen untergeordnet hat,
empfinde ich als belastende Lüge
und Zwang, der Strafe in Aussicht stellt,
sobald er missachtet wird;
das Verdikt »Antisemitismus« ist geläufig.

Am auffälligsten ist jedoch, wie stark Grass darauf beharrt, Israel stelle eine schwere Bedrohung für Deutschlands moralische Reinheit dar. Wenn Deutschland Israel ein weiteres U-Boot verkauft, klagt Grass, dann bürdet dies dem deutschen Volk eine so enorme Schuld auf, dass sie »durch keine der üblichen Ausreden zu tilgen wäre«. Diese etwaige Schuld – und nicht etwa der Friede im Nahen Osten – scheint seine eigentliche Sorge zu sein.

Es ist schwer, sich den Gedanken zu verkneifen, derselbe psychologische Impuls, der die radikalsten Achtundsechziger dazu verleitet hatte, die Juden als die »wahren Nazis« darzustellen, könnte auch hier am Werk sein. In dem verzweifelten Versuch, seine Zeit in der SS hinter sich zu lassen, manipuliert Grass geschickt die Gegenwart bis sie wie eine säuberliche Umkehr der Vergangenheit aussieht. Die Juden sind die Auslöscher. Die Deutschen sind die Unschuldigen. Und Grass eilt, allein dem mutigen Befehl seines Gewissens folgend, den Opfern zu Hilfe.

Grass' Wunsch, sich selbst in der Rolle des Opfers naziähnlicher Machenschaften zu besetzen, blieb auch nach der Veröffentlichung des Gedichts offensichtlich. Deutsche Zeitungen und Politiker – darunter viele, die der Idee des Schlussstrichs sonst nicht gerade abgeneigt sind, sowie solche, die Israel eher distanziert gegenüberstehen – kritisierten sein Gedicht als krude und grob vereinfachend. Doch anstatt sich die Kritik zu Herzen zu nehmen, verglich Grass die deutsche Presse mit der Propagandamaschinerie des Dritten Reichs. Die Feindseligkeit gegenüber seinem Gedicht sei, so Grass, einer »Gleichschaltung der Meinung« im heutigen Deutschland geschuldet.

Es wäre schwierig, sich für jemanden, der so lange den Aufstand seiner Generation gegen die Trivialisierung der Vergangenheit verkörpert hat, ein ironischeres Karriereende auszudenken.

—

Eines schönen Samstagmorgens war ich mit einer großen Gruppe von Freunden und Bekannten auf dem Oktoberfest. Wir waren früh aufgestanden, um einen Tisch in einem der Zelte zu ergattern, und saßen nun gut gelaunt vor einer frisch servierten Maß Bier.

»Wie kriegt man zweihundert Juden in einen Kleinwagen?«, fragte Stephanie, eine zierliche Frau Ende dreißig.

»Stephanie«, antwortete einer meiner Freunde, »wir haben noch nicht mal angestoßen. Ich schlag vor, wir trinken einen auf ...«

Wie auf Kommando nahm die Blaskapelle ihren Dienst auf: »Ein Prosit! Ein Prosit! Der Gemüt-lich-keit!« Wir hielten unsere Biergläser hoch, stießen an, setzten die Gläser noch einmal ab und tranken endlich einen großen Schluck. Ein zufriedener Seufzer entkam meinen Lippen.

»So, jetzt ratet mal«, sagte Stephanie. »Wie kriegt man zweihundert Juden in einen VW Käfer?«

»Komm schon, hör auf damit«, sagte Hans, ein großer, etwas bäuerlicher Bekannter von mir.

»Aufhören – warum das denn?«, schoss Stephanie zurück. Ihre Heiterkeit wich langsam der Wut. »Weil du mir sagst, ich soll den Mund halten? Weil die mir sagen, ich soll den Mund halten? Das ist doch nur ein Witz.«

»Ja, aber kein sehr lustiger«, meinte Hans.

»Nicht lustig? Sei nicht so verkrampft! Warum kann ein Witz über die Juden nicht lustig sein? Es ist 2006. Der Holocaust ist sechzig Jahre her. Natürlich können wir wieder Witze über die Juden machen!«

»Du weißt genauso gut wie ich«, sagte Hans, »dass wir Deutschen eine besondere Verantwortung haben, Juden gegenüber ...«

»Eine besondere Verantwortung? Ich bin noch nicht mal vierzig! Nein, nein. Ich lasse mir nicht länger den Mund verbieten. Ich sag dir, wie man sie reinkriegt. Du vergast sie. Du verbrennst sie. Du stopfst sie in den Aschenbecher. So machst du das.«

Stephanies Witz war antisemitisch. Aber obwohl ihre Geschmacklosigkeit und ihr provokantes Verhalten mich abstießen, erkannte ich, dass sie selbst keine Antisemitin war, jedenfalls nicht im konventionellen Sinne. Stephanie hasste nicht die Juden an sich. Sie hasste vielmehr, was Juden und die Vergangenheit für sie bedeuten sollen – und regte sich deshalb über die »Tyrannei der politischen Korrektheit« auf. Niemand, so wollte sie beweisen, werde ihr vorschreiben, über wen und was sie Witze machen darf.

Ich habe für Stephanie mehr Sympathie, als man vielleicht denken würde. Ein besonderer Freund der politischen Korrektheit bin ich nicht. Denn oft versteckt sich dahinter nicht viel mehr als der Versuch, wirkliche gesellschaftliche Missstände durch immer neue Etiketten zu kaschieren. Wer gestern ein Gastarbeiter war, ist heute ein »Mitbürger mit Migrationshintergrund« – und wird morgen noch einmal anders genannt werden. Solange viele Deutsche aber jeden, der Ali heißt, instinktiv als nicht wirklich deutsch betrachten, zeigt dieser Etikettenwechsel kaum Wirkung. (Ein noch abstruseres Beispiel erzählte mir vor ein paar Tagen eine Bekannte. In meiner Grundschule spielten wir noch »Wer hat Angst vorm schwarzen Mann?«. In der Schule ihrer Tochter heißt es stattdessen: »Wer hat Angst vorm *farbigen* Mann?«)

So ähnlich sieht es auch mit den Juden aus. Peter Zadek hatte durchaus recht mit seiner These, solange die Deutschen sich nicht trauen, mit antisemitischen Klischees zu spielen, hätten sie sich mit ihrem eigenen Antisemitismus noch nicht wirklich auseinandergesetzt. Die dauernde Angst vor einem verbalen Fehltritt bringt keinem etwas. Und wenn jemand sich mal verplappert, so wie es Professor Schmidt tat, dann mag dies für den Zustand der deutsch-jüdischen Beziehungen zwar aufschlussreich sein – und sagt doch herzlich wenig darüber aus, ob er ein anständiger Mensch ist.

Insofern ist es auch kein Zufall, dass einer meiner engsten deutschen Freunde die übelsten antisemitischen Witze reißt. Schreibe ich einen Artikel in einer bekannten Zeitung, witzelt David über die jüdische Weltverschwörung. Will ich lieber in ein weniger teures Restaurant gehen, macht er Witze über jüdischen Geiz. Und wenn mir ein Mädel einen Korb gibt, dann liegt es natürlich an meiner großen jüdischen Nase.

Ganz so heftig wie Stephanies Witz mögen diese Kalauer nicht sein – aber darin liegt nicht der wirkliche Unterschied zwischen ihr und David. Der wirkliche Unterschied liegt vielmehr in ihrer verbissenen und seiner lockeren Art, in ihrem Ressentiment und seiner Ironie.

Als Stephanie den Witz über den VW Käfer erzählte, setzte sie sich als Opfer und Held zugleich in Szene: Die dort haben uns schon zu lange rumkommandiert, und ich – ICH – traue mich nun endlich, gegen sie zu rebellieren. Wenn David dagegen blöde antisemitische Witze erzählt, weiht er uns beide in eine kleine, private Verschwörung ein: Wir beide wissen, wie absurd diese Klischees sind, und kennen einander gut genug, um darüber lachen zu können. Derselbe Witz würde deshalb bei ihm befreiend, bei ihr aber entfremdend wirken.

Die oft diskutierte Frage, ob Deutsche über den Holocaust lachen dürfen, ist daher wenig hilfreich. Klar dürfen sie das. Aber über den Holocaust zu lachen, ohne dabei, wie Stephanie, aggressiv zu wirken, geht nur, wenn man die dafür notwendige Lockerheit mitbringt. Und diese Lockerheit ist unmöglich, wenn man den Witz nicht erzählt, um einen Freund zum Lachen zu bringen – sondern um sich gegen angebliche Zensur aufzulehnen.

Gerade deshalb ist die Insistenz auf der neuen Normalität oft so kontraproduktiv. Kommt diese Normalität von selbst zustande, ist an ihr nichts auszusetzen – im Gegenteil. Doch wird sie lautstark als Lohn für Deutschlands gelungene Vergangenheitsbewältigung eingefordert, macht sie jede Chance auf ebenjene Normalität, die sie für sich reklamiert, zunichte.

Die Zukunft lässt sich nicht vorhersagen. Es gibt gute Gründe, zu hoffen, dass Deutschland auf dem langsamen Weg zu einer unbefangenen Normalität ist. Das wäre wunderbar.

Aber noch sind wir nicht so weit. Im Moment wird die Normalität des Landes noch zu demonstrativ zur Schau gestellt. Sie entstammt nicht einer gelebten Realität, sondern einem abstrakten Wunsch – und ist deshalb allzeit bereit, sich etwaigen Zweiflern und Nörglern gegenüber zu »beweisen«.

Statt die Beziehung zwischen Juden und Nichtjuden zu entkrampfen, hat die neue Stimmung dem Umgang zwischen Juden und Nichtjuden lediglich eine weitere Schicht Unbehagen hinzugefügt. Die Befürworter eines Schlussstrichs mögen voller guter Absichten gewesen sein – doch die Folgen ihrer Forderungen sind enttäuschend.

Hinzu kommt, dass die führenden Exponenten des Schlussstrichs Deutschlands Errungenschaften in der Nachkriegszeit auf paradoxe Art und Weise herunterspielen. Wenn man ihnen Glauben schenken mag, war der eindrucksvolle Prozess von Introspektion, Sühne und Liberalisierung, für den so viele so hart gekämpft haben, den Deutschen von außen aufoktroyiert worden. Viele Deutsche glauben mittlerweile, dass der Imperativ des Erinnerns an den Holocaust ein schlechtes Licht auf Deutschland wirft. Können wir nach all den Jahren der gefestigten Demokratie und der aufrichtigen Reue denn niemals auf eine Zeit hoffen, in der Auschwitz aus dem öffentlichen Bewusstsein gebannt wird?

Wenn wir die Frage so stellen, überrascht es kaum, dass manch ein Intellektueller einen Schlussstrich fordert, um die Vergangenheit von der Gegenwart zu isolieren – und dass solche Forderungen das Selbstverständnis einer jüngeren Generation von Deutschen wesentlich geprägt haben. Doch eine realistischere Sicht der deutschen Nachkriegsgeschichte muss nicht zwangsläufig zu einer so pessimistischen Schlussfolgerung führen.

Die Achtundsechziger, die darauf beharren, dass sie Deutschland von Grund auf erneuert haben, und die jungen Deutschen, die lauthals einen Schlussstrich deklarieren wollen, haben mehr miteinander gemein, als sie glauben. In ihrem Streben nach Reinheit suchen beide Gruppen nach einem definitiven Moment der Erlösung. Dies macht sie blind für die Tatsache, dass die Deutschen durchaus Grund haben, stolz auf die Bundesrepublik zu sein, auch wenn sie vom Erbe des Dritten Reichs geprägt – und, ja, bis zu einem gewissen Grade auch belastet – bleibt.

Die Gaskammern sind nicht der einzige Grund, warum das Erbe des Dritten Reichs für Deutschlands Selbstverständnis noch lange von zentraler Bedeutung sein wird. Denn die Geschichte der Bundesrepublik selbst ist in erheblichem Maße von der Geschichte ihres langwierigen, oft bewundernswerten, jedoch unweigerlich unvollkommenen Versuchs geprägt, die eigene Vergangenheit aufzuarbeiten. Wenn die Deutschen aufhörten, sich mit dem Dritten Reich zu beschäftigen, würden sie große Teile der deutschen Nachkriegsgeschichte auch nicht mehr verstehen. Nicht einmal Episoden wie 1968, Deutschlands schrittweise Liberalisierung und die breite Auseinandersetzung mit dem Holocaust – Ereignisse, die, bei all ihren Makeln, zu den beeindruckendsten Errungenschaften der Bundesrepublik zählen.

—

Die übermäßige Beachtung, die Deutsche den Juden auch heute noch schenken – gepaart mit den Ressentiments, die mancher auch heute noch gegen sie empfindet – bringt deutsche Juden in eine schwierige Lage.

Schon als Kind hatte ich oft das Gefühl, gewissermaßen auf dem Präsentierteller zu sitzen. Wenn meine Klassenkameraden fast nichts über Juden wussten, würden sie dann nicht glauben, dass alle Juden so sind wie ich? Und bedeutete das nicht, dass ich mich besonders gut benehmen musste, damit sie nicht zu dem Schluss kämen, dass alle Juden dieselben Fehler haben wie ich?

Diese Ängste waren natürlich übertrieben. Trotzdem bin ich mir auch heute noch bewusst, dass alles, was ich sage, als Stellungnahme einer ganzen Gruppe gewertet werden könnte. Bevor ich das Wort ergreife, frage ich mich: Wird es als meine gute oder schlechte Meinung, meine einsichtsvolle oder starrköpfige Sichtweise, meine eigennützige oder altruistische politische Forderung verstanden werden – oder etwa als Ausdruck »der« jüdischen Meinung, »der« jüdischen Perspektive oder schlicht »des« jüdischen Eigennutzes?

Lange lähmte mich die Angst, in die Rolle des Sprachrohrs gedrängt zu werden. Aus Angst, von Antisemiten zustimmend zitiert zu werden, scheute ich die Kritik an anderen deutschen Juden. Aus Angst, beschuldigt zu werden, Auschwitz als »Moralkeule« zu benutzen, scheute ich die Kritik an nichtjüdischen Deutschen. Am Ende erschien es mir oft leichter, gar nichts zu sagen.

In Dostojewskis *Brüder Karamasow* hat Fjodor Pawlowitsch eine so erstaunliche wie einleuchtende Erklärung, warum er seinen Nachbarn hasst: »Weil er mir beileibe nichts Böses antat, ich aber ihm eine gewissenlose Gemeinheit angetan habe, und kaum hatte ich das getan, als ich ihn dafür sofort zu hassen begann.«

Pawlowitsch ist zwar die interessantere literarische Figur, doch vor dem Hintergrund meiner eigenen Erfahrungen interessiert mich sein Nachbar noch mehr.

Was sollte der arme Kerl tun, um die angespannte Situation zu entschärfen? Seine bloße Anwesenheit löst bei Pawlowitsch Unbehagen aus. Doch seine demonstrative Abwesenheit hätte wohl die gleiche Wirkung. Pawlowitschs Gemeinheit zu erwähnen würde es sicherlich nur noch schlimmer machen. Aber wäre es nicht ebenso auffällig, sie konsequent zu verschweigen?

Manchmal habe ich das Gefühl, dass deutsche Juden sich in einer ähnlichen Zwickmühle befinden. Die Vergangenheit nie wieder zu erwähnen ist eine mögliche Lösung. Für diese Strategie entscheidet sich beispielsweise Oliver Polak in *Ich darf das, ich bin Jude*. In der satirischen Beschreibung seiner Kindheit in Deutschland bietet Polak dem Leser einen Deal an: »Ich vergesse die Sache mit dem Holocaust – und Sie verzeihen uns Michel Friedman.«

Ein witziger Spruch. Als weitergehende Empfehlung für deutsche Juden aber ist er wenig hilfreich. Und zwar nicht, weil Polak den Holocaust im Scherz mit dem Leiden gleichsetzt, das ein »dreister Jude« den Deutschen zugefügt hat. Sondern, weil selbst eine Strategie der vorwegnehmenden Selbstverleugnung die ersehnte Harmonie nicht herstellen kann.

Laut Zvi Rex, einem israelischen Psychoanalytiker, werden die Deutschen den Juden den Holocaust nie verzeihen. Obwohl ich dieses Bonmot immer etwas zu einfach fand, fürchte ich, dass es auf einen wichtigen Punkt hindeutet. Durch unsere reine Anwesenheit erinnern wir, so unbeabsichtigt wie unvermeidlich, an nationale Schandflecken – und stellen somit Deutschlands neues Selbstbild als normale Nation infrage. Wie Pawlowitschs Nachbar sind wir durch unsere bloße Anwesenheit Spielverderber.

Viele prominente deutsche Juden haben erkannt, dass selbst das Versprechen, Deutschlands kostbare Normalität auf keinen Fall zu stören, nichts nutzen wird. Einige von ihnen sind deshalb versucht, das komplette Gegenteil zu tun. Da ihre bloße Anwesenheit eine unbequeme Erinnerung an die Vergangenheit ist, stilisieren sie sich zu professionellen Spielverderbern.

Für Prominente wie Michel Friedman, Henryk M. Broder und Maxim Biller war diese Rebellion zu einem guten Teil von der servilen Rolle motiviert, mit der sich Juden in der Nachkriegszeit zufriedengegeben hatten. Biller zum Beispiel merkt in seinen Memoiren an:

Anfang der Achtzigerjahre gab es in Deutschland zwei Arten von Juden. Die Juden, die nicht mehr lebten, die nach Palästina und Amerika geflohen waren, die in den Lexika standen. Und Juden, die noch da waren, wenige unsichtbare Geschäftsleute, Ärzte und deren Kinder, die jedes Jahr am 9. November kurz im Fernsehen erschienen, als kleine, dunkle Menschengruppe vor einer riesigen Menora oder einer dramatisch hoch aufgehängten Schiefertafel mit kaum lesbaren hebräischen Buchstaben. Es regnete und war windig, und sie hielten sich an ihren Regenschirmen fest, und dann wurden sie weggeweht und tauchten erst am nächsten 9. November für dreißig Sekunden wieder in den Nachrichten auf.

Wie Friedmann und Broder war auch Biller nicht mehr gewillt, diese untergeordnete Rolle zu spielen. Wie sie beschloss auch er, endlich all die Dinge auszusprechen, die sein Nachbar lieber ignorieren würde. Und so hat eine kleine, aber sehr sichtbare Gruppe von deutschen Juden ihre Karriere darauf aufgebaut, auf die Mängel des Landes hinzuweisen. Bereitwillig akzeptieren sie die Rolle des Spielverderbers und liefern die »jüdische« Perspektive auf alle großen und kleinen Skandale.

Es wäre leicht zu unterschätzen, welchen Mut man braucht, um seinen Lebensunterhalt in der Rolle des öffentlichen Störenfrieds zu verdienen: Niemand, nicht einmal Michel Friedman, wird gerne von einem Großteil der Bevölkerung gehasst. Mutig ist diese Wahl also – und doch erscheint sie mir letztlich wie eine Niederlage.

Weil er sich selbst nicht als Opfer sieht, wollte Biller nicht zu der dunklen, zusammengedrängten Gruppe von Juden gehören, die am 9. November kurz über den Bildschirm flimmert. Ich teile seine Aversion gegenüber der ihm zugeordneten Rolle – komme aber nicht umhin, anzumerken, dass seine neue Rolle ebenso wenig selbstbestimmt ist. Im Endeffekt spielen Friedman, Broder, Biller und Co. nämlich auch heute noch die Berufsjuden, die zu jedem Thema »die jüdische Perspektive« verkörpern.

Ich verstehe, warum sie sich, vor die unglückliche Wahl zwischen der Rolle des unsichtbaren und des gebieterischen Juden gestellt, für letztere entschieden haben. Aber so oder so identifiziert die Öffentlichkeit sie vor allem mit ihrem vermeintlichen Hauptmerkmal: Sie sind und bleiben in erster Linie Juden.

Wenn dies die beiden Optionen sind, die deutschen Juden offenstehen, dann erscheint mir keine von beiden als besonders verlockend. Ich will weder als Spielverderber noch als Berufsjude Karriere machen. Aber ebenso wenig bin ich dazu bereit, wie Polak eine Liste von Themen zu verinnerlichen, über die ich Stillschweigen bewahre.

Dies war der letzte – und vielleicht entscheidende – Grund, warum ich zu dem Schluss gekommen bin, dass ich in Deutschland auf immer ein Außenseiter bleiben werde.

In Laupheim hatte ich es noch als meine Aufgabe angesehen, aus meinem Judesein keinen Hehl zu machen – und bereitete mich stolz darauf vor, etwaiger Ignoranz oder Feindseligkeit umso tapferer zu begegnen. Das sonderte mich von »normalen« Kindern ab. Doch ich war mir sicher, eines Tages, wenn ich in eine größere, weltoffenere Stadt umziehen würde, ein richtiger Deutscher sein zu können.

Als ich im Alter von zwölf Jahren nach München zog, tat ich mich mit dem Philosemitismus, der mir plötzlich begegnete, schwer. Ich habe nie darum gebeten, anders behandelt zu werden. Trotzdem: Sobald sich herausstellte, dass ich Jude bin, kam mir aufgrund dieser simplen Tatsache eine Sonderbehandlung zu. Mir wurde klar: Als Deutscher werde ich nie ganz gesehen werden. Doch trotz meiner Enttäuschung konnte ich mir vorstellen, weiter in Deutschland zu leben: Schließlich schienen die Gründe für mein Exotendasein gut gemeint, unbewusst, gar tragikomisch.

Erst als ich Leute wie Daniel und Stephanie traf, kam mir der Gedanke, dass mein Judesein mich nicht nur zum Außenseiter machte – sondern auch ein Grund sein könnte, Deutschland zu verlassen.

An nervösen Philosemitismus, ja selbst an ignoranten Antisemitismus, hätte ich mich gewöhnen können. Aber wenn meine bloße Anwesenheit Leute auf die Idee bringt, dass ich ihnen Schuldgefühle einflößen will – und wenn sie das dann zum Anlass nehmen, gegen diese Schuldgefühle zu rebellieren, indem sie mir gegenüber aggressiv auftreten –, dann wollte ich mich dieser Situation nicht immer und immer wieder aussetzen.

Ich will die Auswirkungen, die der Schlussstrich auf mein Leben hatte, nicht übertreiben. Es gab viele Gründe, warum ich in England und später in den Vereinigten Staaten studiert habe. Ich wollte mehr von der Welt sehen. Ich hatte das Glück, Studienplätze und später einen Job an wunderbaren Unis angeboten zu bekommen. Kurz, vielleicht hätte es mich auch dann ins Ausland verschlagen, wenn ich nicht jüdisch wäre. Und doch: Meine Vorstellung davon, was es bedeuten würde, als Jude weiter hier zu leben, war ein wesentlicher Grund, warum ich Deutschland schließlich verließ.

6.

NICHT MEHR: DER JUDE

»Überdies, wenn ich ein Jahr in Deutschland zubrächte,
würde ich nur an eins denken«, erklärte er öffentlich
(ich war der einzige, der zuhörte).
»Zwölf Monate lang wäre ich ein Jude und sonst nichts.
Ich kann mir nicht leisten, dafür ein ganzes Jahr
herzugeben.« Ich glaube, die bessere Erklärung ist,
dass er es herrlich fand, in New York verrückt zu sein.

Saul Bellow, *Humboldts Vermächtnis*

Meine kleine Familie ist, auf ihre Weise, fast wieder vereint.

Als Kind verbrachte ich oft ein paar Wochen bei meinem Großvater Leon in Frankfurt, wo er mittlerweile in Rente gegangen war. Manchmal nahm Leon mich mit ins Jüdische Gemeindezentrum oder zeigte mir das ehemalige Ghetto in der Altstadt. Aber meistens gingen wir in den Palmengarten. Ich rannte auf der üppigen Anlage herum. Als ich mich endlich müdegelaufen hatte, nahm Leon mich an der Hand, und wir bestaunten die exotischen Bäume und Pflanzen im Gewächshaus. Dann gingen wir nach Hause, Leon machte mir ein Omelett mit Krabben und las mir seine Lieblingsdichter – Goethe und Heine – vor.

In jenen glücklichen Tagen hatte ich nie den Eindruck, dass mein Großvater irgendeinen Groll gegen Deutschland hegte. Trotz des Schicksals seiner Familie – und obwohl er ebenso gut nach Israel hätte auswandern können – hatte er sich dafür entschieden, hierher zu ziehen. Insgesamt befand Leon die Bundesrepublik für den anständigsten Staat, in dem er je hatte leben dürfen. Das heißt aber nicht, dass Leons Gefühl von Zugehörigkeit nicht seine Grenzen gehabt hätte – Grenzen, die unscharf gewesen sein mögen, deshalb jedoch nicht weniger real waren.

So weit ich zurückdenken kann, hatte Leon nur wenige nichtjüdische Bekannte. Er zog es vor, seine Tage mit jüdischen Freunden zu verbringen. Und obwohl er akzeptierte, dass er wohl in Deutschland bleiben würde, sollten seine sterblichen Überreste die Ewigkeit nicht in deutscher Erde verbringen: Ein paar Jahre vor seinem Tod bat er darum, in Schweden begraben zu werden.

Leon starb am 18. August 1999 im stolzen Alter von sechsundachtzig Jahren in einem Münchner Krankenhaus. Eine Woche später, an einem herrlichen Sommertag, trugen Roman, Ala, Rebecka und ich ihn auf dem jüdischen Friedhof in Malmö – nicht weit von der Polizeiwache, wo sein Sohn rund drei Jahrzehnte zuvor die erste Nacht in seinem neuen Land verbracht hatte – zu Grabe.

Als Leon verstarb, lebte Ewa, meine Großmutter, noch im nahegelegenen Lund.

In ihren ersten Monaten in Schweden hatte Ewa in einer kleinen Bibliothek gearbeitet. Als sie bald darauf in Rente ging, stellte der Staat ihr neben ihrer Minimalrente auch eine kleine Sozialwohnung bereit. In hohem Alter lebte Ewa ein denkbar bescheidenes Leben.

Schon als Kind fand ich bemerkenswert, wie dankbar

Ewa für diesen minimalen Komfort war. Mehrmals am Tag blickte sie sich verwundert in ihrer kleinen Wohnung um, seufzte zufrieden und erklärte dann: »Ich hätte nie gedacht, dass ich auf meine alten Tage in solch einem Luxus leben würde. Nie hätte ich mir das gedacht.«

Ewa starb im Juni 2002. Wie Leon wurde sie in Malmö beerdigt, aber es schien unpassend, ein Familiengrab für die beiden anzulegen. »Sie haben sich im Leben schon genug gestritten«, sagte Ala. »Vielleicht sollten wir ihnen im Tod ein wenig Abstand voneinander gönnen.«

Doch obwohl beide ihr eigenes Grab haben, liegen nicht mehr als ein paar Meter kalte schwedische Erde zwischen ihnen. Und so sind Leon und Ewa auf einem kleinen jüdischen Friedhof in einem mehrheitlich muslimischen Viertel in Südschweden fast wieder miteinander vereint.

Wenn Leon und Ewa fast wieder vereint sind, so sind Ala, Roman, Rebecka und ich es auch.

Als Dirigentin zog Ala häufig von einem Ort zum nächsten. Über die Jahre hat sie in Detmold, in Berlin, in Köln, in Krefeld, in München, in Freiburg, wieder in München, in Kassel, in Maulbronn, in Laupheim und abermals in München gelebt. (Weil wir so oft umgezogen sind, habe ich vier Gymnasien, drei Grundschulen und unzählige Kindergärten besucht.)

Ihre Wanderjahre neigten sich erst in den späten Neunzigerjahren, als Ala eine Professur an der Hochschule für Musik in Karlsruhe annahm, ihrem Ende entgegen. Es war klar, dass sie auf absehbare Zukunft in Karlsruhe bleiben würde. Ihre Freunde empfahlen ihr, endlich eine eigene Wohnung zu kaufen.

Doch Ala wollte nicht. Wenn man eine Wohnung kauft,

sagte sie mir, dann gehört sie einem nicht nur – man gehört auch zu ihr. In Karlsruhe feste Wurzeln zu schlagen konnte sie sich nicht vorstellen. Gab es nach einem Leben auf Achse aber keinen Flecken auf der Welt, wo Ala ihre Zukunft gerne mit ein paar Steinen und einem bescheidenen Stück Land verknüpfen wollte? Als sie sich die Frage einmal so gestellt hatte, war die Antwort klar: Ala würde sich etwas in der Toskana kaufen.

Von dieser Nachricht hätte ich kaum begeisterter sein können. Als kleines Kind war ich schon einmal in der Toskana gewesen. Aber der erste Besuch, an den ich mich erinnern kann, war 1995, als ich zwölf war. Es waren Osterferien, und ich wollte viel lieber am Ufer der Isar mit meinen Kumpels Fußball spielen, als in die ferne Toskana zu fahren. Bei unserer Ankunft in Montepulciano war es schon dunkel. Die wenigen Lichter, die ich durch die Fenster unseres ramponierten Fiat Panda erkennen konnte, ließen die Gegend hässlich wirken. Die Aussicht, endlose Stunden in Kirchen und Museen zu verbringen – wie Ala mich leichtsinnigerweise gewarnt hatte, gab es hier viele davon –, gab mir den Rest. Sobald wir in der Kellerwohnung ankamen, in der wir die nächsten zwei Wochen verbringen sollten, igelte ich mich in einem unbequemen Bett ein und fiel in den tiefen Schlaf eines missmutigen Teenagers.

Am nächsten Tag wachte ich, noch immer schlecht gelaunt, bei Tagesanbruch auf. Zu meiner Verwirrung entdeckte ich, dass die Kellerwohnung ein Fenster hatte und dass dieses Fenster dank des steilen Hügels, auf dem Montepulciano sitzt, einen spektakulären Blick in die Ferne bot. Das Dach eines tiefer gelegenen Nachbarhauses bildete eine provisorische Terrasse. Ich kletterte aus dem Fenster, setzte mich aufs Nachbardach und starrte in die Ferne.

Die sonnengetünchte Landschaft blieb mir Sekunden, Minuten, ja eine ganze Stunde unbegreiflich. Da waren kleine, runde Inseln. Da waren steile Felder, die das Auge zu Grüppchen von Märchenhäusern hinaufzogen, aus denen jeweils ein Kirchturm hervorragte. Und da war ein kaltes, graues Meer, das die Landinseln umspülte.

Während die Minuten verstrichen – die ersten Minuten echter ästhetischer Kontemplation in meinem Leben –, schrumpfte das Meer allmählich. Konnte das die Ebbe sein?

Endlich verstand ich, was ich da sah. Das graue Meer bestand aus Nebel. Unendlich langsam, unendlich kokett zog es sich zurück. Die Felder und Täler des Val d'Orcia zelebrierten vor meinen Augen einen langsamen Striptease. Ich war von ihrer Schönheit überwältigt.

In den nächsten Wochen vertiefte ich mich in jedes Detail dieser Landschaft. Als ich nach München zurückmusste – bedrückt, an den Ort zurückzukehren, den ich vor zwei Wochen nicht hatte verlassen wollen –, schwor ich mir, Italienisch zu lernen. Seitdem habe ich fast jedes Jahr einen Teil des Sommers in der Toskana verbracht.

Als Ala mir also in Karlsruhe sagte, dass wir gerade genug Geld hatten, um uns in jenem wundervollen Teil der Welt nach einer kleinen Bleibe umzusehen, die wir unser Eigen nennen könnten, war ich begeistert.

Montelaterone, im 11. Jahrhundert als Burgstadt angelegt, sollte eigentlich nicht einladend wirken. Die Gassen sind steil und schmal, die Häuser einfach. Es gibt nur ein paar dicht gedrängte Piazzas. Die Burg, die auf der Hügelspitze thront, liegt seit Jahrhunderten in Trümmern. Doch was Montelaterone an geleckter Opulenz fehlt, macht es durch seinen labyrinthischen Grundriss und seine dramatische Aussicht auf die benachbarten Täler wett.

Als wir uns ein Haus am unteren Rande des Dorfs ansahen, verliebten wir uns auf den ersten Blick. Die Haustür befand sich an einer kleinen, schmalen Straße. Um dahinzukommen, musste man sich einen Weg an den alten Großmüttern vorbei bahnen, die vor ihren Häusern munter miteinander plaudernd auf Plastikstühlen saßen und jeden Passanten mit fröhlichen Fragen festsetzten. Doch während die Vorderseite des Hauses auf Straßenhöhe war, schien die Hinterseite über der Landschaft zu schweben. Der kleine Garten, der schmale Balkon und jedes Fenster boten einen eindrucksvollen Ausblick. Die Augen fielen auf den hoch aufragenden Monte Amiata und glitten dann langsam ab: auf die alten Olivenbäume, die seinen Hang säumten; auf die Weizenfelder und Heuballen, die die tiefer liegenden Hügel dominierten; und auf die üppigen Weinberge, ganz unten im Tal, die den Blick in Richtung des fernen Sienas zogen.

In die Landschaft vernarrten wir uns sofort. Im Laufe der Zeit entwickelten wir eine noch größere Zuneigung zu den Menschen.

Montelaterone – dieses arme, abgelegene Dorf mit seinen paar Hundert alternden Einwohnern – hat uns mit verblüffender Herzlichkeit willkommen geheißen. Als wir unsere Nachbarn kennenlernten, stellten sie uns die eine oder andere halbherzige Frage über unsere Herkunft. Doch unsere Antworten schienen keine große Rolle zu spielen.

Das heißt nicht, dass Montelaterone – vom Rest Italiens ganz zu schweigen – ein Musterbeispiel für Toleranz ist. Es reicht, den Fernseher oder das Radio einzuschalten, um zu erfahren, dass Fremdenfeindlichkeit – wie in so vielen Teilen Europas – auch in der Toskana auf dem Vormarsch ist. Und doch: Im persönlichen Umgang ist davon erstaunlich wenig zu spüren.

Eines Morgens machte ein Politiker aus Silvio Berlusconis Partei in den Nachrichten eine besonders fremdenfeindliche Bemerkung. Am selben Nachmittag plauderte ich mit unserer Nachbarin, Dolores, in ihrem Garten darüber. Wir kamen auf die marokkanischen Einwanderer zu sprechen, die sich vor Kurzem in der Region niedergelassen hatten.

»Was würdest du sagen«, fragte ich Dolores spontan, »wenn dein Enkel eine Marokkanerin heiraten würde?«

Dolores dachte kurz über meine Frage nach. »Ach, was weiß ich schon über die Marokkaner«, antwortete sie dann. »Ich kenn die doch gar nicht. Also, wenn sie ein nettes Mädel ist, warum nicht?«

Mir wurde ein wenig warm ums Herz. Dolores war aber noch nicht fertig.

»Aber eins, das kann ich dir sagen.« Verschwörerisch deutete sie auf das Dorf auf der anderen Seite des Tals. »Die Leute aus Castel del Piano – die kenne ich.« Sie schüttelte traurig den Kopf. »Denen darfst du auf keinen Fall trauen.«

Dolores' Misstrauen gegenüber den Bewohnern von Castel del Piano ist natürlich absurd. Trotzdem fand ich ihre Einstellung irgendwie gewinnend.

Dolores hat reichlich Erfahrung mit Leuten aus Castel del Piano. Aus ihren eigenen Gründen ist sie zu dem Schluss gekommen, dass man ihnen grundsätzlich nicht trauen kann. Aber egal, ob sie damit richtig- oder (vermutlich) falschliegt: Es ist ein lokales Urteil – eines, das auf persönlicher Erfahrung und konkreten Begegnungen beruht. Auf dieselbe Weise kommt sie auch zu ihrem völlig logischen Urteil über die Marokkaner. Sie kennt sie nicht – welchen Grund sollte sie also haben, schlecht von ihnen zu denken?

Diese Präferenz für das Persönliche gegenüber dem Abstrakten erklärt, warum es mir in gewisser Hinsicht leichter fällt, mich in Montelaterone zu Hause zu fühlen als in den viel größeren, viel weltgewandteren deutschen Städten, in denen ich aufgewachsen bin. Der Grund ist nicht nur, dass ich in Deutschland stets eine Art Exot geblieben bin. Der Grund ist, dass abstrakte Vorstellungen darüber, wer ich bin, stärkeren Einfluss darauf hatten, wie Leute sich mir gegenüber verhielten.

Unsere Nachbarn in Montelaterone sehen uns sicher auch als exotische Außenseiter. Es wäre albern, so zu tun, als würde ihnen unser Akzent – oder die Tatsache, dass wir uns nie in der Dorfkirche blicken lassen – nicht auffallen. Doch irgendwie ist der Umgang im Dorf so persönlich, so in hochkontextuellen Urteilen darüber verwurzelt, wer nett ist und wer nicht, wer ein guter Nachbar ist und wer ein schlechter, wer lustig ist und wer langweilig, dass diese abstrakten Fragen eine viel geringere Rolle spielen. Als Folge davon hat uns das, was in Deutschland so lange unerreichbar schien, im abgelegenen Montelaterone schneller eingeholt, als wir es uns hätten vorstellen können: ein Gefühl von Heimat.

Das unerwartete Heimatgefühl in Montelaterone nahm in den nächsten Jahren noch zu. Ala erwähnte ihrem Bruder gegenüber, dass unser Nachbar sein Haus verkaufen wolle. Roman beschloss, ein Angebot zu machen. Er hatte das Haus noch nicht einmal von innen gesehen – doch ihm war klar: Die Gelegenheit, neben seiner Schwester zu wohnen, würde sich so schnell nicht wieder bieten.

Ein paar Monate im Jahr wohnen Ala und Roman jetzt Tür an Tür. Ihr Leben hat sich in eine schräge Familienkomödie verwandelt, mit ein paar harmlosen Streitereien und vielen herzerwärmenden Momenten. »Rooooman,

Früüühstück«, ruft Ala ihrem wiedergefundenen Nachbarn zu, und eine weitere Folge nimmt ihren Lauf.

Seit Ala letztes Jahr in Rente gegangen ist, mietet sie eine kleine Wohnung in Berlin. Roman verbringt weiterhin den Großteil seiner Zeit in Südschweden, wo er eine Zahnarztpraxis betreibt. Aber zum ersten Mal, seit Roman am Abend seines achtzehnten Geburtstags mutterseelenallein jenen Nachtzug in ein fremdes Land bestieg, leben Ala und er nicht mehr Tausende von Kilometern voneinander entfernt. Wider Erwarten hat unsere kleine Familie eine zweite Heimat gefunden.

———

Wenn mich heute in Amerika jemand fragt, woher ich komme, weiß ich nie so recht, was ich sagen soll.

Lange Zeit habe ich gesagt: »Aus Europa.« Doch das war den meisten viel zu vage. »Europa? Ja, ich glaube, davon hab ich schon mal gehört … Sag schon: Woher genau?«

Also greife ich auf eine umständliche Aufzählung zurück. »Meine Eltern kommen aus Polen, ich bin in Deutschland aufgewachsen, meine Familie ist jetzt mehr oder weniger in Italien zu Hause, und studiert hab ich in England.«

Doch auch das zieht ungeduldige Folgefragen nach sich.

»Du bist also Pole?«

»Nein, nicht wirklich.«

»Deutscher?«

»Ein bisschen komplizierter ist es sch…«

»Na schön«, fallen sie mir ins Wort. »Dann bist du also Kosmopolit.«

Auch das trifft den Kern nicht so recht. Gemäß Diogenes ist ein Kosmopolit jemand, der auf der ganzen Welt —

wörtlich verstanden sogar im gesamten Kosmos – zu Hause ist. Er fühlt sich jedem Ort, jeder Kultur, jeder Gruppe gleich verbunden. Diese Haltung zu kultivieren ist bewundernswert. Doch sie birgt auch ein ernstes Risiko: Am Ende könnte sich dieses verallgemeinerte Verbundenheitsgefühl als derart verwässert erweisen, dass es wirkungslos bleibt. Jemand, der versucht, gleich leidenschaftlich für jeden Ort zu empfinden, empfindet am Ende womöglich für keinen Ort eine besondere Leidenschaft. Und dann hätte er auch keinen Grund für jene großen Tugenden, die – ebenso wie die unbestrittenen Risiken – oft von einem Zugehörigkeitsgefühl zu einem konkreten Ort inspiriert werden: Loyalität, Nächstenliebe und ein echtes Interesse am Gemeinwohl.

Ich bewundere wahre Kosmopoliten – jene selbstlosen Männer und Frauen, die sich intuitiv mit allem Leiden identifizieren, als wäre es ihr eigenes, egal, wie weit es räumlich oder zeitlich von ihnen entfernt sein mag. Aber ich weiß auch, dass diese bewundernswerten Geschöpfe eher selten sind. Was mich selbst angeht, mache ich mir keine Illusionen: Zu solcher Güte bin ich nicht fähig.

Nein, ein Kosmopolit bin ich nicht. Der einzige Unterschied zwischen mir und den meisten Menschen ist dieser: Während sie nur eine Stadt oder ein Land haben, das sie ihr Eigen nennen, gibt es für mich mehrere Orte auf der Welt, für die ich die besondere Loyalität der Heimat empfinde. Montelaterone ist ein solcher Ort. Cambridge, wo ich studiert habe, ist ein weiterer. New York, wo ich heute lebe, ist vielleicht der wichtigste.

Deutschland ist in dieser Liste auffällig abwesend. Das war mir selbst immer ein Rätsel – und ist es in gewisser Hinsicht bis heute geblieben. Immerhin bin ich hier geboren und aufgewachsen. In den langen Jahrzehnten, die seit der Gründung der Bundesrepublik vergangen sind, ist Deutschland zu einem vielfältigen, freiheitlichen, demokratischen Land geworden. Das jüdische Leben in Deutschland wird immer bunter und sichtbarer. Und obwohl die Entschlossenheit einer neuen Generation, Deutschland zu einem »normalen« Land zu machen, bisher mehr Gerede als Realität gewesen ist, mögen sich ihre ständig wiederholten Prophezeiungen eines Tages vielleicht doch noch bewahrheiten. Gehe ich also zu hart mit Deutschland ins Gericht?

Vielleicht. Nach all den Bemühungen, die Fehler der Vergangenheit wiedergutzumachen, habe ich immer noch etwas an Deutschland auszusetzen. Verleugnen die Deutschen ihre Vergangenheit, nenne ich sie feige. Sind sie von ihr besessen, nenne ich sie neurotisch. Wollen sie all diese verkrampften Diskussionen endlich hinter sich lassen, verfallen sie meiner Meinung nach Wunschdenken. Wer kann sich durch ein solches Minenfeld schon einen sicheren Weg bahnen? Was will ich denn noch? Welche Lösung habe ich anzubieten, wenn ich so unzufrieden bin?

Diese Fragen sind völlig legitim. Deshalb möchte ich eines offen betonen: Nichts von dem, was ich geschrieben habe, ist als Anklage gemeint. Und ich habe auch nicht die Absicht, mich moralisch überlegen zu geben. Ganz im Gegenteil: Wäre ich selbst nicht jüdisch, wäre ich im Umgang mit Juden wahrscheinlich ebenso befangen wie Franz, Marie und Markus.

Selbst wenn jeder, der heute am Leben ist, nur die besten Absichten hätte, würde dies den Schatten historischer Ungerechtigkeiten nicht auf einen Schlag beseitigen. Dass der Stand der deutsch-jüdischen Beziehungen immer noch einiges zu wünschen übrig lässt, muss nicht heißen, dass es dafür klare Schuldige gibt. Aber dass es keine klaren

Schuldigen gibt, heißt wiederum nicht, dass die Lage sich auf jeden Fall bessern wird.

Ich gebe offen zu: Ich habe keine Lösung anzubieten. Im Gegenteil bin ich nach all meiner Beschäftigung mit dem Thema zu einem paradoxen Schluss gekommen: Unsere größte Hoffnung besteht gerade darin, die Hoffnung auf eine einfache Lösung aufzugeben.

Wenn keine Willenskraft der Welt die hartnäckigen Neurosen, unter denen sowohl Juden als auch Nichtjuden leiden, wegwünschen kann, dann ist das Verlangen nach einer sofortigen Lösung nicht nur vergeblich – es ist sogar kontraproduktiv. Die bloße Entschlossenheit, die Fehler der Vergangenheit um jeden Preis wiedergutzumachen, hilft nicht viel. Passiv-aggressive Erklärungen, es sei nun an der Zeit, die Beziehungen zwischen Juden und Nichtjuden endlich zu normalisieren, helfen ebenso wenig. Von beidem hatten wir in den letzten Jahren mehr als genug.

Was wir stattdessen brauchen, ist jede Menge Geduld. Diese Geduld ist zunehmend Mangelware. Die meisten Menschen bemühen sich nach Kräften. Doch bald merken sie, dass die Situation sich nicht so rasch verbessert, wie sie gehofft hatten. Statt endlich zu verklingen, entstehen immer und immer wieder neue Kontroversen. Allein in den letzten paar Jahren gab es mediale Empörungswellen über das Grass-Gedicht, über das Beschneidungsverbot, über Aussagen von Jakob Augstein, über Helmut Schmidts Kriegsvergangenheit und über unzählige andere Themen.

Viele sind ob dieser endlosen Querelen frustriert. Ihre natürliche Reaktion ist, alle Schuld von sich zu weisen. Juden wie Nichtjuden neigen deshalb dazu, zu sagen: »Ich weiß, dass wir uns nach Kräften bemühen. Wenn die Dinge also partout nicht besser werden, muss das an den anderen liegen.« Wenn wir uns aber in derartigen Schuldzuweisungen ergehen, riskieren wir, alte Wunden wieder aufzureißen, die gerade endlich ein wenig zu heilen begannen.

Auch in Zukunft wird es Missverständnisse zwischen Deutschen und Juden geben. Solange wir uns daran erinnern, dass dies ein ganz natürliches Resultat der Ausgangslage ist – und nicht etwa das gewollte Ergebnis von Ignoranz oder Selbstsucht –, können wir selbst in schwierigen Momenten wirkliches Verständnis füreinander aufbringen. Und dank dieses beiderseitigen Verständnisses bewegen wir uns irgendwann vielleicht doch noch in die richtige Richtung.

—

Es gibt eine Frage, die ich bisher übersehen, ignoriert, vielleicht gar absichtlich übergangen habe. Sie ist einfach, aber fundamental. Es ist an der Zeit, sie endlich direkt zu beantworten: Bin ich überhaupt ein Jude?

Ich bin nicht religiös. Ich gehe nie in die Synagoge, hatte keine Bar-Mizwa und bekomme es nur selten mit, wenn Jom Kippur oder Pessach anstehen. Da liegt der Schluss, dass ich gar kein echter Jude bin, eigentlich nahe.

Lange Zeit habe ich mich auf zwei einfache Ausflüchte verlassen, um eigene Zweifel an meiner jüdischen Identität zu verdrängen. Die erste Ausflucht war, mich einen kulturellen Juden zu nennen. Ich mag einen guten Bagel, ich liebe *Seinfeld* und auch selbstironischen Witzen bin ich nicht abgeneigt. Reicht das nicht?

Nein, nicht wirklich.

Ich weiß nicht, ob es möglich ist, die jüdische Kultur sauber von der jüdischen Religion zu trennen. Aber eines weiß ich: Falls ja, dann sollte das, was von der jüdischen

Kultur übrig ist, wenn man die Religion davon abzieht, etwas mehr Substanz haben als Bagels, *Seinfeld* und ein halbwegs ordentlicher Sinn für Humor. Denn würde ich behaupten, dass dies schon ausreicht, um Anspruch auf das jüdische Erbe erheben zu können – ginge ich dann nicht genau mit jenem Erbe, auf das ich mich vorgeblich beziehe, ziemlich respektlos um?

Leute, die Hebräisch sprechen, Klezmer spielen, die Rituale ihrer Vorfahren pflegen oder sich auf eine andere Weise ernsthaft mit dem Judentum beschäftigen, können vielleicht von sich behaupten, sie seien kulturell jüdisch. Ich kann das nicht.

Die zweite Ausflucht, auf die ich zurückgriff, um mich einen Juden zu nennen, war noch einfacher: Gehörte ich nicht dem jüdischen Volk an?

Vielleicht. Immerhin wurden die Juden des Alten Testaments als Volk beschrieben und in zwölf Stämme unterteilt. Auch die Juden Osteuropas blieben in ihren Schtetl weitgehend unter sich. Und schließlich wuchs ich in einer Umgebung auf, in der die ethnische Dimension der Nation von großer Bedeutung war: Ein echter Deutscher war nach Meinung vieler Leute jemand, der seinerseits von echten Deutschen abstammte. Da ich dieses Kriterium nicht erfüllte, war es naheliegend, dass mich stattdessen meine jüdische Abstammung definierte.

Ganz falsch ist diese Sichtweise gewiss nicht. Falls es Sinn ergibt, von einem spanischen, italienischen oder deutschen Volk zu sprechen, dann wüsste ich nicht, warum es nicht auch ein jüdisches Volk geben sollte. Aber wie bedeutungsvoll ist es, jemanden aufgrund seiner Herkunft einen Spanier zu nennen, obwohl er nicht in Spanien lebt, kein Spanisch spricht und nicht einmal besonders viel über die spanische Kultur weiß? Und noch wichtiger: Würde ich mich selbst als spanisch, italienisch oder deutsch definieren wollen, nur weil es dieses »Blut« ist, das »durch meine Adern fließt«?

Die ehrliche Antwort lautet nein. Zu sagen, dass ich jüdisch bin, weil ich von Juden abstamme, mag faktisch stimmen. Trotzdem ist es für mich alles andere als klar, warum ich dieser biologischen Tatsache eine tiefere Bedeutung zuschreiben sollte.

So bleibt mir nur eine letzte Quelle für meine jüdische Identität: die simple Tatsache, dass meine Großeltern und sogar meine Eltern als Juden gehasst und verfolgt wurden – und die zusätzliche Tatsache, dass einige meiner vorgeblichen Landsleute mich nicht mehr für einen echten Deutschen halten, wenn ich diese Vorfahren erwähne.

Das war lange mehr als genug. Ich liebe meine Eltern und Großeltern. Wenn ich dadurch, dass ich ehrlich über ihre Lebensgeschichte sprach, in den Augen mancher Deutscher zu einem Juden wurde – und wenn dieses Judesein wiederum bedeutete, nicht hundertprozentig deutsch sein zu können –, dann blieb ich, solange ich in Deutschland lebte, ein Jude. Ich hatte also durchaus recht, die Kategorien zu verinnerlichen, auf die andere Menschen zurückgriffen: die Kategorie eines Juden – und damit zugleich die Kategorie eines Nicht- oder zumindest eines Nicht-so-ganz-Deutschen.

Dass ich nicht bedaure, mich während meiner Zeit in Deutschland selbst als Juden identifiziert zu haben, heißt jedoch nicht, dass ich für den Rest meines Lebens ein Jude bleiben will. Ich war nicht bereit, andere über meine Familiengeschichte zu täuschen. In Deutschland reichte das, um mich zum Juden zu machen. Damit fand ich mich ab. Aber zu einem vorbehaltlosen Ausdruck meines inneren

Willens wurde es nie. Ich war ein Kontextjude: einer, dessen Selbstverständnis von außen auferlegt ist – und dessen Identität sich dementsprechend verändern könnte, sobald sich die Sicht der anderen wandelte.

Eines wurde mir daher immer deutlicher bewusst, während ich darüber nachdachte, ob ich ein echter Jude bin: An einem Ort, an dem die Menschen mich nicht vorrangig als Juden sehen, sobald sie von meiner Familiengeschichte erfahren – oder an dem dieses Etikett, selbst wenn es auf mich angewendet wird, für mich im alltäglichen Leben keine Rolle spielt –, müsste ich mich nicht länger über die Worte anderer definieren. Ich wäre frei, kein Jude mehr zu sein. Für mich ist dieser Ort – der Ort, an dem ich aufhören kann, ein Deutscher zu sein, und gleichzeitig aufhören kann, ein Jude zu sein – New York.

—

Nach meinem College-Abschluss verbrachte ich einige Zeit in München, Paris und London; doch schließlich zog es mich in die USA. Während eines Jahres als Austauschstudent an der Columbia University verliebte ich mich in New York. Obwohl ich schließlich beschloss, in Harvard einen Doktor in Politikwissenschaft zu machen, verbringe ich seither einen großen Teil jedes Jahres in der Stadt.

Ich liebe es, in den USA zu wohnen. Dabei bin ich mir natürlich bewusst, dass die Vereinigten Staaten unter ihren eigenen, scheinbar unüberwindlichen Spannungen leiden. In den Jahren, die ich hier wohne, hat mich die Vermutung, die ich erstmals in jener Diskussionsgruppe über die Situation der Afroamerikaner geäußert hatte, nie ganz verlassen: Es gibt durchaus Parallelen zwischen den deutsch-jüdischen Beziehungen auf der einen und den Beziehungen zwischen weißen und schwarzen Amerikanern auf der anderen Seite.

Genau wie das alte Erbe des Antisemitismus in gewissen Kreisen in Deutschland auch heute noch weiterbesteht, so hängen auch einige Amerikaner immer noch krudem Rassenhass an. Rechtsextreme Gruppierungen wie den Ku-Klux-Klan gibt es bis heute. In bestimmten Gegenden des Landes sind Rassisten deprimierend einflussreich. Und selbst in angeblich aufgeklärten, toleranten Kreisen halten sich zum Teil bösartige Vorurteile.

Es gibt noch eine weitere Parallele. Viele wohlmeinende Deutsche überwanden das Erbe historischer Ungerechtigkeit, indem sie eine besondere Liebe zu Klezmer und Jiddisch kultivierten. So ähnlich gibt es auch linke Amerikaner, die etwas zu demonstrativ betonen, wie sehr sie Gospel oder Hip-Hop lieben.

Neuerdings gibt es sogar so etwas wie eine amerikanische Variante der Schlussstrichbewegung. Wie eine neue Generation von Deutschen ungeduldig verkündet, dass es sechzig Jahre nach dem Holocaust endlich an der Zeit für »Normalität« sei, so besteht mancher Amerikaner auch darauf, dass die Weißen hundertfünfzig Jahre nach der Abschaffung der Sklaverei den Schwarzen keine Sonderbehandlung mehr schulden.

Selbst die Behauptung, die meisten Menschen dürften ihre Meinung nicht frei äußern, gibt es auf beiden Seiten des Atlantiks. In Deutschland beschweren sich die Befürworter des Schlussstrichs, jegliche Kritik an Juden oder an Israel werde sofort als antisemitisch gebrandmarkt. In den Vereinigten Staaten dagegen behaupten Kommentatoren auf Fox News, die Mainstream-Medien würden jegliche Kritik an Schwarzen als rassistisch anprangern.

Trotz all dieser Ähnlichkeiten gibt es natürlich auch tief

greifende Unterschiede. So sind schwarze Amerikaner im Schnitt wesentlich ärmer und weniger gebildet als deutsche Juden; die Vorurteile, unter denen sie leiden, stellen deshalb ein weit größeres Hindernis für ihr Leben und ihre Karriere dar. Auch für die Polizeigewalt, vor der sich insbesondere schwarze Amerikaner fürchten müssen, gibt es in Deutschland zum Glück kein Äquivalent.

Aber der für mich wichtigste Unterschied ist ein viel persönlicherer. Es mag stimmen, dass die Beziehungen zwischen weißen und schwarzen Amerikanern genauso von Neurosen geprägt sind wie diejenigen zwischen jüdischen und nichtjüdischen Deutschen – als weißer Immigrant aus Europa betreffen mich diese Neurosen jedoch höchstens auf indirekte Weise.

Ich will nicht leichtfertig darüber hinweggehen: Ungerechtigkeiten und ihr langfristiges Vermächtnis wirken sich auf jedes Mitglied einer Gesellschaft aus – selbst auf jene, die den direktesten Folgen entgehen. Trotzdem spielt das Ausmaß, in dem ich in meinem täglichen Leben mit Problemen dieser Art umgehen muss, eine wichtige Rolle für mich. Denn bei der Entscheidung, wo ich leben möchte, habe ich mich nicht gefragt, ob die USA weniger Makel haben als die Bundesrepublik – ich wüsste gar nicht, wie ich eine so vage und weitreichende Frage beantworten sollte. Ich habe mich vielmehr gefragt, wo ich mich eines Tages zu Hause fühlen könnte. Und auf diese Frage gab es für mich nur eine Antwort. Angesichts dessen, der ich nun einmal bin, fühle ich mich in New York heimischer als in München oder Berlin.

Wenn ich Amerikanern gegenüber erwähne, dass meine Familie jüdisch ist, zucken sie mit den Schultern und führen das Gespräch unverkrampft weiter. Ich kann mich an keinen einzigen Fall erinnern, in dem ich in den USA den Eindruck gehabt hätte, dass diese Tatsache – eine Tatsache, die für mich in Deutschland mit solch tiefer Bedeutung überfrachtet gewesen war – den Umgang mit mir verändert hätte.

In der Stadt, die ich mittlerweile als Heimat empfinde, ist es für mich doppelt unkompliziert, »Jude« zu sein – auch weil hier so viele Juden leben. Nun mag es ironisch erscheinen, dass ich in eine Stadt mit fast anderthalb Millionen Juden ziehen musste, um mich nicht mehr als Jude zu fühlen. Aber es ist kaum ein Zufall. Da es hier so viele andere Juden gibt, kann mich der Umstand, es faktisch auch zu sein, kaum von anderen unterscheiden.

Der wichtigere Grund, warum ich mich in New York so wohlfühle, ist jedoch ein anderer: Wie E. B. White in *Hier ist New York*, seinem glänzenden Essay über diese glanzvollste aller Städte, bemerkte, definiert New York sich weit mehr über seine Neuankömmlinge als über seine Einheimischen.

Es gibt, schreibt White, im Grunde genommen drei New Yorks. Das erste New York ist die Stadt derer, die dort geboren wurden. Doch die Einheimischen sind auch diejenigen, die »die Stadt als etwas Selbstverständliches betrachten, die ihre Größe und ihre Hektik als naturgegeben und unvermeidbar akzeptieren«.

Das zweite New York ist die Stadt der Pendler. Whites Verachtung für sie ist offensichtlich: »Es kommt selten vor, dass ein Pendler, der in Mamaroneck oder in Little Neck oder Teaneck wohnt und in New York arbeitet, mehr von der Stadt kennt als die Ankunfts- und Abfahrtszeiten der Busse und Bahnen und die kurze Wegstrecke zu seinem Mittagessen.«

Schließlich gibt es noch das dritte New York, das New

York derer, die woanders geboren wurden und »als Suchende« in die Stadt kamen:

Von diesen drei pulsierenden Städten ist die letztgenannte die größte – die Endstation, die Stadt, die das Ziel ist. Diese dritte Stadt ist es, die den neurotischen Charakter New Yorks ausmacht, seine poetische Ader nährt, seine Hinwendung zu den Künsten und seine unvergleichlichen Erfolge. Die Pendler geben der Stadt ihre an- und abschwellende Ruhelosigkeit, die hier Geborenen geben ihr Stabilität und Kontinuität, die Suchenden aber geben ihr Leidenschaft. Egal, ob es sich dabei um einen Kleinbauern aus Italien handelt, der sich dort niederlässt, um einen Gemüseladen in einem Slumviertel zu eröffnen, oder ein junges Mädchen, das seine Heimatstadt in Mississippi verlassen hat, weil es die ständige Beobachtung durch die Nachbarn nicht mehr ertragen konnte, oder einen Jungen aus dem Corn Belt mit einem Manuskript im Koffer und Sehnsucht im Herzen – es macht keinen Unterschied: Jeder von ihnen nimmt New York mit der Intensität der ersten großen Liebe in sich auf, jeder von ihnen sieht New York mit dem ungetrübten Auge des Abenteurers, jeder von ihnen erzeugt eine Hitze und Strahlkraft, die die gesamte Consolidated Edison Company in den Schatten stellt.

Ein echter Berliner hat deutsche Vorfahren. Ein echter Pariser hat Eltern – oder, besser noch, Großeltern –, die innerhalb des Boulevard Périphérique geboren wurden. Ein echter New Yorker ist schlicht jemand, der in die Stadt gekommen ist, weil er auf der Suche nach etwas ist. Egal, ob es sich dabei um einen Bauern aus Italien, ein junges

Mädchen aus einer Kleinstadt in Mississippi, einen Jungen aus dem Corn Belt oder einen deutschen Juden, der sich nicht mehr als Deutscher und nicht mehr als Jude fühlen will, handelt: Jeder von ihnen nimmt New York mit der Intensität der ersten Liebe in sich auf – und wird ohne einen Gedanken an seine Herkunft von New York einverleibt.

Wegen dieser wunderbaren Eigenschaft ist New York auch für mich zu einer Endstation geworden. Hier kann ich so lange darüber reden, wer ich bin oder woher ich komme, wie ich will. Es macht kaum einen Unterschied. Meine Identität ist weder die eines Juden noch die eines Deutschen. Es ist die eines Suchenden, der gefunden hat, und die eines Fremden, der endlich zu Hause angekommen ist. Es ist die einfache und doch unermesslich befreiende Identität eines New Yorkers.

INTERMEZZO

7.

EINE NEUE HOFFNUNG
UND EINE NEUE FURCHT

Meine kleine Hymne auf New York beschließt die englischsprachige Ausgabe meines Buchs, die 2014 in den USA erschien. Meine Liebe für die Stadt, die E. B. White so hinreißend beschrieb, ist so stark wie je. Auch heute noch fühle ich mich in New York heimischer als in München oder Berlin.

Und doch: Was die deutsch-jüdische Beziehung – und Deutschlands Zukunft im Allgemeinen – angeht, bin ich in den letzten anderthalb Jahren ein gutes Stück optimistischer geworden. Normal ist der Umgang zwischen Deutschen und Juden noch immer nicht. Aber können wir uns vielleicht eher von den hartnäckigen Neurosen, die uns so lange voneinander trennten, verabschieden, als ich noch vor Kurzem zu glauben wagte? Ich denke ja.

Ein persönlicher Grund für meinen neuen Optimismus ist die Rezeption, die die englische Ausgabe meines Buchs – das zuerst in den USA veröffentlicht wurde – in Deutschland bisher erhalten hat. Nachdem ein ganzseitiger Vorabdruck in der *New York Times* erschien, berichteten auch zahlreiche deutsche Medien darüber. Ihr Tenor war viel lockerer, als ich erwartet hatte.

Beim Schreiben des Buchs hatte ich gefürchtet, zwischen die Fronten jahrzehntelanger Kämpfe zu geraten. Bin ich für eine andauernde Auseinandersetzung mit der Vergangenheit oder für eine Flucht in eine neue Normalität? Liegt unsere Rettung im Gutmenschentum oder im Schlussstrich? Bin ich für oder gegen die Gedächtniskultur? Wie ich dargelegt habe, setzen diese Fragen falsche Gegensätze voraus. Ich bin weder für noch gegen die Gedächtniskultur, weder für noch gegen einen Schlussstrich. Ganz persönlich hoffe ich einfach auf ein Deutschland, in dem ich meine jüdische Herkunft erwähnen kann, ohne deshalb in erster Linie als Jude wahrgenommen zu werden. Nicht mehr, aber auch nicht weniger.

Obwohl wir in jenem Deutschland noch nicht angekommen sind, war die neugierige, zum Teil gar unverkrampfte Reaktion auf mein Buch für mich eine schöne Überraschung. Anstatt mich in marode Debatten einordnen zu wollen, befragten mich Journalisten offen zu meinen Meinungen und Erfahrungen. Das Gleiche galt für all die E-Mails und Briefe, die ich von deutschen Lesern erhielt.

Insgesamt zeugte die Reaktion also von etwas, was ich erhofft, aber nicht unbedingt erwartet hatte: dass mein Buch eine frische Diskussion über ein Thema anregt, über das wir als Gesellschaft viel – vielleicht gar zu viel –, aber nur selten wirklich offen sprechen. Auch deshalb habe ich mich schließlich darangemacht, das Buch für die deutschsprachige Ausgabe zu überarbeiten.

Ein zweiter Grund für meinen Optimismus sind die zahlreichen erfreulichen Begegnungen, die ich in den letzten Jahren in Deutschland hatte – Begegnungen, in denen es vollkommen unwichtig schien, ob ich Jude bin. Das ist, so hoffe ich, kein bloßer Zufall.

In den Achtziger- und Neunzigerjahren waren die Juden *das* zentrale Schlachtfeld im Kampf um das deutsche Selbstverständnis. Jede Woche prangte Hitlers Gesicht auf dem Titelbild einer Zeitschrift. Jedes Jahr brach eine neue, große Debatte über das deutsche Geschichtsverständnis aus – von der Wehrmachtsausstellung bis hin zu Walsers Moralkeule. Der Kern der deutschen Identität schien davon abzuhängen, wie und bis zu welchem Grad die Scham für die Vergangenheit die Gegenwart zu prägen habe. Als fleischgewordene Erinnerung an diese Vergangenheit war es für deutsche Juden denkbar schwer, sich der Frontenstellung zu entziehen.

Große Debatten über die Vergangenheit gab es natürlich auch in den letzten zehn, fünfzehn Jahren zur Genüge. Von Jörg Friedrich bis Günter Grass und von Günther Oettinger bis Jürgen Möllemann räumte das deutsche Feuilleton auch in diesem Jahrtausend viel Platz für die obligatorischen Debatten über den Schatten des Tausendjährigen Reichs frei. Und doch haben diese Debatten nicht mehr die Dringlichkeit und Omnipräsenz, die sie einmal hatten.

Von Karl Marx stammt der berühmte Ausspruch, alle Weltereignisse fänden »das eine Mal als große Tragödie, das andre Mal als lumpige Farce« statt. Wie sieht es dann mit unserer seltsamen Meta-Tragödie – also den immerzu wiederholten Debatten über eine lang vergangene, aber umso gravierendere Tragödie – aus? Um aus der Erfahrung der letzten drei Jahrzehnte zu sprechen, scheint die Antwort zu lauten: das erste Mal als selbstverliebtes Melodrama, das zweite Mal als lustloser Bauernschwank.

Debatten über die Vergangenheit werden auch deshalb nicht mehr ganz so leidenschaftlich wie früher geführt, weil andere Themen heute eine mindestens ebenso zentrale Rolle im Kampf um das deutsche Selbstverständnis einnehmen. So wie die Achtziger- und Neunzigerjahre der ewigen Diskussion über die Juden gewidmet schienen, so drehten sich die letzten fünfzehn Jahre gefühlt um Türken, Muslime, Griechen und Amerikaner.

Diese Diskussionen haben ihre eigenen Fallgruben. Aus verschiedenen Gründen sind sie letztlich nicht einmal sauber von der deutsch-jüdischen Thematik zu trennen. Und doch haben sie sich auf das Leben von deutschen Juden auf indirekte Weise positiv ausgewirkt. Denn endlich sind deutsche Juden nicht mehr der wichtigste Rorschachtest. Wenn jemand beweisen will, wie er es mit seinem Nationalstolz hält, kann er heutzutage genauso einfach Reden für oder gegen das Kopftuch, für oder gegen Griechenland, für oder gegen die NSA halten. Anderen mag dies das Leben erschweren, aber – so viel Egoismus darf sein – mir selbst erleichtert es den Alltag merklich.

Der letzte und vielleicht wichtigste Grund für meinen Optimismus ist schließlich, dass die gelebte Realität in Deutschland stetig internationaler und multiethnischer wird.

Als ich aufwuchs, war ich in fast jeder Schulklasse, in der ich mich wiederfand, *der* Exot – und das galt in München fast genauso wie in Laupheim oder Maulbronn. In meinem Alltag war die Dyade Jude-Nichtjude auch deshalb so stark zu spüren, weil es keine dritte oder vierte Gruppe gab, die ihr das Gewicht hätte nehmen können. Und so wiederholten sich die Debatten, die im Fernsehen und in der Zeitung so viel Platz einnahmen, als konfuses Abbild auch in meinen Klassenzimmern.

Mittlerweile hat sich das spürbar geändert. Nicht nur wächst die Anzahl der, wie es so schrecklich heißt, »Deutschen mit Migrationshintergrund« stetig. Ebenso wichtig ist: Auch kulturell, politisch und wirtschaftlich ist diese Gruppe viel sichtbarer geworden.

Als ich klein war, war Cem Özdemir einer von zwei türkischstämmigen Abgeordneten im Bundestag – und einer der wenigen Prominenten, die überhaupt Wurzeln außerhalb Deutschlands hatten. Die deutsche Nationalmannschaft führte von Klaus Augenthaler bis Rudi Völler ausschließlich deutsche Namen. Und auch die Vorstandsvorsitzenden der großen Unternehmen waren fast alle deutscher Abstammung.

Heute dagegen gibt es Yasmin Fahimi und Aygül Özkan; es gibt Mesut Özil, Sami Khedira und Jérôme Boateng; selbst in den weiterhin erstaunlich deutschen Vorstandsetagen gibt es Bill McDermott und Anshuman Jain.

Dies macht einen gewaltigen Unterschied. Denn wirklich normal wird es erst dann, deutsch und jüdisch zugleich zu sein, wenn es auch normal ist, deutsch und türkisch oder deutsch und schwarz oder deutsch und hinduistisch zugleich zu sein.

—

Neben meiner neuen Hoffnung habe ich aber auch eine neue Furcht. Diese Furcht hat gleichzeitig mit Charlie Hebdo und mit Pegida, gleichzeitig mit den tödlichen Schüssen in Kopenhagen und mit der AfD zu tun.

Die Gefahr durch islamistische Terroristen ist real. Wer entweder die Gefahr selbst oder ihren islamistischen Charakter verneinen will, weil ihm die etwaigen politischen Schlussfolgerungen nicht genehm sind, der verhält sich wie die linken Träumer der Nachkriegszeit, die ihre Augen vor den Gräueltaten Stalins oder Maos verschlossen.

Nicht ganz nebenbei setzt er dadurch insbesondere jüdisches Leben aufs Spiel. In Mumbai hatten es die islamistischen Terroristen in erster Linie auf das altehrwürdige Taj-Hotel an der südlichen Stadtspitze abgesehen – fanden aber auch die Zeit, ein paar orthodoxe Juden im nahe gelegenen Chabad-Haus zu ermorden. In Paris hatten sie es in erster Linie auf die Redaktion von *Charlie Hebdo* abgesehen – machten sich aber trotzdem die Mühe, ein paar Kunden in einem koscheren Supermarkt an der Porte de Vincennes hinzurichten. Und in Kopenhagen hatten sie es zwar in erster Linie auf Lars Vilks, den durch seine Zeichnungen von Mohammed bekannt gewordenen Karikaturisten, abgesehen – und hielten doch auch Dan Uzan, der bei einer Bat-Mizwa im Gemeindezentrum für Sicherheit sorgen sollte, für eine passable Zielscheibe.

All dies stellt klar: Wenn Terroristen irgendwann einmal in Deutschland auf die Suche nach Blut gehen sollten, dann werden wahrscheinlich auch Juden unter ihren Opfern sein.

Gleichzeitig birgt der islamistische Terror noch eine zweite Gefahr – eine Gefahr, die zwar weniger direkt sein mag, langfristig aber ebenso desaströse Konsequenzen haben könnte. Denn der Umstand, dass einige wenige Muslime im Namen des Islams Blut vergießen, leistet denjenigen Populisten Vorschub, die alle Muslime ohnehin für blutrünstige Barbaren halten.

Die Ereignisse von Paris und Kopenhagen reichten schon, um den Zulauf zu Pegida und AfD zwischenzeitlich zu erhöhen. Wie stark würde die Stimmung also erst kippen, wenn wir auf deutschem Boden Tote zu verbuchen hätten? Und wie sehr würden sich diejenigen, die Integration sowieso für hoffnungslos halten, bestätigt fühlen, falls die Mörder wie in Paris und Kopenhagen auch hier »hausgemacht« sein sollten – was aufgrund der hohen Anzahl von jugendlichen Abenteurern, die in den letzten Jahren aus Städten von Rosenthal bis Kiel nach Irak und Syrien gereist sind, nicht gerade unvorstellbar ist? Die Antwort scheint klar. Die Anzahl der Leute, die nicht mehr zwischen der Masse an friedlichen Muslimen und einer kleinen Gruppe von Fundamentalisten differenzieren wollen, würde sprunghaft ansteigen.

Was die Integration von Einwanderern – und die künftige Identität Deutschlands – anbelangt, stehen wir deshalb an einem Scheideweg. Einerseits wird Deutschlands gelebte Realität jeden Tag vielfältiger. Andererseits wächst täglich – zum Teil aufgrund von echten Integrationsproblemen – der Widerstand gegen Deutschlands neuen ethnischen und kulturellen Pluralismus.

Die Identität unseres Landes wird sich in den kommenden Jahrzehnten entscheiden. Werden wir eine Zweikastengesellschaft, in der eine einheimische Elite sich misstrauisch von einer ausländischstämmigen Unterklasse abgrenzt? Oder verwandeln wir uns in eine genuin multiethnische Nation, in der Menschen unabhängig von Herkunft und Religion voll am gesellschaftlichen Leben teilnehmen?

Diese Frage ist nicht weniger wichtig und auch nicht weniger kompliziert, als es die alte Debatte um die Juden und das Dritte Reich war. Aber in einem Punkt unterscheidet sich Erstere von Letzterer: Während die Debatte zur Vergangenheit aufgrund unserer einzigartigen Geschichte einzigartig deutsch war, führt heute jedes europäische Land eine ähnliche Diskussion. In der Debatte über Einwanderung, Integration und nationale Selbstfindung geht es letztlich nicht nur um die Zukunft Deutschlands – sondern um die Zukunft ganz Europas.

Innerhalb Europas spielt die Bundesrepublik mittlerweile eine führende Rolle. Das erfordert von Deutschland nicht zuletzt, die eigene Außenpolitik neu zu denken.

Während des Kalten Kriegs stand Deutschland im Zentrum des Weltgeschehens – und war zugleich von der Notwendigkeit, über das Weltgeschehen eigene Entscheidungen zu treffen, weitgehend befreit. Geopolitisch befand sich das Land im Auge des Zyklons. Trotz aller abstrakten Bedrohung durch die Sowjetunion ging es außenpolitisch seltsam verhalten zu, es war geradezu windstill. Inmitten der Drohkulisse eines atomaren Weltkriegs machte die Bundesrepublik einen jahrzehntelangen Urlaub von der Geschichte. Als die Mauer endlich fiel, neigte sich dieser Urlaub langsam dem Ende – die meisten Deutschen haben es nur noch nicht so richtig gemerkt.

In den letzten Jahren hat die Diskussion über die Eurokrise und insbesondere über den möglichen griechischen Staatsbankrott deutschen Politikern verdeutlicht, dass ihre Entscheidungen – oder ihre Unfähigkeit, echte Entscheidungen zu treffen – über Deutschlands Grenzen hinaus weitreichende Konsequenzen haben. Aus gutem Grund ängstigen sich Deutschlands Nachbarn mittlerweile nicht mehr vor Berlins vermeintlichem Revanchismus oder Expansionismus – sondern vor Berlins Unwilligkeit, eine echte Führungsrolle auf dem Kontinent zu übernehmen.

Dabei wird die Griechenlandkrise letztlich als eine sachte Ouvertüre zu einer viel stürmischeren Debatte über Deutschlands Außenpolitik in die Geschichte eingehen. Denn wenn wir uns endlich an unsere größere außenpolitische Rolle gewöhnen, dann werden wir noch viel schwierigere Entscheidungen treffen müssen – Entscheidungen, die aufgrund der zunehmenden Aggressivität Russlands und der wachsenden Macht Chinas unumgänglich werden.

Viele dieser Entscheidungen gehen zurück auf unsere Haltung in einer Grundfrage, die Konrad Adenauer in den Fünfzigerjahren scheinbar beantwortet hatte – und die in den kommenden Jahrzehnten dennoch eine frische Dringlichkeit erhalten wird: Sieht Deutschland sich als fester Teil der transatlantischen Allianz, oder möchte es zwischen Ost und West lieber neutral sein?

Bei dieser Debatte geht es zwar weder um Deutschlands Vergangenheit noch um die Juden – und doch läuft jene Vergangenheit gerade Gefahr, diese Debatte zu kidnappen. Denn während es für die außenpolitischen Traditionen der Bundesrepublik gute sicherheitspolitische, wirtschaftliche und nicht zuletzt auch normative Gründe gab, lehnen viele Deutsche sie heutzutage als Ausdruck einer schamerfüllten Selbstverneinung ab. In der öffentlichen Debatte um griechische Bail-outs geht es deshalb viel zu wenig um das eigentliche Interesse Deutschlands oder Europas – und viel zu viel darum, ob Deutschland den Griechen etwas schuldet. Und so dreht sich auch die Debatte um Deutschlands Einbindung in die NATO und Deutschlands Kooperation mit den Vereinigten Staaten viel zu wenig um die komplementären außenpolitischen Werte und Interessen, die trotz gewisser Unterschiede sicherlich bestehen – und viel zu viel um die Frage, ob die Bundesrepublik sich endlich von ihrer vermeintlichen Servilität gegenüber den USA befreien sollte.

Der weitverbreitete Wunsch nach einem Schlussstrich läuft deshalb Gefahr, Deutschlands Verankerung im Westen zu untergraben. Und so wie die Westbindung nach 1945 Deutschland liberal prägte, so wird eine Neuorientierung gegen Osten über kurz oder lang auch die politische und gesellschaftliche Realität im Land verändern.

Ich habe eine neue Hoffnung und eine neue Furcht. Aber obwohl das Bild auf den ersten Blick durchmischt erscheinen mag, machen mir letztlich sowohl die negativen wie auch die positiven Entwicklungen Mut. Denn Deutschland – ja, ganz Europa – kann entscheiden, wie unsere Zukunft aussehen soll.

Europa kann zu einem harmonischen, weltoffenen, solidarischen, westorientierten und wirtschaftlich erfolgreichen Kontinent werden. Oder es kann zu einem kleinstaatlerischen, intoleranten, ungleichen, wirtschaftlich stagnierenden und zudem außenpolitisch unverantwortlichen Kontinent verkommen. Es ist keineswegs vorweggenommen, welchen dieser beiden Wege wir einschlagen werden. Gerade in Zeiten wirtschaftlicher und politischer Verunsicherung ist die Versuchung, uns auf kurzsichtige – und letztlich selbstzerstörerische – Instinkte zu verlassen, groß.

Aber so oder so liegt die Zukunft in unserer Hand. Wie Deutschland – und, in zweiter Linie, die deutsch-jüdische Beziehung – in dreißig Jahren aussehen wird, hängt von unseren innen- und außenpolitischen Entscheidungen ab.

Um die richtigen Entscheidungen zu treffen, brauchen wir eine klare Sicht auf unumgängliche politische Fakten und auf unabdingbare politische Werte. An beidem mangelt es momentan. Und so geht es mir im zweiten Teil dieses Buchs darum, aus meiner eigenen Perspektive als Migrant, als deutscher Jude und auch als Politikwissenschaftler eine Vision für ein zukunftsgewandtes Deutschland zu entwerfen: ein Deutschland, das eigene Interessen wahrt und dabei seiner internationalen Verantwortung gerecht wird; und ein Deutschland, das all seinen Bürgern – weiß oder schwarz, christlich, jüdisch oder muslimisch – gleichermaßen die Chance auf ein sicheres, wohlhabendes und sinnerfülltes Leben bietet.

TEIL II:

Politische Schicksalsfragen

8

DIE NEUE DEUTSCHE FRAGE

Wenn Russland und China zusamm' marschiern
Kann Österreich kapituliern.

Georg Kreisler

Viele Deutsche meinen, ihr Land habe es aufgrund seiner fortdauernden Scham für das Dritte Reich lange versäumt, eigene Interessen selbstbewusst zu verfolgen. Seit der Gründung der Bundesrepublik hätten Politiker demnach solche Angst davor gehabt, als die »hässlichen Deutschen« von einst wahrgenommen zu werden, dass sie gegenüber ihren europäischen Verbündeten und den Vereinigten Staaten viel zu unterwürfig gewesen seien. Nun, so folgern sie, sei es endlich an der Zeit, deutsche Interessen offensiv zu vertreten. Mir san wieder wer, so heißt es – und dieses Wieder-wer-San solle sich auch auf das Handeln des Auswärtigen Amts auswirken.

Wie die Schlussstrichbewegung im Umgang mit Juden durchaus von guten Absichten angetrieben wurde, so sind an und für sich auch die Gründe für eine selbstbewusstere deutsche Außenpolitik verständlich. Es handelt sich bei ihnen nicht um eine revisionistische Revanchefantasie, sondern um den vernünftigen Wunsch, sich von den nicht mehr zeitgemäßen Überbleibseln einer außenpolitischen Tradition, die unter sehr anderen Umständen entstanden ist, zu verabschieden.

Zum Teil sind diese Überbleibsel wirklich aus der Zeit gefallen. Zum Beispiel ist die demonstrative Völkerverständigung, die deutsche Staatsmänner und -frauen gerne zelebrieren, ein seltsames Erbe der Nachkriegsgeschichte. Als Konrad Adenauer und Charles de Gaulle im Amt waren, symbolisierte ihre Freundschaft auf bewegende Weise Europas unerwarteten Fortschritt in Richtung Frieden. Doch als viele Deutsche sich daran gewöhnten, in anderen europäischen Ländern Urlaub zu machen, zu studieren oder zu arbeiten, nahmen dieselben Rituale langsam einen gekünstelten Charakter an. Der Versuch eines Kanzlers nach dem nächsten – von Schmidt über Kohl bis hin zu Schröder –, die Männerfreundschaft mit ihren jeweiligen Gegenstücken möglichst medienwirksam zu inszenieren, erschien zusehends anachronistisch. Der Wunsch, solche demonstrativen Nettigkeiten hinter sich zu lassen, ist verständlich.

Und doch: So wie das Gerede vom Schlussstrich die Beziehungen zwischen Juden und Deutschen nicht unbedingt verbessert hat, so droht auch der Versuch, außenpolitisch einen Schlussstrich zu ziehen, seltsame Fehltritte zu inspirieren. Besonders die weitverbreitete Annahme, Deutschland wäre lange unterwürfig gewesen und müsste endlich konsequent auf eigene Interessen pochen, ist in zwei wesentlichen Punkten falsch.

Erstens übertreibt diese Annahme das tatsächliche Ausmaß, in dem die Außenpolitik der frühen Bundesrepublik von Scham für die Vergangenheit geprägt gewesen ist. Ja, deutsche Politiker haben sich lange alle Mühe gegeben, ihre Freundschaft mit den Regierungschefs anderer Länder zu demonstrieren. Ja, deutsche Politiker hielten gerne

Sonntagsreden über Reue und moralische Wiedergeburt. Und ja, die Bundesrepublik war lange ein sehr verlässlicher Partner für Westeuropa und Nordamerika. Aber all das heißt noch lange nicht, dass deutsche Außenpolitiker regelmäßig deutsche Interessen geopfert hätten. Wer glaubt, die Bundesrepublik wäre seit ihrer Gründung übermäßig großzügig zu seinen europäischen und amerikanischen Verbündeten gewesen, der verkennt die wahren Gründe für die vermeintliche Selbstlosigkeit der deutschen Außenpolitik.

Deutsche Regierungen waren zuweilen tatsächlich willens, den Vereinigten Staaten zu helfen, obwohl es nicht in Deutschlands unmittelbarem Interesse lag. Die Entscheidung, in Deutschland Anfang der Achtzigerjahre Mittelstreckenraketen stationieren zu lassen, mag ein solches Beispiel gewesen sein. Aber für solch kleine, kurzfristige Zugeständnisse gab es handfeste, langfristige Gründe: Wie den Entscheidungsträgern in Bonn nur allzu bewusst sein musste, war die Hilfe ihrer Verbündeten für sie auf lange Sicht lebensnotwenig.

Verglichen mit China oder Russland ist die Bundesrepublik ein kleines Land mit einer noch kleineren Armee. Wie zur Zeit der Berliner Luftbrücke offensichtlich wurde, war Westdeutschland deshalb auf die Hilfe von amerikanischen und westeuropäischen Verbündeten angewiesen, um eine verlässliche Verteidigung gegen die expansionistischen Bestrebungen der Sowjetunion zu gewährleisten. Die Wahrnehmung, ein verlässlicher Partner zu sein, war ausschlaggebend für die Sicherheit Nachkriegsdeutschlands. Eine Sicherheit, ohne die es auch kein deutsches Wirtschaftswunder gegeben hätte.

Daher ist es etwas zu einfach, von der Gefälligkeit deutscher Politiker auf eine selbst verschuldete Schwäche zu schließen. Im Gegenteil war ihre Bereitwilligkeit, kurzfristige Opfer zu erbringen, in beträchtlichem Maße den kalten Fakten der Geopolitik geschuldet. Hochtrabendes Gerede über Reue war oftmals nicht viel mehr als die rhetorische Verzierung eines Kalküls, das aufgrund der Realitäten des Kalten Kriegs eindeutig ausfiel. Sonntagsreden und Blumenkränze kosten schließlich nicht viel.

Zweitens übertreiben viele Deutsche nicht nur das Ausmaß, in dem deutsche Spitzenpolitiker in der Vergangenheit einen »Ausverkauf« nationaler Interessen betrieben haben, sondern verkennen dabei auch, bis zu welchem Grade wir heute weiterhin auf unsere Verbündeten angewiesen sind.

Deutsche Diplomaten und Politiker haben ihren internationalen Verbündeten in den letzten Jahren immer wieder vermittelt, dass sie ihnen nicht bedingungslos gefällig sind. Unter Angela Merkel hat Deutschland sich zum Beispiel im Einklang mit Russland und China bei der UNO enthalten, als es um die Autorisierung einer internationalen Mission in Libyen ging. In der Eurokrise stand Deutschland bezüglich der sogenannten Eurobonds international ziemlich isoliert da. Und als Griechenland im Juli 2015 auf den Bankrott zusteuerte, knüpfte die EU unter deutscher Führung jegliche Hilfe an solch harte Bedingungen, dass der Hashtag *#thisisacoup,* »dies ist ein Putsch«, bei Twitter zum internationalen Trend avancierte.

Nun handelt es sich sowohl bei der Enthaltung bei der UNO als auch bei den detaillierten Auflagen für die Griechen auf den ersten Blick um eine vernünftige Wahrung deutscher Interessen. Anders als mancher gutmenschelnde Kommentator glaube ich keineswegs, dass die Vergangenheit uns eine besondere Verpflichtung auferlegt, Griechenland zu retten – geschweige denn, Muammar al-Gaddafi aus dem Amt zu bomben. Aber nur weil wir keine besondere moralische Verpflichtung haben, die USA zu unterstützen oder in der Eurokrise mit Geld um uns zu werfen, heißt das noch lange nicht, dass unser Handeln in den letzten Jahren klug gewesen ist. Im Gegenteil: Ich fürchte, in vielen Fällen haben wir sowohl unseren Verbündeten als auch unseren eigenen Interessen geschadet.

Auf lange Sicht wird die mangelnde Hilfsbereitschaft Deutschlands Fähigkeit, eigene Interessen auf der internationalen Bühne durchzusetzen, eher schwächen als stärken. Ähnlich sieht es mit der Eurokrise aus: Merkels Unfähigkeit, einen nachhaltigen Plan vorzulegen, der der europäischen Wirtschaft endlich wieder Schwung verleihen könnte, ist für den ganzen Kontinent ein Desaster. Den Preis dafür zahlen letztlich nicht nur griechische oder spanische Bürger – sondern eben auch deutsche.

Das Problem ist nicht, dass ein Aufbegehren gegen die Last der Vergangenheit Deutschland dazu verleitet hätte, zu stark auf seinem Eigeninteresse zu pochen. Das Problem ist vielmehr, dass dieses Aufbegehren gegen die vermeintliche Last der Vergangenheit die Bundesrepublik zu einer naiven und kurzsichtigen Vorstellung davon verleitet hat, worin ihr Eigeninteresse eigentlich besteht.

—

Ein halbes Jahrhundert lang zeichnete sich die Außenpolitik der Bundesrepublik durch zwei grundlegende Verpflichtungen aus: den Verzicht auf Gewalt als politisches Mittel und die uneingeschränkte Unterstützung der Verbündeten.

Als die Mauer fiel, fürchteten sich Margaret Thatcher und François Mitterand – und sogar einige deutsche Spitzenpolitiker wie Oskar Lafontaine – vor einem vereinten Deutschland. Könnte die Berliner Republik alte Verpflichtungen infrage stellen, in frühere Verhaltensmuster zurückfallen und so zu einer Bedrohung für ihre Nachbarn werden? Diese Angst hat sich als völlig grundlos erwiesen. Deutschland ist nach wie vor eine friedfertige Macht, die keinen Wunsch verspürt, das eigene Territorium zu erweitern oder sich für erlittene Niederlagen zu revanchieren. Thatcher, Mitterand und Lafontaine lagen falsch.

Aber stark verändert hat sich die Außenpolitik des neuen Deutschlands tatsächlich. Ein Vierteljahrhundert nach der Wiedervereinigung ist von den beiden Grundpfeilern, auf die sich die Außenpolitik der Bundesrepublik seit ihrer Gründung gestützt hatte, wenig übrig.

Daran muss nichts Schlimmes sein. Es steht der Bundesrepublik frei, die Grundzüge ihrer Außenpolitik langsam zu verändern. An sich ist es sinnvoll, in einer stark veränderten Situation jahrzehntealte Grundsätze zu überdenken. Aber wenn wir altbewährte, verlässliche Prinzipien über Bord werfen, so sollten wir dies in vollem Bewusstsein tun – und sie durch neue, ebenso verlässliche Prinzipien ersetzen. Dies ist bisher nicht geschehen. Stattdessen zeugen die wichtigsten Kontroversen der letzten Jahrzehnte, vom Kosovokonflikt bis hin zur Eurokrise, von etwas weit weniger Erfreulichem: einer Phase tiefer außenpolitischer Orientierungslosigkeit.

Nach dem Zweiten Weltkrieg wurde die Bundesrepublik als demilitarisierter Staat gegründet. Selbst als sie 1955 ein stehendes Heer aufstellte und der NATO beitrat, waren den Streitkräften laut Grundgesetz bis auf Selbstverteidigung oder Beihilfe für angegriffene Verbündete alle Kampfeinsätze verboten. Bis zum Fall der Berliner Mauer war die Bundeswehr nie außerhalb von EU- oder NATO-Ländern im Einsatz – weder zu Kriegseinsätzen noch für Friedensmissionen.

In den Neunzigerjahren geriet diese traditionelle Zurückhaltung, die Bundeswehr bei Missionen in feindlichem Territorium einzusetzen, langsam unter Druck. Insbesondere der Bürgerkrieg in Jugoslawien war ein riesiger Schock. Als sie tatenlos zusahen, während sich im nahe gelegenen Srebrenica ein blutiges Massaker vollzog, fragten sich viele Politiker, welche Lehren sie aus der Vergangenheit ziehen sollten. War es eine konsequente Verweigerung der Waffengewalt? Oder war es nicht eher die Bereitschaft, Opfer ethnischer Verfolgung zu schützen – wenn nötig, auch mithilfe der Bundeswehr?

Die Debatte spitzte sich im Herbst 1998 zu. Bill Clinton und Tony Blair riefen die NATO-Länder dazu auf, die Kosovo-Albaner aus der Luft vor einem drohenden serbischen Massaker zu beschützen. Für die deutsche Regierung hätte das Timing kaum ungünstiger sein können. Erst ein paar Monate zuvor hatten Gerhard Schröder und Joschka Fischer die Macht übernommen. Kaum im Amt, stand die rot-grüne Koalition, mit ihren tiefen Wurzeln in der Friedensbewegung, schon vor einer fast unmöglichen Entscheidung: Sollte Berlin der NATO die erbetene Unterstützung verweigern – oder der Bundeswehr zum ersten Mal in ihrer Geschichte einen Militäreinsatz auf feindlichem Territorium auftragen?

Joschka Fischer fiel die Entscheidung besonders schwer. Seinen Namen hatte er sich in den Siebzigerjahren als linksradikaler Straßenkämpfer in Frankfurt gemacht. Die Operationen der Stadtguerilla, die er leitete, waren mit der Taktik der RAF zumindest entfernt verwandt. Er kannte sogar Böse, jenen selbst ernannten »Antifaschisten«, der auf dem Flugfeld in Entebbe die jüdischen von den nichtjüdischen Geiseln selektiert hatte.

Doch Böses Tat löste bei Fischer eine bemerkenswerte politische Wandlung aus. Wie er selbst es später ausdrückte, erkannte er endlich, dass »diejenigen, die sich mit Emphase vom Nationalsozialismus und seinen Verbrechen absetzten, in fast zwanghafter Art die Verbrechen der Nazitäter wiederholten«.

Selbst nach seiner politischen Verwandlung setzte Fischer sich intensiv mit Auschwitz auseinander. Doch ihm war nun klar, wie leicht es ist, die falschen Lehren aus Deutschlands Vergangenheit zu ziehen. Für breite Teile der grünen Basis ergab sich aus der deutschen Geschichte ein Gebot zum Pazifismus. Fischer dagegen leitete aus seiner eigenen Interpretation der deutschen Geschichte den Imperativ ab, Völkermord mit allen notwendigen Mitteln zu verhindern. Er fand es unerträglich, einer ethnischen Säuberung tatenlos zuzusehen. »Nie wieder Krieg!« sei nicht das Einzige, was er gelernt habe, erklärte Fischer in einer leidenschaftlichen Rede vor einem Sonderparteitag der Grünen. Genauso wichtig sei eine andere Lektion: »Nie wieder Auschwitz.«

Die anfangs zutiefst misstrauischen Grünen beugten sich Fischers Argumentation und stimmten mit knapper Mehrheit für den Kosovoeinsatz. Unter Fischers Leitung, und im Namen von Auschwitz, nahmen deutsche Flugzeuge 1999 an der Bombardierung Serbiens teil. Es war die erste offensive deutsche Militäroperation seit dem Zweiten Weltkrieg. Das einst absolute Tabu der Gewaltanwendung außerhalb der deutschen Grenzen wurde gebrochen – was einen der beiden Grundpfeiler, auf die sich die deutsche Außenpolitik der Nachkriegszeit gestützt hatte, zum Einsturz brachte.

Fischers Entschlossenheit, die aus Auschwitz gezogenen Lehren anzuwenden, ist allerdings nur ein Teil der Geschichte hinter der ersten Militärmission der Bundeswehr. Gerhard Schröder war ein womöglich noch entschiedenerer Fürsprecher des Kosovobombardements. Doch während Fischer für den Einsatz eintrat, weil er glaubte, dass Auschwitz für die deutschen Linken weiterhin relevant sei, vertrat Schröder gerade deshalb eine aktivere Außenpolitik, weil er die Beschäftigung der Linken mit der Vergangenheit hinter sich lassen wollte. Aus Schröders Sicht war Kosovo nicht nur eine Gelegenheit, einen Völkermord zu verhindern – es war auch ein willkommener Anlass, die Überwindung neurotischer Komplexe zu demonstrieren. Der Kosovoeinsatz, so hoffte er, würde Deutschlands Schuld »wenn nicht vergessen, dann doch verblassen« lassen.

Fischers Fixierung auf die Lehren von Auschwitz war also nur einer der Gründe, warum die rot-grüne Regierung an der Militäraktion im Kosovo teilnahm. Schröders Wunsch, Deutschland solle Auschwitz endlich hinter sich lassen, war ebenso wichtig. Nicht von ungefähr ist es Schröders und nicht Fischers Haltung, die der deutschen Außenpolitik seitdem ihren Stempel aufgedrückt hat.

Mit dem Kosovoeinsatz hatte Schröder den ersten Grundpfeiler der deutschen Außenpolitik beiseitegeräumt. Im Vorfeld des Irakkriegs witterte er dann eine goldene Gelegenheit, die zweite verbliebene Einschränkung aufzuheben – und gleichzeitig auf Stimmenfang zu gehen.

2002 war Bundestagswahl, und Rot-Grün lag in allen Umfragen zurück. Schröder kämpfte um sein politisches Überleben. Also machte er seinen Widerstand gegen den Irakkrieg zu einem Hauptthema seiner Kampagne.

Schröders Weigerung, die Vereinigten Staaten zu unterstützen – und mehr noch, sein Versprechen, bei den Vereinten Nationen gegen eine Genehmigung des Irakeinsatzes zu stimmen – waren in wichtiger Hinsicht eine Abkehr von der deutschen Außenpolitik der vorangegangenen fünfzig Jahre. Doch das wirklich Neue an Schröders Haltung war nicht sein vernünftiger Widerstand gegen den Irakkrieg an sich (den auch Fischer und eine breite Mehrheit der Bevölkerung teilten). Es war vielmehr die Art und Weise, wie er diesen Widerstand zelebrierte.

Mitten im Wahlkampf forderte Schröder Deutschlands »Emanzipation« von den USA – was ein bisschen so klang, als wäre die Bundesrepublik bisher Amerikas unmündiger Sklave gewesen. Damit nicht genug, setzte Schröder in einer flammenden Rede zu einem Rundumschlag gegen den »American Way« an. In Zukunft, so versprach er, würde seine Regierung einen »deutschen Weg« gehen.

Schröders Plan ging auf. Obwohl viele ihn schon abgeschrieben hatten, gewann er die Wahl mit denkbar knappem Vorsprung. Der aggressive Ton, den er gegenüber den Vereinigten Staaten anschlug, hatte ihm dabei eher genutzt als geschadet. Anscheinend waren viele Wähler ebenfalls der Meinung, dass Deutschland sich endlich von seinem großen Bruder auf der anderen Seite des Atlantiks »emanzipieren« solle.

Die Bereitschaft, unter extremen Umständen Gewalt einzusetzen, war also nicht der einzige Punkt, in dem sich die Außenpolitik der Bundesrepublik in den letzten zwei Jahrzehnten verändert hat. Eine ebenso wichtige Transformation hat die Bundesrepublik von ihrer zweiten langjährigen Verpflichtung befreit: ihrer einst unerschütterlichen Partnerschaft mit den USA und den europäischen Nachbarn.

Zur Zeit seiner antiamerikanischen Äußerungen musste Schröder heftige Kritik für seine Rhetorik einstecken. Führende Politiker der bürgerlichen Parteien, von Guido Westerwelle bis Angela Merkel, bezichtigten ihn, das Bündnis mit den USA zu gefährden – und erinnerten daran, dass Deutschlands Fähigkeit, mit seinen Verbündeten zusammenzuarbeiten, sowohl aus historischen als auch aus strategischen Gründen wesentlich wichtiger seien als eine Bundestagswahl. Doch als die schwarz-gelbe Regierung drei Jahre später an die Macht kam, zeigte sich bald, dass auch sie Schröders Versuchungen kaum widerstehen konnte. Wie Schröder gaben schließlich auch Merkel und Westerwelle wahltaktischen Überlegungen den Vorrang vor Prinzipien. Wie Schröder stellten auch sie klar, dass Deutschland keine Notwendigkeit mehr sieht, seine Verbündeten bei kurzfristigen Interessenkonflikten zu unterstützen.

Besonders deutlich wurde dieser Paradigmenwechsel im Frühjahr 2011, als sich libysche Rebellen gegen die Diktatur von Muammar al-Gaddafi auflehnten. Eine internationale Koalition unter der Führung der USA bat den UNO-Sicherheitsrat um Erlaubnis, Gaddafi durch gezielte Bombardements daran zu hindern, die Stadt Bengasi einzunehmen und – so die Furcht der internationalen Gemeinschaft – dort Rebellen wie auch Zivilisten niederzumetzeln.

In Deutschland war das Timing für eine solche Diskussion wieder schlecht, denn dieses Mal standen Merkel und Westerwelle kurz vor schwierigen Wahlen. Der Bundesregierung gingen sichtlich die Ideen aus. CDU und FDP zankten sich öffentlich. Als verschiedene Krisen – vom verpfuschten Umbau des Stuttgarter Hauptbahnhofs bis hin zum atomaren Unfall im japanischen Fukushima – die allgemeine Misere der Regierung noch verschärften, lief die CDU Gefahr, bei den bevorstehenden Landtagswahlen in Baden-Württemberg zum ersten Mal in ihrer Geschichte aus der dortigen Regierung verbannt zu werden. Vereinzelte Umfragen ließen sogar darauf schließen, dass die Grünen den nächsten Ministerpräsidenten stellen könnten.

Das war der Tropfen, der das Fass zum Überlaufen brachte. Merkel und Westerwelle erkannten, dass die unpopuläre Entscheidung, militärische Unterstützung nach Libyen zu entsenden, ihre Mehrheit in Baden-Württemberg gefährden würde. Informelle Gesuche um militärische Unterstützung lehnten sie ab. Dann gingen sie sogar noch einen Schritt weiter. Als die USA, Großbritannien und Frankreich um ein internationales Mandat für den Einsatz baten, stimmte eine breite Mehrheit im UNO-Sicherheitsrat für ihren Antrag − Deutschland aber enthielt sich im Einklang mit Russland und China. Wie sich alsbald herausstellte, nutzte das Kalkül trotzdem nichts: Ein paar Wochen später übernahmen die Grünen im Ländle die Macht.

Mit ihrem Votum zum Libyeneinsatz stellte Merkel klar, dass die Abkehr von den beiden Grundpfeilern der bundesrepublikanischen Außenpolitik mittlerweile über Parteigrenzen hinaus Konsens ist.

Beim Kosovoeinsatz hatte Deutschland mit dem ersten Grundpfeiler − also der Beschränkung der Gewaltanwendung − gebrochen. Doch da Clinton und Blair Schröder um militärische Unterstützung gebeten hatten, konnte man den Kosovoeinsatz immer noch als Einhaltung des zweiten außenpolitischen Grundpfeilers − also der Bereitschaft, wenn nötig auch schmerzliche Maßnahmen zu ergreifen, um Bündnispartnern zu helfen − interpretieren.

Beim Libyeneinsatz war die Einschränkung der Gewaltanwendung nicht mehr von Belang: In den vorangegangenen zehn Jahren hatte die Bundeswehr an mehreren Militär- und Friedenseinsätzen teilgenommen, unter anderem in Afghanistan, Bosnien und im Libanon. Doch die Frage, ob Schröders Abkehr von seinen westlichen Verbündeten eine Ausnahme gewesen war, blieb bestehen. Inwieweit würden Schröders Nachfolger im Kanzleramt die Wünsche ihrer Verbündeten ignorieren, wenn es ihnen ins Konzept passte?

Merkels Weigerung, den Libyeneinsatz von Frankreich, Großbritannien und den USA zu legitimieren, gab eine klare Antwort auf diese Frage. Auch sie war bereit, Deutschlands Bündnisse für kurzfristige politische Interessen zu schwächen.

—

Heute wissen wir: Die Debatten über Kosovo, Irak und Libyen waren nicht mehr als ein Probelauf für den Ernstfall.

Den Kosovoeinsatz wären amerikanische und britische Bomber auch ohne deutsche Beteiligung geflogen. In den Irak ist George W. Bush – leider – auch trotz Schröders Wahlkampfreden einmarschiert. Selbst die Autorisation für den Libyeneinsatz hat Deutschlands Enthaltung im UNO-Sicherheitsrat nicht verhindern können. Lange war Deutschland auf der Weltbühne nicht besonders wichtig, und so hatten die Entscheidungen deutscher Politiker nicht viel mehr als Symbolcharakter.

Das ist heute anders. Deutschland hat in den letzten Jahren rapide an außenpolitischem Gewicht dazugewonnen. Insbesondere in der Eurokrise hängt fast alles vom Willen der Bundesregierung ab: Deutschland hat in Europa mittlerweile so viel Gewicht, dass nur Berlin eine Lösung für die Krise hätte vorantreiben können. Dafür hätten Angela Merkel, Wolfgang Schäuble und Sigmar Gabriel eine gemeinsame, für den Rest des Kontinents tragbare Zukunftsvision entwickeln müssen. Stattdessen bewiesen sie, dass Deutschlands Führung sich auch im Ernstfall die Freiheit nimmt, ohne große Rücksicht auf langfristige politische Konsequenzen oder auf das akute Leiden ihrer europäischen Partner zu handeln. Die Europäische Union stießen sie dadurch in die tiefste Legitimitätskrise ihrer Geschichte.

Die Bundesrepublik ist das größte und wirtschaftlich erfolgreichste Land der Eurozone. Es war von Anfang an abzusehen, dass eine langfristige Lösung für die Schuldenkrise von Deutschland angestoßen werden und, ja, auch zu einem Teil aus deutschen Mitteln finanziert werden müsste. Aber statt aktiv nach einer dauerhaften Lösung zu suchen, die zugleich Deutschlands Interessen wahren und die europäische Wirtschaft wieder ins Lot bringen könnte, zauderte die Bundesregierung ein ums andere Mal.

Während zuerst Griechenland, dann Irland, Portugal, Spanien und schließlich Italien an den Rand des Staatsbankrotts gerieten, schloss Angela Merkel zwar nie kategorisch die Einrichtung von Notfallfonds aus. Die Schritte, die eine langfristige Stabilität des Euro hätten gewährleisten können – wie die Einführung einer koordinierten Steuerpolitik oder die Einführung von Eurobonds –, lehnte sie jedoch ab.

Statt zu handeln, predigte sie. Ökonomen sind sich einig, dass südeuropäische Länder dringend Strukturreformen durchführen sollten – von einer Modernisierung der

Bürokratie bis zu einem flexibleren Arbeitsmarkt. Aber anders als die breite Öffentlichkeit unterscheiden die meisten von ihnen vorsichtig zwischen Strukturreformen und Sparpolitik. Während sie Reformen für unabdingbar halten, um langfristiges Wachstum anzukurbeln, warnen sie gleichzeitig, dass Budgetkürzungen inmitten einer Rezession die Wirtschaftskrise nur verschärfen. So betont Joseph Stiglitz, Wirtschaftsnobelpreisträger und ehemaliger Chefökonom der Weltbank, dass »die Länder, die ihre Staatsausgaben am stärksten gestrichen haben, auch die größten Produktionseinbußen erlitten«. Und tatsächlich: Außer horrender Arbeitslosigkeit hat die europaweite Sparpolitik den südeuropäischen Staaten in den letzten Jahren wenig eingebracht. Merkel aber beharrt kontinuierlich auf der einen Lösung, die von ihr kaum eigene Entscheidungen abverlangt: So wie mittelalterliche Patienten sich einst gesundbluten sollten, so sollen sich die Staaten in Südeuropa heute gesundsparen.

Wenn ein Staatsbankrott wieder einmal kurz vor der Tür steht, öffnet Merkel das deutsche Portemonnaie gerade weit genug, um die drohende finanzielle Katastrophe vorübergehend abzuwenden. Ist die akute Krise vorbei, drückt sie die Daumen, dass sich das Problem von selbst löst. Das hat bisher zwar nicht funktioniert – aber bei der nächsten Krise kann sie ja wieder gerade genug zahlen, um ein paar weitere Monate keine grundsätzlichen Entscheidungen verantworten zu müssen. Alles in allem versucht Merkel schlicht, die Krise auszusitzen – egal, wie hoch die menschlichen Kosten für Südeuropa oder die wirtschaftlichen Kosten für Deutschland ausfallen mögen.

In der Nacht zum 13. Juli 2015 fand diese der deutschen Visions- und Orientierungslosigkeit geschuldete Aussitzpolitik ihren einstweiligen Höhepunkt. Die vorangegangenen Wochen und Monaten hatten in Europa heftigen Streit und zum Teil auch offenen Hass entfacht. Griechenland stand kurz vor dem Staatsbankrott, die Syriza-Regierung zeichnete sich durch Inkompetenz und Wankelmut aus, und gleichzeitig hetzten Politiker und Medien in den wohlhabenderen Euroländern immer heftiger gegen Griechenland – allen voran der deutsche Finanzminister und die größte deutsche Boulevardzeitung. Die Eurogruppe lehnte, von der öffentlichen Meinung gestützt, jegliche Umschuldung für Griechenland ab. Die Zahlung der nächsten Tranche des Rettungsfonds machte sie von einer rigorosen Sparpolitik abhängig – obwohl die meisten Ökonomen diese als kontraproduktiv verschrien und für Griechenland unter diesen Umständen keinerlei Hoffnung auf wirtschaftliche Besserung erkennen konnten.

In ihrer Not rief die griechische Regierung ein landesweites Referendum über die ihr aufgedrückte Sparpolitik aus – anscheinend, ohne sich über den Tag nach dem Referendum ernsthafte Gedanken gemacht zu haben. Eine klare Mehrheit der Griechen stimmte, wie von Tsipras erhofft, gegen das Angebot der Eurogruppe. Er fuhr als Wahlsieger nach Brüssel und hoffte naiv, einen besseren Deal für Griechenland auszuhandeln. Stattdessen wurde schnell klar, dass der Katalog der Grausamkeiten nur gewachsen war: Griechenland sollte noch mehr sparen, noch mehr Souveränität abgeben, noch weniger Perspektive auf wirtschaftliche Besserung bekommen. Ein Schuldenschnitt stand, obwohl selbst der Internationale Währungsfonds diesen mittlerweile für unumgänglich hielt, noch immer nicht zur Debatte.

Tsipras musste sich entscheiden, Griechenland in den Staatsbankrott zu führen oder sich wenige Tage nach dem griechischen Votum gegen die Sparpolitik einem noch schonungsloseren Spardiktat zu unterwerfen. In einer Marathonverhandlung, die mehrmals kurz vor dem Scheitern stand – auch, weil europäische Spitzenpolitiker sich in noch nie da gewesener Form anbrüllten –, gab er der Eurogruppe schließlich in allen wichtigen Punkten nach.

Die meisten Zeitungen werteten die Nacht zum 13. Juli als bittere Niederlage für Syriza. Europa war dem griechischen Volkswillen nicht entgegengekommen – sondern hatte die Politik, gegen die dieser sich gewendet hatte, sogar noch verschärft. Kurzfristig mag Tsipras beliebt bleiben, aber er ist jetzt ein Premierminister auf Abruf. Bis 2008 teilten sich PASOK und Nea Dimokratia knapp 80 Prozent der griechischen Wählerstimmen. Für ihre Sparpolitik wurden sie in die politische Bedeutungslosigkeit verbannt. So ähnlich wird es der Syriza-Partei, die jetzt eine noch schärfere Sparpolitik zu verantworten hat, über kurz oder lang auch ergehen. Die einzigen politischen Kräfte, die dann übrig bleiben, sind noch verantwortungsloser als Alexis Tsipras: Syriza-Hardliner, die einen Deal mit Europa schon immer aus ideologischen Gründen ablehnten, einerseits; und die Faschisten von der Morgenröte, die offen einen Umsturz des gesamten Systems anstreben, andererseits. Die Demokratie in Griechenland ist heute in ernster Gefahr.

Syriza ist aber nicht der einzige Verlierer jener schicksalsträchtigen Nacht. So hat sich die Bundesrepublik mit ihren Verhandlungspositionen zwar fast auf ganzer Linie durchgesetzt. Und doch ist nicht klar, was sie mit diesem scheinbaren Erfolg erreicht haben könnte. Immerhin schickt Berlin jetzt noch mehr Geld an Athen – obwohl sich die Regierung, wie selbst der Finanzminister mehr oder weniger zugegeben hat, kaum eine realistische Hoffnung darauf ausrechnen kann, dieses Geld je wiederzusehen. Auch das Ansehen der Bundesrepublik ist schwer lädiert. Nicht nur in Griechenland, sondern auch in Italien, Großbritannien und den USA sorgen sich Medien und Politik plötzlich wieder vor den »hässlichen Deutschen«. Die Bundesrepublik wird heute mit so viel Misstrauen betrachtet wie seit Jahrzehnten nicht mehr.

Dies wirft eine einfache Frage auf: Warum drückten deutsche Politiker Griechenland ihren Willen auf so kompromisslose Weise auf, wenn sie selbst davon so wenig Nutzen zu erwarten hatten?

Die Antwort hat viel mit Deutschlands Aufstand gegen seine vermeintliche außenpolitische Selbstlosigkeit zu tun.

Seit Griechenland 2009 in den Trudel der Eurokrise geriet und ein ums andere Mal bei Deutschland und anderen Geldgebern um rettende Almosen betteln musste, taucht ein Bild in den Medien immer wieder auf. Vor der Akropolis demonstrieren junge Griechen aufgebracht gegen Sozialkürzungen und die Diktate ihrer Geldgeber. Rauchbomben erschweren die Sicht. Aber ein Transparent ist klar zu erkennen: das Antlitz von Angela Merkel – mit Hitlerbärtchen.

So geschmacklos ziehen nur wenige Griechen den Vergleich zur Vergangenheit. Doch selbst die griechische Regierung berief sich in Verhandlungen immer wieder auf Deutschlands dunkelste Stunde. So forderte auch Tsipras, Deutschland solle sein Land endlich angemessen für die immensen Schäden, die während der Nazibesatzung entstanden, entschädigen.

Selbst in hohen deutschen Regierungskreisen wurde diese Forderung einstweilen ernst genommen. Nicht nur vereinzelte Politiker der Linken oder der Grünen halten die griechischen Forderungen für gerechtfertigt. Auch Bundespräsident Joachim Gauck stieß öffentlich an, die Bundesregierung solle eine Form der Wiedergutmachung anstreben.

Bei so viel Berufung auf die Vergangenheit ist es kaum verwunderlich, dass auch die deutschen Medien die Eurokrise immer stärker auf moralische Fragen reduzieren. Schuldet die Bundesrepublik ihren südeuropäischen Nachbarn aufgrund der Nazivergangenheit etwas? Haben Deutsche wegen Hitler eine moralische Verantwortung, den maroden griechischen Staat vor der Pleite zu bewahren? Oder sind es nicht vielmehr die Griechen, die aufgrund ihrer finanziellen Schuld auch moralisch schuldig sind? Wird die Frage erst einmal so gestellt, ist es kaum verwunderlich, dass die Antwort für eine große Mehrheit der Wähler eindeutig ausfällt.

Otmar Issing, ehemaliges Mitglied im Vorstand der Bundesbank und der EZB, drückt es im Interview mit der deutschen Ausgabe von *The Wall Street Journal* unmissverständlich aus: »Ein halbes Jahrhundert nach dem Ende des Zweiten Weltkriegs kann es nicht darum gehen, Deutschland mit seiner Vergangenheit zu erpressen.« Die *Bild-Zeitung* ist noch ein wenig plumper: Die Adenauer-Regierung habe 1960 insgesamt einhundertfünfzehn Millionen Mark gezahlt, »um Naziopfer und Nachkommen zu entschädigen. ›Endgültig‹, wie es im damaligen Vertrag hieß.«

Ganz so plakativ würde ich es nicht ausdrücken – und dass einhundertfünfzehn Millionen Mark die Leiden griechischer Zivilisten schwerlich angemessen entschädigen können, sollte ohnehin klar sein. Aber im Kern gebe ich Issing und der *Bild-Zeitung* bei diesem Thema recht. Zu fordern, dass Deutschland Griechenland aufgrund vergangener Gräueltaten in der Eurokrise unter die Arme greifen sollte, ist absurd. Wenn die Frage also lautet, ob Deutschland den Griechen aufgrund von Hitler helfen soll, antworte auch ich mit nein. Ich bezweifle nur, dass dies die richtige Frage ist.

In den deutschen Medien ist die Eurokrise in den letzten Jahren immer mehr zur Fabel mit vermeintlich eindeutiger Moral verkommen. Wenn wir jedoch eine nachhaltige Lösung finden wollen, sollten wir uns über wirtschaftliche Realität und nicht über missverstandene Kollektivmoral Gedanken machen. Anstatt emotional zu debattieren, ob unsere Nachbarn unsere Hilfe verdienen, sollten wir nüchtern darüber nachdenken, wie wir in Europa eine Wirtschaftsordnung aufbauen können, die langfristigen Wohlstand ermöglicht.

Bezeichnenderweise kommt die Antwort, die international führende Ökonomen auf diese Frage geben, in den deutschen Medien kaum vor. Denn statt auf Deutschlands angebliche moralische Verantwortung zu pochen, betonen diese unser Eigeninteresse: Sie glauben, eine Abkehr von der Sparpolitik – gekoppelt mit der Bereitschaft zu kurzfristigen Transferzahlungen und langfristigen politischen Reformen – würde letztlich sowohl Deutschland als auch den Schuldnerstaaten zugutekommen.

So mag Deutschland im Vergleich zu Südeuropa in den letzten Jahren zwar hervorragend dagestanden haben – im Vergleich zur Wirtschaftsentwicklung außerhalb Europas fielen die letzten Jahre aber auch hierzulande alles andere als prächtig aus. Während die griechische Wirtschaft seit 2008 um ein Viertel geschrumpft ist, ist die deutsche Wirtschaft über fünf lange Jahre um etwa 3–4 Prozent gewachsen. In den USA, wo der Kongress auf die Krise mit einem gewaltigen keynesianischen Konjunkturprogramm und nicht etwa mit einem fetten Rotstift reagiert hat, ist die Wirtschaft seit 2008 aber um gut das Doppelte gewachsen. Die kanadische Wirtschaft hat über den gleichen Zeitraum 10 Prozent zugelegt. Australiens Wirtschaft wuchs gar um 15 Prozent.

Wie in einem stark von Exporten abhängigen Land kaum anders zu erwarten wäre, bremst die anhaltende Krise unserer südlichen Nachbarn auch die deutsche Wirtschaft. Eine florierende deutsche Wirtschaft ist, während unsere Nachbarn dahinsiechen, nur schwer zu erhalten. Die Sparpolitik, die wir dem Süden Europas aufzwingen, mag deutscher Selbstzufriedenheit geschuldet sein – aber deutschen Interessen dient sie nicht wirklich.

Unsere politische und mediale Klasse, von links nach rechts, vom Boulevard bis zum Qualitätsjournalismus, stellt eine Politik, die eigentlich hochkontrovers sein sollte, seit Jahren größtenteils als alternativlos dar. Dabei gibt es durchaus Alternativen. Diese werden jedoch in einer Debatte, die international anerkannte wissenschaftliche Erkenntnisse zugunsten von falschen moralischen Fragestellungen beiseiteschiebt, kaum wahrgenommen. Die Öffentlichkeit stürzt sich dankbar auf die fehlgeleitete Forderung, wir sollten unseren Nachbarn aufgrund unserer Vergangenheit helfen – und erfreut sich dann an ihrem neu gefundenem Mut, sich von dieser eigentlich irrelevanten Vergangenheit nicht mehr erpressen zu lassen. Die wirklich wichtigen Fragen werden kaum mehr erwähnt. Und so reichte es aus, dass der Deal, der den Griechen aufgezwungen wurde, von Berlins kompromissloser Haltung zeugte, um ihn als deutschen Erfolg erscheinen zu lassen – obwohl er für Deutschland weder finanziell noch politisch von Nutzen ist.

Dauerhaft ist die Eurokrise ohnehin nicht mit moralisierender Kleinkrämerei zu lösen.

Seit Jahren müsste jedem ehrlichen Beobachter klar sein, dass der Euro in seiner momentanen Form eine Fehlkonstruktion ist. Selbst falls Griechenland irgendwie den Bankrott abwenden – oder, was vielleicht ebenso wahrscheinlich ist, irgendwann doch noch aus der Einheitswährung ausscheiden – sollte, bleibt der grundsätzliche architektonische Fehler des Euro bestehen: Eine gemeinsame Währung ergibt ohne eine gemeinsame Finanz-, Steuer- und Haushaltspolitik keinen Sinn.

In guten Zeiten kaschiert eine brummende Wirtschaft dieses Problem. In schlechten Zeiten wird eine einheitliche Währung ohne einheitliche Politik immer wieder zu wirtschaftlicher Unsicherheit führen, und diese wiederum zu einer tiefen Rezession in den ärmeren Teilen der Währungsunion. Falls Europa das letzte, verlorene Jahrzehnt endlich hinter sich lassen sollte, könnten die Probleme des Euro für einige Zeit, vielleicht gar für eine ganze Generation, kaschiert werden. Aber früher oder später werden sie wieder auftreten und den Kontinent in die nächste unnötige Krise stürzen.

Europa befindet sich deshalb in einer ironischen Schicksalsstunde. Die EU könnte einen riesigen Schritt vorwärts wagen. Dieser würde den einheitlichen Währungsraum mit einer einheitlichen Wirtschaftspolitik flankieren. Der Haushalt gehört in der Demokratie aber seit jeher zur Grundkompetenz gewählter Volksvertreter. Falls der europäische Haushalt dauerhaft hinter verschlossenen Türen, in undurchschaubaren Verhandlungen zwischen Regierungschefs ausgehandelt werden sollte, würde das viel beschworene Demokratiedefizit der Europäischen Union unleugbar. Um demokratisch legitimiert zu sein, müsste eine gemeinsame Wirtschaftspolitik deshalb unter der direkten Kontrolle eines gemeinsamen Parlaments stehen.

Genau diesen Schritt hin zu einer größeren politischen Einheit will momentan jedoch niemand wagen. Die Idee eines vereinten Europas war schon immer ein Elitenprojekt – unter politischen Entscheidungsträgern hatte es einst aber immerhin einhelligen, leidenschaftlichen Rückhalt. Für Konrad Adenauer und Helmut Kohl war Europa eine Herzensangelegenheit. Für Angela Merkel und Sigmar Gabriel dagegen ist es ein pragmatisches Mittel nationaler Politik. Die europäischen Völker wiederum standen der Idee der europäischen Einheit schon immer recht skeptisch gegenüber; nachdem in den letzten Monaten von fast allen Beteiligten auf fast allen Ebenen ein aggressiver Nationalismus befeuert wurde, hat sich dieser Skeptizismus vielerorts in blanke Feindseligkeit verwandelt. Ein legitimer europäischer Superstaat müsste auf einer gemeinsamen europäischen Identität und einer geteilten europäischen Öffentlichkeit aufbauen. Weder das eine noch das andere wird es in absehbarer Zeit geben.

Da für einen großen Schritt vorwärts die Voraussetzungen fehlen, scheint ein großer Schritt rückwärts die einzige Alternative. Er würde darin bestehen, den Euro abzuschaffen, ohne dabei riesiges wirtschaftliches Chaos zu verursachen. Aufgrund der Notwendigkeit von Kapitalkontrollen würde solch ein Schritt außerdem politische Maßnahmen wie das zwischenzeitliche Aussetzen des Schengenabkommens erfordern.

Doch auch dieser Schritt rückwärts birgt immense Risiken. Die wirtschaftlichen Verwerfungen, die ein Auflösen der Eurozone verursachen würde, sind schwer vorherzusagen und noch schwerer zu kontrollieren. Insbesondere da ernsthafte Spekulationen über einen solchen Schritt viele Bürger in den schwächeren Ländern der Eurozone dazu verleiten würden, ihr gesamtes Geld abzuheben, würde das Ende des Euro wahrscheinlich mit einer riesigen Banken- und Finanzkrise einhergehen. Auch dies ist also keine wirkliche Lösung.

Die Orientierungslosigkeit der Bundesregierung mag sich zum Teil daraus erklären, wie unattraktiv diese Alternativen sind. Einen nachhaltigen Weg aus der Eurokrise zu finden ist wahrlich keine einfache Aufgabe. Und doch bedeutet die Politik, die Merkel, Schäuble und Gabriel in den letzten Monaten betrieben haben – anscheinend, ohne sich über die Tragweite ihrer Entscheidungen im Klaren zu sein –, nichts weniger als eine Gefahr für das Überleben der Europäischen Union. Denn die Bundesregierung hat weder versucht, eine gemeinsame Wirtschaftspolitik demokratisch zu legitimieren, noch hat sie die nötigen Maßnahmen eingeleitet, um den Euro auf geregelte Weise aufzulösen. Stattdessen spielt Deutschland nun auf absehbare Zeit den europäischen Zuchtmeister, der schwächeren Staaten seinen Willen aufzwingt. Aus Sicht Berlins ist die einzig realistische Lösung für das Strukturproblem des Euro anscheinend eindeutig: Die gemeinsame Wirtschaftspolitik soll von Deutschland entschieden und gegen jeden demokratischen Widerstand durchgesetzt werden.

Nun wird solch eine Lösung aber für andere Länder auf Dauer unakzeptabel sein. Der Unmut über die undemokratischen Institutionen der EU ist bei Wählern in ganz Europa schon stark genug. Wenn diese Institutionen immer mehr als Instrument deutscher Hegemonie gesehen werden, wird der Euroskeptizismus rasant anwachsen. Und wenn euroskeptische Populisten eines Tages nicht nur in London, sondern auch in Helsinki und Rom, in Tallinn und Lissabon etwas zu sagen haben, dann werden

irgendwann selbst die wirklich grundlegenden Errungenschaften der EU – wie die Freiheit, in anderen Ländern
zu reisen, zu studieren oder zu arbeiten – unter Beschuss
geraten.

—

In der Eurokrise zeitigt Deutschlands außenpolitische Orientierungslosigkeit bereits desaströse Folgen. Damit nicht
genug, droht sie nun, die wegweisenden Konflikte der
nächsten Jahrzehnte zu verschärfen. Diese werden sich
nämlich nicht auf die wirtschaftliche Krise im Süden des
Kontinents beschränken – sondern betreffen auch Russlands militärische Offensive im Osten.

Ob wir die nötigen wirtschaftlichen und militärischen
Maßnahmen treffen, um Wladimir Putins Abenteuerlust
zu zügeln, ist nicht nur für die langfristige Sicherheit unserer Partner in Mitteleuropa entscheidend; es bedeutet
letztlich auch eine Weichenstellung für oder gegen
Deutschlands Westbindung.

Besonders in Blogs und Internetforen äußern sich viele
Deutsche gegenüber der offiziellen Version der Ereignisse
in der Ukraine skeptisch. Sie behaupten, Politiker und
Medien würden einen unnötigen Konflikt schüren, indem
sie Putin zum Kriegshetzer hochstilisieren. Gehörte die
Krim nicht schon immer zu Russland? Ist der Westen an
den Spannungen im Osten Europas nicht ebenso schuld
wie der Kreml?

Nein. Militärische Konflikte hat es in Europa seit 1945
immer wieder gegeben: In Ungarn und der Tschechoslowakei unterdrückten sowjetische Panzer Volksaufstände
gegen den Kommunismus. In Jugoslawien kämpften Ser-
ben, Kroaten, Bosnier und Albaner fast ein Jahrzehnt lang

um die Form ihrer neuen Nationalstaaten. Aber eine pure Form der territorialen Expansion durch militärische Gewalt hat es in Europa seit dem Dritten Reich so nicht mehr gegeben – bis Putin 2014 die Krim annektierte.

Ob die Krim nun »historisch russisch« gewesen ist, wie manche es behaupten, oder auch nicht: In den Neunzigerjahren haben russische Politiker die ukrainischen Grenzen völkerrechtlich anerkannt. Und falls es in Europa wieder Mode werden sollte, Gebiete zu erobern, die man aus mehr oder weniger gutem Grund für »historisch deutsch«, »historisch französisch« oder »historisch polnisch« hält, dann wäre der jahrzehntelange Frieden in weiten Teilen des Kontinents schnell passé. Die Norm, dass Staaten völkerrechtlich anerkannte Grenzen zu respektieren haben, ist für eine friedliche Zukunft unabkömmlich.

Gemessen an der Bedeutung dieser Norm fällt die europäische Reaktion auf die Ukrainekrise bisher erstaunlich milde aus. Ebenso erstaunlich ist die weitverbreitete Indifferenz gegenüber den zahlreichen Opfern des Konflikts. In der Ostukraine sind seit April 2014 über fünftausend Zivilisten ums Leben gekommen. Und wenn es leider nicht überraschen mag, dass die westeuropäische Öffentlichkeit sich nicht allzu sehr um ukrainische Leben schert, so ist doch frappant, wie leicht sie selbst vor eigenen Opfern die Augen verschließt. Wie sonst lässt sich erklären, dass weder die EU noch die Bundesrepublik gegen den Abschuss der MH17 – bei der immerhin zweihundertachtundneunzig Passagiere, darunter vier deutsche und insgesamt zweihundertelf EU-Bürger, ums Leben kamen – einen klaren, offiziellen Protest einlegte?

Ein Grund für Deutschlands Zurückhaltung ist eine Verklärung von Putin, die in gewissen Kreisen erstaunliche Blüten treibt. Putin ist ein eiskalter Diktator, der massiv Geld in die eigene Tasche lenkt, grundlegende Freiheiten abschafft und regelmäßig Kritiker ermorden lässt. So verwundert es kaum, dass zwei Drittel der Deutschen von Putin mittlerweile eine negative Meinung haben. Und doch bewundern viele, die weit rechts stehen, Putin für seinen kompromisslosen Tatendrang – während viele, die weit links stehen, ihn als Bad Boy verklären, der sich von der Welt schlicht missverstanden fühlt. Selbst mancher Politiker oder Spitzenmanager zeigt auch heute noch erstaunlich viel Verständnis für seine Politik – nicht nur Gerhard Schröder, der aus seiner Freundschaft zu Russland zudem finanziell Nutzen schlägt, sondern beispielsweise auch Helmut Schmidt.

Sowohl im linken als auch im rechten Lager wollen sich viele deshalb mit Putin auf einen Kompromiss einigen. Gerade in Teilen der SPD ist die Sehnsucht nach einer Neuauflage der Ostpolitik groß. Willy Brandt feierte mit dem Motto »Wandel durch Annäherung« große Erfolge – obgleich die sowjetischen Machthaber nicht gerade angenehme Zeitgenossen waren. Können wir nicht auf ähnliche Weise durch eine verständnisvolle Politik gegenüber Russland die Ukrainekrise lösen und so zu einer langfristigen Liberalisierung im Land beitragen?

Dieser Vorschlag ist aus zweierlei Gründen hoffnungslos naiv. Erstens fußte Brandts Außenpolitik auf militärischer Stärke und einer engen Einbindung in die NATO. Und zweitens ging es bei »Wandel durch Annäherung« in erster Linie darum, das deutsch-deutsche Verhältnis zu verbessern – und nicht etwa darum, die sowjetischen Machthaber durch ein paar freundschaftliche Treffen zu guten Demokraten zu bekehren.

Einen Krieg mit Russland kann niemand wollen. So wie Brandt sich mit Diktatoren an einen Tisch setzte, so sollten auch wir uns mit Putin auf diplomatischem Wege einigen. Aber Brandt machte sich keine Illusionen darüber, dass er mit menschenverachtenden Diktatoren an einem Tisch saß. Und zu Zeiten von Brandt zweifelte im Kreml niemand daran, dass die Westmächte einer Verletzung der territorialen Ordnung in Europa letztlich mit Militärgewalt begegnen würden.

Heute dagegen wettet Putin aus gutem Grund auf die Schwäche Europas. Für die Ukraine, so ist er überzeugt, werden westeuropäische Regierungschefs letztlich kein einziges Soldatenleben riskieren wollen. Und so handelt Putin strategisch nur konsequent, wenn er sich die Ukraine – und irgendwann vielleicht auch die Baltenstaaten? – scheibchenweise einverleibt.

Mit Putin irgendein Abkommen zu schließen ist nicht schwierig: Abkommen schließt er, wenn sie ihm gerade in den Kram passen, immer wieder. Wie die vielen gebrochenen Waffenstillstände in der Ukraine zeigen, ignoriert er diese Abkommen allerdings, sobald er es taktisch für vorteilhaft hält. Mit Putin einen langfristigen Frieden zu verhandeln ist deshalb nur möglich, wenn westeuropäische Staaten ihre Bereitschaft demonstrieren, etwaige Verträge im schlimmsten Fall auch mit Waffengewalt zu verteidigen.

Gekoppelt mit ehrlicher Verhandlungsbereitschaft gefährdet eine Politik der Stärke den Frieden in Mitteleuropa nicht, sondern ermöglicht ihn im Gegenteil erst. Angela Merkel versteht diesen Punkt zum Glück besser als viele ihrer Kollegen – und hat Deutschland in den letzten anderthalb Jahren langsam zu ernsthaften Wirtschaftssanktionen gegen Russland sowie zu einer kleinen Steigerung der Rüstungsausgaben verpflichtet. Aber um wirklich Stärke zu demonstrieren, muss die Bundesrepublik Russland nicht nur mit neuem Mut begegnen, sondern auch im Bereich der Energie-, der Verteidigungs- und der Bündnispolitik klare Entscheidungen treffen.

Wenn Russland morgen den Gashahn abdrehen würde, könnte Deutschland zunächst auf eigene Energiereserven zurückgreifen. Aber nach etwa einem halben Jahr wären die Reserven dahin – und Endverbraucher mit Gasheizung säßen buchstäblich im Kalten. In der Realität bedeutet dies, dass Putin das Leben Tausender deutscher Rentner in der Hand hat. Stellt er im Sommer das Gas ab, erfrieren bis zum nächsten Frühling gebrechliche Menschen in ganz Deutschland in ihren eigenen vier Wänden.

Von einer selbstbestimmten Außenpolitik zu sprechen, solange deutsche Heizungen so stark von russischem Gas abhängig sind, ist illusorisch: Keine demokratisch gewählte Regierung kann den Tod ihrer eigenen Wähler billigend in Kauf nehmen. Solange die Bundesrepublik auf Russlands Gas angewiesen ist, ist sie von den Launen eines brutalen Diktators abhängig. Die Energieunabhängigkeit von Russland muss deshalb zu einem vorrangigen Ziel deutscher Politik werden.

Ganz ohne Schmerz ist diese Energieunabhängigkeit nicht zu haben. Langfristig sollte Deutschland vor allem auf erneuerbare Energien – die in den letzten Jahren zum Glück beachtliche Kostensenkungen erzielt haben – bauen. Aber kurzfristig ist der Beitrag, den erneuerbare Energien leisten können, schlicht nicht groß genug. Denkbar ungeliebte Lösungen, vom Fracking bis zu einer Verlängerung der Laufzeit deutscher Atommeiler, sind deshalb vorerst die einzige realistische Alternative zur deutschen Abhängigkeit von Putin.

Eine ähnlich schwere Entscheidung steht Deutschland bei den Militärausgaben ins Haus. Es fällt mir nicht gerade leicht, eine merkliche Erhöhung des Budgets für die Bundeswehr zu fordern. Nichts in meinem Milieu oder an meiner Familiengeschichte sollte mich dazu prädestinieren, eine besondere Liebe zum Militär zu hegen. Aber manchmal führt einen ein nüchterner Blick auf die Welt eben zu Schlussfolgerungen, die den eigenen Vorlieben zuwiderlaufen. So würde ich persönlich die Bundeswehr liebend gerne abschaffen und das gesparte Geld für Schulen, Krankenhäuser und vielleicht ein paar Museen ausgeben. Doch die Realität gebietet leider das Gegenteil: Um Putin in die Schranken zu weisen, muss die Bundesrepublik auf eine moderne, einsatzbereite und gut ausgerüstete Bundeswehr zurückgreifen können.

Letztlich wird aber selbst eine stärkere Bundeswehr kaum genug sein, um Russland Paroli zu bieten. So wie viele Deutsche im Nachhinein vergessen haben, wie stark die Bundesrepublik in der Nachkriegszeit bei der Abgrenzung von der Sowjetunion auf die Amerikaner angewiesen war, so vergessen sie heute, wie stark Deutschland sich noch immer auf seine transatlantischen Partner verlässt. Tatsächlich ist die NATO laut einer hochaktuellen Studie der Pew-Stiftung so unbeliebt wie seit Jahrzehnten nicht. Würde Russland ein östliches NATO-Land wie Lettland, Litauen oder gar Polen angreifen, wären nur 38 Prozent der Bundesbürger bereit, diesem militärisch beizustehen.

Die Devise, kein deutsches Blut für Lettland zu vergießen, mag verständlich sein – ist strategisch aber hochgefährlich. Im Vergleich zu anderen Ländern gibt Deutschland sehr wenig für Militär oder Geheimdienst aus. Und dies ist letztlich nur möglich, weil die Bundesrepublik unter dem atomaren Schutzschirm der Amerikaner steht und von der verhassten NSA Hinweise auf mögliche Terroranschläge erhält. Wenn Deutschlands NATO-Partner daran zweifeln, ob Deutschland ihnen in einer Stunde der Not helfen würde, wird das umgekehrt genauso sein. Die friedensstiftende Abschreckungskraft, die von der Nato ausgeht, wäre dann versiegt – mit Auswirkungen, die langfristig auch die deutsche Sicherheit gefährden.

Der wunderbare Kabarettist Georg Kreisler schrieb einmal ein Lied über einen typischen Wiener, der sich über die Weltgeschehnisse nur sehr indirekt Sorgen macht: »Wenn jetzt a Krieg kommt / Was gschieht dann mit meim Hund?« Gegen Russland oder China, so scheint Kreislers Protagonist anzunehmen, könnte Österreich sich verteidigen. Aber selbst er muss feststellen: »Wenn Russland und China zusamm' marschiern / Kann Österreich kapituliern.«

Kreislers Lied ist für die heutige Bundesrepublik – und für ganz Europa – hochaktuell. Russland und China sind sich in den letzten Jahren tatsächlich näher gekommen. Doch das ist eigentlich egal. Denn wir sollten nicht einmal für einen Moment denselben Fehler begehen, den Kreisler so brillant karikiert: Auch wenn Russland alleine marschieren sollte, wird Europa die Hilfe der USA brauchen.

Deutschland ist verständlicherweise versucht, seine geopolitische Mittellage zwischen Ost und West zu seinem eigenen Vorteil auszuspielen. Kann Deutschland sich nicht auf den militärischen Beistand der USA verlassen – und gleichzeitig Gas aus Russland importieren und Luxusautos nach China verkaufen?

Lange Jahre war dies möglich. Während unseres Urlaubs von der Geschichte konnten wir Rosinen picken: militärische Kooperation hier, Handel dort. Aber falls Russland oder China zusehends mit den USA in Konflikt geraten, wird Deutschland irgendwann vor einer echten Entscheidung stehen.

In Anbetracht der langen Geschichte der Kooperation innerhalb der NATO werden ein paar Fälle, in denen Deutschland sich weigert, seinen Verbündeten unter die Arme zu greifen, keine sofortigen Auswirkungen auf die Bereitschaft des Bündnisses haben, sich in einer Stunde der Not für Deutschland einzusetzen. Doch auf lange Sicht würde sich Deutschland in einer unangenehm isolierten Lage wiederfinden, wenn Berlin nur noch als Trittbrettfahrer wahrgenommen wird: als ein Land, das die Unterstützung seiner Bündnispartner als selbstverständlich ansieht, aber selbst nicht bereit ist, in einer politischen Krise Verantwortung zu übernehmen.

Dass sich die amerikanische Wahrnehmung Deutschlands im Laufe der letzten paar Jahre bereits deutlich verschlechtert hat, ist in dieser Hinsicht ein ernstes Warnzeichen. Laut John Kornblum, dem langjährigen amerikanischen Botschafter in Deutschland zum Beispiel folgte Berlin im letzten Jahrzehnt seinen »eigenen Instinkten [...], ohne erkennbare Rücksicht auf die europäische oder gar die atlantische Einheit zu nehmen«. Die Außenpolitik Berlins sei in letzter Zeit von »einem wachsenden Egoismus, wann immer seine nationalen Interessen betroffen sind«, gekennzeichnet gewesen. Und dieses Urteil sprach Kornblum vor den letzten Verwerfungen der Griechenlandkrise aus!

In einer Zeit, in der amerikanische Politiker der transatlantischen Partnerschaft ohnehin weniger Bedeutung beimessen, sollten ob eines solchen Urteils in Berlin die Alarmglocken schrillen. Frühere Generationen von US-Außenpolitikern waren von der Zeit geprägt, als die Front mit der Sowjetunion noch mitten durch das Herz Berlins verlief. Für den in Fürth geborenen Henry Kissinger und die in Prag geborene Madeleine Albright war die Zusammenarbeit mit Westeuropa sowohl eine Frage geopolitischer Notwendigkeit als auch eine Frage der persönlichen Biografie.

Nach 1989 glühte die Annahme, dass Europa besonders wichtig sei, noch ein paar Jahre nach. Aber mittlerweile ist kaum mehr etwas von ihr zu spüren. Stattdessen befindet Amerika sich mitten im »*pacific pivot*« – einer außenpolitischen Neuausrichtung weg von Europa und hin zum asiatisch-pazifischen Raum.

Für eine neue Generation von US-Außenpolitikern sind China und der Nahe Osten viel wichtiger als Frankreich oder Deutschland. Sie werden nur dazu bereit sein, Europa bei seinen Problemen zu helfen, wenn die Europäer auch willens und fähig sind, im Gegenzug die USA zu unterstützen.

Langfristig werden wir deshalb eine klare Entscheidung treffen müssen. Wollen wir die Sicherheitsgarantie der NATO erhalten und weiter unter dem atomaren Schutzschild der USA stehen – was unter Umständen bedeutet, dass wir uns nicht mehr auf Gas aus Russland und auf Exporte nach China verlassen können? Oder bewegen wir uns in Richtung einer echten Neutralität zwischen Ost und West – was uns aber zu viel höheren Militärausgaben zwingt, zunehmend von Putins Launen abhängig macht und außerdem Russlands Abenteuer in Osteuropa als Fait accompli hinnimmt?

Ich selbst befürworte leidenschaftlich eine anhaltende Westbindung. Denn bei allen legitimen Differenzen, die man mit der amerikanischen Außenpolitik im Allgemeinen und den Praktiken der NSA im Spezifischen haben mag: Zu denken, dass eine Unterwürfigkeit gegenüber Moskau oder Peking freiheitlich-demokratischen Werten im In- oder Ausland zuträglicher sei als eine Allianz mit den USA, ist schlicht naiv.

Aber selbst wer anderer Meinung ist, sollte erkennen, dass die Zeit, in der wir uns den Pelz waschen konnten, ohne dabei nass zu werden, bald zu Ende geht. Deutschlands Urlaub von der Geschichte ist unwiederbringlich vorbei. Und wie wir uns in den nächsten Jahrzehnten betten werden, so liegen wir im 21. Jahrhundert dann auch.

—

Viele Deutsche möchten sich nur zu gerne von den Grundpfeilern der alten Außenpolitik trennen. Sie fürchten, dass die Scham für die Vergangenheit noch immer einen gewissen Einfluss auf die deutsche Politik ausübt – und halten das Auswärtige Amt deshalb dazu an, deutsche Interessen endlich ohne Wenn und Aber zu vertreten.

Innerhalb gewisser moralischer Grenzen ist dieses Anliegen durchaus verständlich. Deutschland ist eine gefestigte Demokratie. Die Bundesrepublik darf eigene Werte und Interessen selbstbewusst vertreten.

Aber in den letzten Jahren sind wir zu oft davon ausgegangen, dass deutsches Eigeninteresse schlicht in einer Umkehr früherer außenpolitischer Grundsätze bestünde. Brachten wir für EU und NATO einst kurzfristige Opfer, gehen wir jetzt davon aus, dass es sich um herausgeschmissenes Geld gehandelt habe. Legten wir einst auf eine enge Partnerschaft mit den USA Wert, nehmen wir jetzt an, wir müssten uns endlich von Washington »emanzipieren«. Die Auflehnung gegenüber unserer alten Außenpolitik hat uns dafür geblendet, wie stark sie von Anfang an unserem eigenen Interesse geschuldet war.

Es mag unfair erscheinen, dass deutsche Bürger ihr Steuergeld für die Rettung Griechenlands oder die Unterstützung der Ukraine ausgeben müssen. Aber die europäische

Wirtschaft in Flammen aufgehen zu lassen oder Putin die Schlüssel zu Mitteleuropa zu überreichen ist definitiv nicht in deutschem Interesse. Eine erstarkte Bundesrepublik darf in der Welt durchaus offensiv für ihre eigenen Interessen eintreten. Doch im Moment läuft die deutsche Außenpolitik akut Gefahr, aus den Augen zu verlieren, worin dieses Interesse überhaupt besteht. Die resultierende Orientierungslosigkeit bedeutet nicht nur für unsere Nachbarn eine große Gefahr – sondern auch für Deutschland selbst.

9.

DIE REBELLION GEGEN DEN PLURALISMUS

*Zu sagen, »Jetzt machen wir hier mal Multikulti und
leben so nebeneinanderher und freuen uns aneinander« –
dieser Ansatz ist gescheitert, absolut gescheitert.*

Angela Merkel

Deutschland wird vielfältiger. Gleichzeitig wächst die Wut
auf diese Vielfalt.

Mancher Deutsche glaubt heute, die Außenpolitik seines Landes wäre lange zu selbstverleugnend gewesen.
Ähnlich ärgern sich viele, dass sie keine Kritik an Ausländern üben dürften. Im einen wie im anderen Fall mündet
diese angebliche Einsicht in Ressentiments. Einer imaginären Beschränkung entbunden, beeilen sich die Befürworter eines Schlussstrichs, ihre neu gefundene Freiheit
unter Beweis zu stellen. Sie wollen deshalb nicht nur »den
Juden zeigen, dass wir sie nicht mehr mit besonderer
Rücksicht behandeln müssen« oder »den Amis zeigen, dass
deutsche Politiker wieder für deutsche Interessen eintreten«. Sie verlangen auch, dass wir »endlich einmal die
Wahrheit über diese Türken und Muslime sagen«.

In den letzten Jahren haben immer mehr Deutsche mit
ausländischen Wurzeln hohe Positionen in Politik, Wirt-

schaft und Sport erreicht. Aber in derselben Zeit wurden so viele Flüchtlingsheime wie nie zuvor in Brand gesteckt. In derselben Zeit etablierte sich mit der Alternative für Deutschland eine Partei, die offen mit Ausländerfeindlichkeit flirtet, in einem Landesparlament nach dem anderen. Ja, in derselben Zeit gingen Zigtausende auf die Straße, um gegen die »Islamisierung des Abendlandes« zu protestieren – und verkehrten dabei den urdemokratischen Slogan der Montagsdemonstranten, »Wir sind das Volk«, in einen Ausdruck des Hasses.

Eines steht dabei außer Frage: Es geht in der gesellschaftlichen Debatte um Immigration und Integration nicht nur darum, ob man die Religionsfreiheit von Muslimen eingrenzen sollte (was laut Umfragen mittlerweile eine Mehrheit der Bundesbürger befürwortet). Es geht auch nicht nur darum, wie viele Asylbewerber und Einwanderer Deutschland aufnehmen soll oder ob die Bedrohung durch islamistische Terroristen real ist oder ob man Schengen vielleicht aussetzen sollte. Nein, letztlich geht es um die grundsätzliche Frage, ob Menschen unterschiedlicher Herkunft und unterschiedlicher Kultur friedlich miteinander zusammenleben können – also um das Herz und die Seele der deutschen Gesellschaft.

Mit den Juden hat diese Debatte oberflächlich nur wenig zu tun. Falls wir in der Diskussion überhaupt vorkommen, dann als Paradebeispiel einer erfolgreichen, gut integrierten Minderheit. »Schaut her, ich liebe die Juden«, schreit so mancher Rechtspopulist, »wie könnte ich da ein Rassist sein?« Die »Leitkultur«, die auf den Lippen von Horst Seehofer, Bernd Lucke und vielen mehr liegt, wird nicht von ungefähr fast immer eine »christlich-jüdische« genannt.

Aber der Versuch, die Liebe zu den Juden als Rechtfertigung für eine umso stringentere Ausgrenzung von Muslimen und anderen Minderheiten zu instrumentalisieren, ist letztlich nicht viel mehr als bequeme Rhetorik. Wenn wir ein Deutschland schaffen wollen, in dem Juden sich langfristig wohlfühlen, müssen wir ein Deutschland schaffen, in dem dies auch Menschen tun können, die aus der Türkei, aus Nigeria oder aus Vietnam stammen.

Lange hatte sich das sogenannte Integrationsproblem unter der Oberfläche erhitzt. In den letzten fünf bis zehn Jahren ist es übergekocht.

Den einstweiligen Höhepunkt erreichte diese Rebellion gegen den Pluralismus mit der Veröffentlichung von *Deutschland schafft sich ab*. Thilo Sarrazins Traktat gegen die Zuwanderung verkaufte sich innerhalb weniger Monate eine Million Mal – und gilt heute als einer der größten Bestseller der Nachkriegsgeschichte.

Der Grund für diesen Erfolg liegt auf der Hand. Die meisten Leser werden weder von Sarrazins vielen Statistiken noch von seinem trockenen Schreibstil begeistert gewesen sein. Vielmehr überzeugten sie die Grundthesen, die in den Wochen vor Erscheinen des Bestsellers in den deutschen Medien heiß diskutiert wurden. Sarrazin behauptete, dass türkische Migranten weniger intelligent seien als »echte« Deutsche. Da sie mehr Kinder bekommen, seien sie dabei, Deutschland zu verdummen. Auch deshalb, so meint er, sei Deutschland gerade dabei, sich abzuschaffen.

Sarrazins Buch brachte ihm viel Hass und Verachtung bei, machte ihn in der breiten Bevölkerung aber auch ungeheuer populär. Das politische Establishment hatte solche Angst vor seiner Beliebtheit, dass es nicht wagte, sich geschlossen gegen ihn zu stellen. Stattdessen nahmen viele Politiker das Buch zum Anlass, sich mit provokanten Aussprüchen zu profilieren. Horst Seehofer forderte ein Ende der muslimischen Zuwanderung und präsentierte einen restriktiven »Sieben-Punkte-Plan«, der die Masse der Zuwanderer als Bedrohung für deutsche Sicherheit, Kultur und Identität darstellte. Anstatt Seehofers Populismus zu kritisieren, setzte die in gesellschaftlichen Kontroversen sonst so zurückhaltende Kanzlerin noch einen drauf. In einer Rede vor der Jungen Union machte Angela Merkel eine übermäßig nachsichtige Haltung gegenüber Migranten für viele Probleme in Deutschland verantwortlich: »Zu sagen, ›Jetzt machen wir hier mal Multikulti und leben so nebeneinanderher und freuen uns aneinander‹ – dieser Ansatz ist gescheitert, absolut gescheitert.«

Nun ist Merkel gegenüber Migranten durchaus aufgeschlossener als mancher ihrer Parteifreunde. Ihr ist eigentlich klar, dass die Bundesrepublik dringend hochqualifizierte Einwanderer braucht. Und doch scheint auch sie die Integration für eine Einbahnstraße zu halten. Insbesondere, dass Einwanderer in Deutschland vor allem mit ihresgleichen Kontakt haben und zu Hause ihre eigene Sprache sprechen könnten, scheint sie zu stören.

Insofern vertritt Merkel eine »Leitkultur light«, die auch unter anderen moderaten Politikern sehr beliebt ist. Sie fordern von Immigranten, ihre eigene Kultur so stark aufzugeben, dass sie eines Tages kaum mehr von »normalen« Deutschen zu unterscheiden sein werden. Ihre Vision ist nicht die der »Salatschüssel«, in der Individuen einige Aspekte ihrer eigenen Identität behalten können. Und es ist auch nicht die eines »Schmelztiegels«, eines Eintopfs, in dem der entstandene Geschmack zwar homogen ist, aber immerhin den Einfluss aller Zutaten aufweist. Stattdessen verlangen sie eine nahtlose Eingliederung in eine schon bestehende Kultur: Türken und andere Migranten sollen sich bereit erklären, die deutsche Kultur zu kopieren, ohne je eingeladen zu werden, ihren eigenen Beitrag zu ihr zu leisten.

Sowohl die Salatschüssel als auch der Eintopf sind plausible kulinarische Metaphern. Bezeichnenderweise gibt es für die in Deutschland gängigere Vision dagegen kein ähnlich plausibles Bild. Vielleicht stellen Politiker sich einheimische Deutsche als perfekt gewürzte Suppe und sich selbst als pingelige Chefköche vor. Weil sie den Geschmack ihres Chef d'œuvre auf keinen Fall verändern wollen, stellen sie an ausländische Zutaten strenge Anforderungen. »Wenn ihr da wirklich reinwollt«, sagen sie, »dann müsst ihr versprechen, den Geschmack und die Konsistenz der Suppe kein bisschen zu verändern. Und wenn ihr dazu nicht bereit seid, tja, dann seid ihr halt selber schuld.« Das Problem dabei ist natürlich, dass es solch eine wundersame Zutat – eine Substanz, die weder einen eigenen Geschmack noch eine eigene Konsistenz hat – gar nicht gibt.

So wie viele ihrer Kollegen in ganz Europa legen auch führende Köpfe der deutschen Rechten langsam ihre verbliebenen Hemmungen ab. Wenn sie auf Stimmenfang gehen, kritisieren sie Migranten mit immer deftigeren Worten. Aber auch linke Politiker haben in letzter Zeit eher gemischte Signale gesendet. So mag es ein Zufall sein, dass Sarrazin seit Langem Mitglied der SPD ist. Doch es ist sicher kein Zufall, dass die Parteiführung sich, nachdem sie zunächst ein Parteiausschlussverfahren in die Wege geleitet hatte, auf einen peinlichen Deal einließ: Im Gegenzug für sein dünnes Lippenbekenntnis, er habe sein diskriminierendes Buch nicht diskriminierend gemeint, durfte Sarrazin in der SPD bleiben.

Wenn selbst linke Parteien sich mittlerweile so unsicher sind, welche Position sie eigentlich vertreten, dann liegt der Grund dafür zum Teil in einer allgemeinen Verwirrung über »Multikulti«. Spätestens seit Merkel den Multikulturalismus für gescheitert erklärt hat, ist er zu einem Schlagwort für all das geworden, was Rechtspopulisten missfällt: der Islam und jegliche Art von Zuwanderung aus nichtwestlichen Ländern; aber auch ein Verlust an kulturellen Traditionen oder die politisch korrekte Scheu davor, geltendes Recht gleichermaßen auf alle Bürger anzuwenden.

Dass all diese Feindbilder bequem unter einem Etikett attackiert werden können, liegt im Interesse der Populisten. Doch wenn die Position der europäischen Linken in Bezug auf Multikulti dermaßen verzogen wird, dann trägt sie daran eine große Mitschuld. Schließlich ist ihre eigene Position zu Multikulti lange viel zu undifferenziert gewesen.

Auf dem Höhepunkt der linken Unterstützung von Multikulti haben die meisten ziemlich vernünftig argumentiert, dass ein friedliches Zusammenleben von Einheimischen und Migranten möglich sei. Der Einfluss ausländischer Kulturen könne Europa bereichern. Integration beruhe auf Gegenseitigkeit: Die Europäer würden die Kultur der Einwanderer schätzen lernen, während die Einwanderer lernen würden, Europas freiheitlich-demokratische Werte zu akzeptieren.

Zur selben Zeit aber bestand eine kleine, lautstarke Minderheit auf einer viel radikaleren Interpretation von Multikulti. Sie wollten nicht nur das Versprechen der liberalen Demokratie, verschiedenen Religionen, Ethnien und persönlichen Lebensvorstellungen gegenüber neutral zu sein, auf alle Bürger ausweiten. In der Hoffnung, die Sünden der Vergangenheit abzubüßen und den kulturellen Imperialismus der Nazis zu revidieren, behaupteten sie gar, alle politischen Positionen und Glaubenssysteme seien gleichermaßen gültig – oder dürften gar nicht erst hinterfragt werden.

In Reinform führte diese Art von Multikulti zu einer demokratischen Selbstverneinung. Teile der Linken hielten selbst den Versuch, universelle Normen wie den Gewaltverzicht oder die Religionsfreiheit auf alle Bürger anzuwenden, für eine Form des Kulturimperialismus. Für manche von ihnen ging die Angst vor einem unerlaubten Urteil über andere Kulturen so weit, dass sie ihre eigenen Grundüberzeugungen aussetzten, sobald sie es mit einem Migranten zu tun hatten.

Den berüchtigten Kopfstoß von Zinédine Zidane im Finale der Fußball-WM 2006 verteidigten manche Feuilletonisten deshalb als legitimen Ausdruck seiner Kultur – frei nach dem Motto: Wenn in Nordafrika einer deine Mutter beleidigt, setzts halt Schläge. Ähnlich schien auch eine Frankfurter Richterin zu räsonieren, als sie den Antrag einer marokkanischstämmigen Deutschen auf sofortige Scheidung aufgrund von häuslicher Gewalt ablehnte. Die Begründung? Da beide Ehepartner »aus dem marokkanischen Kulturkreis stammen«, wo das Verprügeln der Ehefrau angeblich gang und gäbe sei, liege kein besonderer Härtefall vor. Die kaum verhohlenen Vorurteile gegenüber ebenjenen Kulturen, die hier angeblich respektiert werden, sind im einen wie im anderen Fall frappant.

Multikulti war daher von Anfang an ein vielschichtiges, sogar ambivalentes Konzept. In den Augen mancher beinhaltete es, dass Menschen unterschiedlicher Kulturen und Ethnien vollwertige Bürger desselben Staates sein können – eine freiheitlich-demokratische Idee, die eigentlich unumstritten sein sollte. Doch in den Augen anderer entlarvte es Freiheit und Menschenrechte als kulturelle Präferenzen, die sich in ihrer Daseinsberechtigung nicht grundsätzlich von Intoleranz, religiösem Fundamentalismus oder Diktatur unterscheiden – eine Form des Kulturrelativismus, den keine Demokratie akzeptieren kann, ohne ihre eigene Legitimität zu untergraben.

Die populistische Rechte begann alsbald damit, diese Ambiguität auszuschlachten. Sie stürzte sich auf die kulturrelativistische Interpretation von Multikulti und attackierte sie clever als eine weitere Form nationaler Selbstverleugnung. Dann zog sie daraus den ungerechtfertigten Schluss, dass alles, was Leute mit Multikulti assoziieren, unsinnig sei. Ihre Wut richtete sich nicht nur gegen Fälle übermäßiger Rücksichtnahme gegenüber fremder Kulturen. Nein, sie richtete sich auch gegen das grundsätzliche liberale Ideal, dass ein moderner Staat gesetzestreue Bürger unabhängig von deren Ethnie, Kultur oder Weltanschauung zu respektieren habe.

Die Linke war unterdessen damit beschäftigt, das Kind mit dem Bade auszuschütten. Nachdem Teile der Linken unter dem Banner von Multikulti lange verderbliche Formen des Kulturrelativismus toleriert hatten, scheuten sie sich jetzt plötzlich, auch nur irgendetwas zu verteidigen, was die populistische Rechte vielleicht unter demselben Slogan angreifen könnte. Wenn wir unseren Job behalten wollen, flüsterten sich in ganz Europa verängstigte Parlamentarier in den belagerten Hallen der Macht zu, dann halten wir zu Einwanderung und Integration besser den Mund. Denn öffentlich ein leidenschaftliches Bekenntnis zu ethnischem Pluralismus und religiöser Toleranz abzugeben ist dieser Tage politisch schwierig ...

Das Endergebnis dieses würdelosen Spektakels ist, dass Politiker aller Couleur immer offener über die Notwendigkeit reden, die universalistischen Grundsätze des Abendlands gegen die Bedrohung durch muslimische Migranten zu verteidigen. Weder die Linke noch die Rechte scheinen sich dabei zu entsinnen, dass dieses universalistische Erbe gerade darin besteht, dass Bürger glauben und denken dürfen, was sie wollen – von dem scheinbar trivialeren Recht, zu kochen, was ihnen am besten schmeckt, oder mit ihren Kindern in jener Sprache zu sprechen, die ihnen am einfachsten über die Lippen kommt, ganz zu schweigen.

Mit anderen Worten handelt es sich bei dem, was heute in Deutschland und ganz Europa unter Beschuss steht, keineswegs um eine radikale Interpretation von Multikulti. Es geht vielmehr um den Kern der pluralistischen Demokratie – also um die Überzeugung, dass unterschiedliche Menschen friedlich zusammenleben können und dass der Staat nicht eine Religion oder Ethnie über andere erheben sollte.

—

Es gibt noch einen weiteren Grund, warum der Kampf für den Pluralismus so wichtig ist: Demografische Prognosen sagen einhellig voraus, dass Deutschlands Bevölkerung in den kommenden Jahrzehnten rapide schrumpfen wird.

Heute leben etwas mehr als achtzig Millionen Menschen in Deutschland. Laut eines vergleichsweise vorsichtigen Szenarios der Forscher des Statistischen Bundesamts wird diese Zahl bis zum Jahr 2040 auf 73,8 Millionen und bis zum Jahr 2060 auf 64,7 Millionen sinken.

Selbst dieses nicht allzu rosige Bild beruht auf der Annahme, dass Deutschland eine Nettozuwanderung von hunderttausend Menschen pro Jahr erleben wird. Das klingt nicht nach viel. Doch da jährlich etwa eine halbe Million Menschen Deutschland verlassen, ist es wesentlich schwieriger, eine Nettozuwanderung von hunderttausend

Menschen zu erreichen, als auf den ersten Blick ersichtlich ist.

Tatsächlich geht selbst das vorsichtige Modell des Statistischen Bundesamts, laut dem Deutschland im nächsten halben Jahrhundert aufgrund der niedrigen Geburtenrate fast ein Viertel seiner Bevölkerung verlieren wird, davon aus, dass wir pro Jahr um die sechshunderttausend Neuankömmlinge aufnehmen. Sollten wir stattdessen eine Nettozuwanderung von null anstreben – ein Ziel, das immer noch die Integration von etwa fünfhunderttausend Migranten pro Jahr erfordert – würde Deutschlands Bevölkerung noch schneller schrumpfen.

Die sozialen und ökonomischen Auswirkungen solch einer rasanten Entvölkerung wären katastrophal. Die Wirtschaft würde einbrechen. Der Sozialstaat würde unbezahlbar werden. Gesellschaftliche Spannungen würden sich vervielfachen. Die Zukunft des Landes sähe düster aus – es sei denn, Deutschland akzeptiert die Massenzuwanderung und schafft es gleichzeitig, dafür zu sorgen, dass Millionen Neuankömmlinge sich hier willkommen fühlen.

Politiker haben den Bevölkerungsschwund lange ignoriert. Nun, da er schon im Gange ist, bauen sie auf eine bequeme Lösung: Sie setzen darauf, deutsche Frauen überreden zu können, einfach mehr Kinder zu kriegen.

Mehr Babys sind tatsächlich ein Teil der Lösung. Um die Geburtenrate zu erhöhen, könnte der Staat die Vereinbarkeit von Familie und Beruf stärker fördern. In dieser Hinsicht hat die Politik in den letzten Jahren schon einiges getan: Elternzeitregelungen wurden verbessert, die finanzielle Unterstützung für Familien aufgestockt und Kindern ein Kitaplatz garantiert.

Doch so begrüßenswert diese Maßnahmen auch sein

mögen, ihre Wirkungskraft ist grundsätzlich beschränkt. Demografen sind sich zwar einig, dass »natalistische« Maßnahmen die Zahl der Geburten positiv beeinflussen können. Aber sie warnen auch, dass das Ausmaß dieses Effekts sehr begrenzt bleiben wird.

Selbst in Ländern wie Frankreich oder Schweden, wo arbeitende Eltern seit Langem mit großzügigen Staatsleistungen unterstützt werden, überholt die Zahl der Todesfälle bald die Zahl der Geburten. In Deutschland kommt erschwerend hinzu, dass der Versuch, die Geburtenrate zu erhöhen, bisher auf überraschend hartnäckige kulturelle Widerstände gestoßen ist. Gerade in konservativen Kreisen halten sich auch heute noch Vorurteile gegen arbeitende Mütter. So verwundert es auch nicht, dass viele deutsche Frauen noch immer das Gefühl haben, als Mutter zu versagen, wenn sie nicht zu Hause bei den Kindern bleiben. So glauben laut einer Studie von 2012 63 Prozent der westdeutschen Frauen, ein kleines Kind würde unter der Berufstätigkeit seiner Mutter leiden. Im Vergleich zu anderen europäischen Ländern entscheiden sich deshalb viel mehr hochqualifizierte Frauen von vornherein dagegen, Kinder zu bekommen.

Dieselben kulturellen Gründe erschweren auch weitergehende politische Maßnahmen, die es Frauen erleichtern würden, gleichzeitig zu arbeiten und ihre Kinder großzuziehen. So lehnen die meisten Bundesbürger zum Beispiel einen längeren Schultag, wie er in fast jedem anderen westeuropäischen und nordamerikanischen Land praktiziert wird, strikt ab. Wie von Demografen erwartet, haben sich die Auswirkungen von natalistischen Maßnahmen bis dato deshalb als relativ gering erwiesen: Vielleicht haben sie gerade genug bewirkt, um ein weiteres Abfallen der Geburtenrate zu verhindern – aber viel zu wenig, als dass sie Prognosen über Deutschlands Bevölkerungsstand wesentlich verbessern könnten.

Allein durch höhere Geburtenraten wird sich Deutschlands demografisches Problem also nicht lösen lassen. Die Entscheidung, die wir treffen müssen, liegt auf der Hand: Deutschland kann zwischen massiver Einwanderung einerseits oder einer rasant schrumpfenden Bevölkerung andererseits wählen.

Angesichts der demografischen Krise gibt es meiner Meinung nach drei Grundszenarien für Deutschlands Zukunft.

Die Bundesrepublik könnte zu dem Schluss kommen, dass die »Aufnahmefähigkeit unserer Gesellschaft«, wie Willy Brandt es schon vor Jahrzehnten befürchtet hatte, »erschöpft ist«. Das kann durchaus passieren. Die meisten Deutschen waren nie für Masseneinwanderung; heute sind sie wohl noch mehr als in den Fünfzigerjahren versucht, das Land gegen Neuankömmlinge abzuschotten.

Doch der daraus resultierende Bevölkerungsschwund hätte katastrophale soziale und wirtschaftliche Folgen. Wenn Deutschland in den kommenden fünfzig Jahren fast ein Viertel seiner Bevölkerung verliert, hätte das starke konjunkturelle Schwierigkeiten, sinkende Renten und ein überlastetes Gesundheitssystem zur Folge. Würde die Bevölkerung noch schneller schrumpfen, würde Deutschland mit großer Wahrscheinlichkeit eine tiefe wirtschaftliche Krise, eine dramatische Überbelastung des Gesundheitssystems und den völligen Zusammenbruch des Rentensystems erleben. Ironischerweise würde ein solches Horrorszenario den verbliebenen erwerbsfähigen Deutschen nicht einmal Vollbeschäftigung garantieren: Da ein Großteil des mobilen Kapitals aus einem so krisengeschüttelten Land abwandern würde, müsste selbst die stark geschrumpfte Zahl der Arbeiter um immer knapper werdende Stellen konkurrieren.

Mit anderen Worten würde Deutschland für seine Weigerung, mehr Einwanderer willkommen zu heißen, mit einem rapiden wirtschaftlichen Niedergang bezahlen. Die meisten Deutschen sind sich dessen nicht wirklich bewusst, aber ihre Entscheidung gegen die Migration ist de facto eine Entscheidung gegen das wirtschaftliche Wachstum und gegen den Sozialstaat.

In einem zweiten Szenario würde Deutschland widerwillig Masseneinwanderung zulassen – und zugleich an einer restriktiven Interpretation der deutschen Identität festhalten. Vielleicht schaffen es die verantwortlichen Politiker tatsächlich, die Wähler von den ökonomischen Schrecken zu überzeugen, die sie erwarten, wenn Deutschlands Bevölkerung rapide schrumpft – und vielleicht wäre die Angst vor diesen Schrecken irgendwann größer als die Angst vor Überfremdung. Die Bundesrepublik könnte ihre Grenzen dann für eine neue Einwanderungswelle öffnen: eine Einwanderungswelle, die, wenn sie Deutschlands demografischen Rückgang gänzlich kaschieren soll, wesentlich größer ausfallen müsste als jene, die das Land seit den Sechzigerjahren von Grund auf verändert hat.

Doch wie die Geschichte der letzten fünfzig Jahre zeigt, bedeutet das Öffnen der Tore für Einwanderer in Deutschland nicht unbedingt, dass sie auch wirklich willkommen sind. Die meisten Deutschen würden die Zugehörigkeit zu ihrem Volk in diesem zweiten Szenario weiterhin anhand von ethnischen oder zumindest zutiefst kulturellen Kriterien definieren. Neuankömmlinge würden eine separate Gruppe bleiben. Bestenfalls würde man sie zähneknirschend tolerieren – und schlimmstenfalls offen hassen.

Pessimisten wie Willy Brandt könnten dann recht behalten: Vielleicht werden die Deutschen für die nächste Welle von Migranten ihre Grenzen, aber nicht ihre Herzen öffnen. Die Konsequenzen solch einer schizophrenen Haltung kann man sich leicht ausmalen. Je größer die Spannungen zwischen Migranten und Einheimischen, desto größer der Backlash gegen vermeintliche Ausländer. Je größer der Backlash, desto entfremdeter werden sich die »ausländischen« Kinder fühlen, die in Deutschland aufwachsen. Und je entfremdeter sich die neue Generation von Einwandererkindern fühlt, desto wahrscheinlicher wird es, dass bestehende Spannungen irgendwann zu blutigen Zusammenstößen – oder, im Extremfall, gar zu hausgemachten Terroranschlägen – führen.

Wirtschaftlich gesehen könnte ein Deutschland mit Masseneinwanderung und minimaler Integration recht gut abschneiden. Politisch, kulturell und sozial würde die Bundesrepublik dann in die gefährlichste und unglücklichste Phase seit ihrer Gründung eintreten.

Zum Glück gibt es eine dritte Alternative. Deutschland kann das doppelte Schreckgespenst des wirtschaftlichen Zusammenbruchs und der innenpolitischen Unruhen vermeiden, indem es sich in ein echtes Einwanderungsland verwandelt. Wenn es die besten Seiten Nordamerikas imitiert, könnte Deutschland sich schließlich die richtige Art von Toleranz aneignen: keine Form von Multikulti, die universelle Werte auf dem Altar des Kulturrelativismus opfert – sondern einen Pluralismus, der die Gleichbehandlung als universellen Wert anerkennt. In einem solchen Deutschland würde jeder, unabhängig von Abstammung oder Weltanschauung, als vollwertiger Bürger behandelt, mit den gleichen Rechten und den gleichen Pflichten.

Diese Verwandlung in die Wege zu leiten ist keine einfache Aufgabe. Wie viele andere Europäer auch haben Deutsche sich über Jahrhunderte vor allem über ihre Abstammung definiert. Dieses Selbstverständnis wirkt sich bis heute negativ auf den tagtäglichen Umgang zwischen »echten« Deutschen und solchen »mit Migrationshintergrund« aus. Ist Deutschland wirklich fähig, sich von etablierten Annahmen darüber, was einen echten Deutschen ausmacht, zu trennen?

Ich weiß es nicht. Aber sowohl aufgrund meiner Kindheit als Exot in einem recht homogenen Land als auch aufgrund meiner Erfahrung als Einwanderer in ein ethnisch und kulturell sehr viel durchmischteres Land habe ich mir viele Gedanken darüber gemacht, unter welchen Umständen erfolgreiche Integration gedeihen kann. Das veränderte Selbstverständnis, das ich anrege, wird manchem schwerfallen. In Anbetracht der wenig reizvollen Alternativen ist es jedoch für alle Deutsche – ob sie gerade angekommen sind oder ob ihre Vorfahren seit Jahrhunderten hier leben – die beste Chance auf eine lebenswerte Zukunft.

—

»Sie haben Glück. Zwei Möbelpacker hab ich für morgen zufälligerweise noch«, teilte mir Frau Schuster freundlich mit, als ich die Bundesagentur für Arbeit in Karlsruhe anrief. »Studenten, wissen Sie. Sehr nette Studenten, echt.«

Ich war so froh, kurzfristig noch Umzugshelfer gefunden zu haben, dass mir herzlich egal war, was sie in ihrem Leben sonst noch so trieben. »Klar, wie auch immer …«

»Es gibt da nur noch ein, äh, Problem«, sagte die Frau am anderen Ende der Leitung. »Die Studenten, sie sind … sie sind schrecklich nett, wirklich.«

»Dann ist ja alles in Ordnung.«

»Ja, aber … ich frage Sie besser gleich, ob es Ihnen was ausmacht, dass sie schwarz sind?«

»Schwarz?« Die Verbindung war gut, aber ich musste mich verhört haben.

»Ja, schwarz. Aus Afrika, um genau zu sein. Sie sind zum Studieren hier, verstehn Sie?«

»Und?«

»Na ja, also wenn Sie etwas gegen Afrikaner haben … Ich könnte auch nachschauen, ob wir noch ein paar deutsche Möbelpacker finden könnten.«

»Was? Nein! Ich bin nur … Ich kann nicht glauben, dass Sie mich so etwas überhaupt fragen!«

Die Stimme am anderen Ende der Leitung war unbeirrt freundlich. »Oh, wie nett von Ihnen. Also: Ihnen macht es nichts aus, dass die Möbelpacker schwarz sind?«

»Nein, das hab ich Ihnen doch schon gesagt.«

»Dann ist ja alles geregelt. Wann und wo?«

»So gegen zehn Uhr? Sophienstraße 21. Aber warum um Himmels willen fragen Sie die Leute denn, ob es Ihnen was ausmacht, dass ihre Möbelpacker schwarz sind?«

»Ich verstehe, was Sie meinen. Um ehrlich zu sein, frag ich auch nicht besonders gerne danach. Aber die Jungs haben mit Kunden in der Vergangenheit ein paar schlechte Erfahrungen gemacht, wissen Sie. Also dachten wir halt: Fragen wir doch besser von vornherein, ob die Schwarzen auch willkommen sind!«

Die Frau, mit der ich telefonierte, war keine Rassistin. Sie schien ein bisschen traurig, als sie dachte, ich hätte womöglich etwas gegen schwarze Möbelpacker, und ein bisschen froh, als ihr klar wurde, dass dies doch nicht der Fall war. Wahrscheinlich meinte die Agentur ihr Vorgehen sogar gut: Es muss schrecklich sein, bei jemandem zu Hause aufzukreuzen, um ihm für ein paar Euro die Stunde beim Umzug zu helfen, und dann festzustellen, dass er aggressiv ist – oder annimmt, man würde gleich seine Sachen stehlen –, nur weil man schwarz ist. Solange ihre finanziellen Einbußen durch erklärte Rassisten nicht zu hoch ausfielen, ersparte dieses Arrangement den Studenten vielleicht wirklich ein paar traumatische Erfahrungen.

Und doch ist es augenscheinlich, dass die Vorgehensweise dieser staatlichen Agentur so nicht hinnehmbar ist. Sie erkennt die Existenz von Rassismus nicht nur an; sie toleriert aktiv rassistisch motivierte Diskriminierung am Arbeitsplatz. Schlimmer noch, sie billigt offiziell, was eigentlich eine Straftat sein sollte: einem Menschen aufgrund seiner Hautfarbe eine Arbeit zu verweigern.

Die Praktiken in Karlsruhe mögen extrem sein, fußen aber auf einem breiteren Spektrum von diskriminierenden Haltungen gegenüber fremd aussehenden Menschen. Wenn viele Einwanderer bis heute Schwierigkeiten haben, sich ganz in die deutsche Gesellschaft einzufügen, dann liegt das auch an solch offener Feindseligkeit – und, im weiteren Sinne, an der durch und durch ethnischen Auffassung davon, wer ein echter Deutscher ist.

Nicht nur Juden werden in Deutschland als irgendwie nicht ganz deutsch gesehen. Jemand kann in Deutschland geboren sein, in Deutschland geborene Eltern und gar Großeltern haben – aber wenn er nicht wie die meisten Deutschen heißt und nicht wie die meisten Deutschen aussieht, wird er automatisch als Ausländer wahrgenommen.

Meine Freundin Alessandra zum Beispiel hat einen deutschen Vater und eine brasilianische Mutter. Sie ist in Deutschland aufgewachsen und spricht Deutsch selbstverständlich ohne Akzent. Fremde gratulieren ihr trotzdem in sichtbarer Überraschung: »Sie sprechen ja so gut Deutsch!«

Ebenso halten auch heute noch viele Deutsche die Kinder oder Enkel von türkischen Einwanderern instinktiv für Ausländer. Wenn man türkisch aussieht und einen türkischen Namen hat, dann ist man Türke – selbst wenn man in Berlin geboren wurde, deutscher Staatsbürger ist, einen guten Job hat und nicht einmal mehr die Sprache seiner Vorfahren spricht.

Cem Özdemir ist hierfür ein Musterbeispiel. Als Kind türkischer Gastarbeiter in Baden-Württemberg geboren, spricht er bis heute mit einem leichten schwäbischen Einschlag. Und doch gibt es, wie er sagt, viele, die »glauben, wenn jemand Cem Özdemir heißt, kann er kein Deutscher sein«. Bei Wahlkampfauftritten wird Özdemir oft gesagt, er solle »für das Parlament in Ankara kandidieren«.

Wenn ich an meine eigene Kindheit zurückdenke, bin ich schockiert darüber, in welchem Maße auch meine Freunde und ich die Nachkommen der Gastarbeiter ganz natürlich als Ausländer betrachteten. Doch noch mehr schockiert mich, wie wenig Kontakt wir überhaupt mit türkischstämmigen Deutschen hatten.

Obwohl in den Sechzigerjahren Millionen türkische Gastarbeiter nach Deutschland kamen, obwohl ich in Deutschland aufwuchs und deutsche Schulen besuchte, obwohl ich in Deutschland gearbeitet und viel Zeit dort verbracht habe, habe ich in all den Jahren fast keine »Türken« kennengelernt.

Allein bin ich damit leider kaum.

Seit ich Deutschland verlassen habe, laufen mir Türken in allen möglichen Ländern und Situationen über den Weg. An Eliteuniversitäten in England und den USA waren viele meiner Kommilitonen und ein paar meiner Professoren türkisch. Als ich in New York einen Sommer bei

McKinsey arbeitete, hatte ich einen türkischen Chef. Und auch als ich in Istanbul auf Einladung der Soros-Foundation einen Kurs zur Freiheit und Demokratie unterrichtete, habe ich natürlich viele Türken kennengelernt.

Aber in Deutschland selbst – einem Land, in dem immerhin drei Millionen Menschen türkischer Abstammung wohnen – begegnete ich »den Türken« fast nur an der Dönerbude oder vielleicht auf dem Bolzplatz. Die türkischen Bekanntschaften, die ich während meiner Zeit in Deutschland gemacht habe, kann ich an meinen zehn Fingern abzählen: ein paar Klassenkameraden in der Grundschule; zwei Schüler aus der Parallelklasse, mit denen ich auf dem Gymnasium eine Freistunde teilte, während die anderen im Religionsunterricht saßen; ein Sohn von Istanbuler Architekten, der in meine Klasse ging, während seine Eltern für ein paar Jahre in die Münchner Filiale ihrer Architekturfirma versetzt waren; und ... ja, das war es eigentlich auch schon.

Ich bezweifle, dass meine Erfahrungen besonders untypisch sind.

Zugegebenermaßen: In den letzten zehn, fünfzehn Jahren hat sich die Situation merklich verbessert. Menschen mit Migrationshintergrund sind in der Öffentlichkeit immer sichtbarer. Ihr Anteil an Abiturienten und Studenten steigt. Ihre Teilhabe an sichtbaren und lukrativen Jobs in Staat und Wirtschaft tut es auch. Verglichen mit der Zeit, in der ich aufwuchs, ist die Integration weit gekommen.

Aber trotz kleiner Verbesserungen bleibt die Lage erschreckend. Die meisten wohlhabenden Deutschen sind daran gewöhnt, dass die Nachfahren von Gastarbeitern ihnen höchstens in Servicejobs über den Weg laufen. Wie ungerecht unser Bildungssystem ist, wird deshalb leicht vergessen. Schauen wir auf die heutigen USA oder auf das heutige Südafrika, so springt uns die eklatante soziale Distanz zwischen Weißen und Schwarzen sofort ins Auge; schauen wir auf meine alten Schulen, wie das Laupheimer Gymnasium oder das Gisela-Gymnasium in München, scheint nichts Überraschendes daran, dass in den Klassenzimmern unterdurchschnittlich viele Schüler ausländischer Abstammung sitzen.

Diese Parallelgesellschaft wird in den Medien manchmal als Schreckgespenst an die Wand gemalt und oft mangelnder Integrationsbereitschaft der Einwanderer in die Schuhe geschoben. Aber in der Wirklichkeit hat sie viel mehr mit der spezifischen Geschichte der Einwanderung nach Deutschland einerseits – und mit unserem weithin beliebten Bildungssystem andererseits zu tun.

Unter Industrienationen ist es selten, Kinder vor dem Abitur überhaupt in verschiedene Schultypen aufzuteilen. Dass dies in Deutschland schon im zarten Alter von neun oder zehn Jahren geschieht, ist fast ohne Beispiel – und hat desaströse Konsequenzen für Chancengleichheit und Integration.

Die Kinder der sogenannten Gastarbeiter gehören im Durchschnitt auch heute noch zu den am wenigsten privilegierten Gesellschaftsschichten. Es verwundert also nicht, dass sie überproportional auf der Haupt- oder vielleicht gerade so auf der Realschule landen. Bereits in sehr jungem Alter können sie die Hoffnung, irgendwann die Universität zu besuchen oder einen Top-Job zu ergattern, mehr oder weniger aufgeben.

Wäre das Auswahlsystem fürs Gymnasium wahrlich meritokratisch, ließe sich diese Praxis vielleicht verteidigen. Tatsächlich aber zerstört es aus drei Gründen selbst das Potenzial von sehr begabten Migrantenkindern.

Erstens ist eine Auswahl in der vierten Klasse zu früh, um Kindern aus bildungsfernen Haushalten eine realistische Chance zu geben, den Vorsprung ihrer Klassenkameraden wettzumachen. Sozialwissenschaftliche Studien zeigen immer wieder, dass selbst begabte Kinder aus sozioökonomisch niedrigeren Schichten einige Jahre an anspruchsvollen Schulen brauchen, um mit ihren wohlhabenderen Klassenkameraden gleichzuziehen. In Deutschland dagegen stufen wir Kinder, die im Alter von zehn Jahren noch nicht beweisen können, dass sie reif fürs Gymnasium sind, als akademisch nicht besonders begabt ein; später auf einem Marsch durch die Institutionen das Gegenteil zu beweisen ist schwierig und kommt selten vor.

Zweitens benachteiligt unser System selbst Kinder, die begabt genug sind, um bis zur vierten Klasse mit privilegierteren Klassenkameraden gleichzuziehen. Denn wie eine Studie belegt, diskriminieren viele Lehrer unbewusst Schüler mit Migrationshintergrund. Um nur ein Beispiel zu nennen, unterschieden sich die Noten, die Lehrer Klassenarbeiten von fiktiven Kindern namens Ali gaben, merklich von solchen, die sie Arbeiten von fiktiven Kindern namens Stefan gaben. Selbst bei gleicher Leistung ist es deshalb weniger wahrscheinlich, dass Migrantenkinder eine Empfehlung fürs Gymnasium erhalten.

Drittens kennen Eltern aus bildungsfernen Schichten das System schlechter und können für die Interessen ihrer Kinder deshalb weniger gut einstehen. Die meisten wohlhabenden Eltern sind sich der Bedeutung der Schulempfehlung zutiefst – manchmal sogar panisch – bewusst und trimmen ihre Kinder in der vierten Klasse besonders auf Leistung. Falls das Kind den notwendigen Schnitt nicht erreicht, so steht es ihnen in den meisten Bundesländern frei, ihr Kind auch gegen die Empfehlung der Lehrer an einem Gymnasium anzumelden. Eltern aus bildungsfernen Schichten ist dagegen weniger klar, wie sehr die langfristigen Chancen ihrer Kinder von der Schulempfehlung abhängen – und die meisten von ihnen würden sich auch nie über die Schulempfehlung der Lehrer hinwegsetzen.

Ein ebenso schlimmer Effekt unseres dreigliedrigen Schulsystems hat nicht mit den Kindern, die es von der Elite ausschließt, sondern mit dem homogenen Milieu, das es für diese Elite kreiert, zu tun. Denn gerade weil es so wenige Migrantenkinder aufs Gymnasium oder auf eine Hochschule schaffen, lernen diejenigen, die in unserer Gesellschaft das Sagen haben, nur wenige Migrantenkinder kennen. Die Gymnasien und Hochschulen, aus denen sich die Ränge der zukünftigen Politiker, Geschäftsleute und Journalisten rekrutieren, sind sehr viel »deutscher« als die Gesamtgesellschaft – und so bleibt es die Lebenswelt und die Vorstellungskraft von Politik, Wirtschaft und Medien dann eben auch.

Der Erfolg von Immigranten in ihrer neuen Gesellschaft hängt maßgeblich von zwei Faktoren ab: wie offen ihr Zielland ihnen gegenüber ist und welchen gesellschaftlichen Status sie in ihrem Herkunftsland genossen. Dass sich die Integration von vielen Einwanderern in Deutschland so schwer gestaltet hat, liegt an beiden Faktoren.

Einerseits war Deutschland der Einwanderung gegenüber von Anfang an wenig aufgeschlossen. Als im Zuge des Wirtschaftswunders die ersten Wellen von Einwanderern ankamen, stellte die Bundesrepublik klar, dass sie sich an Deutschland besser nicht gewöhnen sollten. Ihre Arbeitsvisa waren auf wenige Jahre beschränkt. Außer Fließbandarbeit war für sie in Deutschland nicht viel vorgesehen. Selbst der Name, den ihnen Volksmund und Bürokratendeutsch zugleich verliehen, signalisierte ihren Status als dauerhafte Außenseiter: Sie waren *Gast*arbeiter.

Ihre Arbeitsvisa wurden auf Druck der deutschen Industrie – die gute Mitarbeiter lieber im Land halten wollte, anstatt immer wieder neue Ankömmlinge einweisen zu müssen – verlängert. Viele von ihnen ergatterten schließlich eine unbeschränkte Aufenthaltsgenehmigung. Nach dem neuen Staatsbürgerschaftsgesetz, das 1999 von der rot-grünen Regierung verabschiedet wurde, konnten sie endlich Deutsche werden. Aus Gastarbeitern wurden im offiziellen Sprachgebrauch langsam »Mitbürger mit Migrationshintergrund«. Aber die informellen Hürden blieben bestehen. In den Köpfen vieler vorgeblicher Landsleute bleiben die Nachfahren der Gastarbeiter auch in zweiter, dritter oder gar vierter Generation schlicht »die Türken«.

Gleichzeitig hat die mangelnde Integration bis zu einem gewissen Grade aber auch etwas damit zu tun, wie die Gastarbeiter ursprünglich rekrutiert wurden. Als die brummenden Fabriken im Deutschland des Wirtschaftswunders neue Arbeitskräfte brauchten, ging die Regierung auf die Suche nach Bewerbern. Da die Wirtschaft in den Fünfziger- und Sechzigerjahren nicht nur in Deutschland blühte, waren billige Arbeiter jedoch nicht so einfach zu finden. Und so stammten viele Gastarbeiter – nicht nur im Falle der Türkei, sondern auch im Falle von Italien, Griechenland und Jugoslawien – aus den ärmsten, den ungebildetsten, den sozial rückständigsten Teilen und Schichten des jeweiligen Landes.

In *Deutschland schafft sich ab* deutet Thilo Sarrazin immer wieder an, dass der wahre Grund für die angeblich gescheiterte Integration der Türken in Deutschland ein genetischer sei. In einer besonders freimütigen Passage über die »Erbanlagen« türkischer Migranten schreibt er:

> Ganze Clans haben eine lange Tradition von Inzucht und entsprechend viele Behinderungen. Es ist bekannt, dass der Anteil der angeborenen Behinderungen unter den türkischen und kurdischen Migranten weit überdurchschnittlich ist. Aber das Thema wird gern totgeschwiegen. Man könnte ja auf die Idee kommen, dass auch Erbfaktoren für das Versagen von Teilen der türkischen Bevölkerung im deutschen Schulsystem verantwortlich sind.

Ein Blick über den deutschen Tellerrand hinaus genügt, um diese Vermutung als pseudowissenschaftlichen Schmarrn zu entlarven. In den USA sind Einwanderer aus Nigeria, dem Libanon, Südkorea, Indien oder auch der Türkei überdurchschnittlich erfolgreich – während viele Einwanderer aus Mexiko oder Guatemala wirtschaftliche Schwierigkeiten haben. Und so ähnlich schneiden in Deutschland Einwanderer aus Vietnam, dem Iran oder Lateinamerika recht gut ab – während solche aus der Türkei weiterhin viel ärmer sind als der Durchschnitt.

Dies angeblichen Nationalcharakteren zuzuschreiben ist nicht nur rassistisch – sondern auch leicht widerlegbar. Wenn anatolische Türken, wie Sarrazin andeutet, für die moderne Welt genetisch nicht gewappnet sind, warum ist die Wirtschaft in Anatolien dann in den letzten Jahren so rasant gewachsen? Nein, die Leistungsfähigkeit von Einwanderern hat nichts mit ihren Genen oder ihrer Ethnie zu tun – sehr wohl aber mit ihrem Milieu und ihrem Bildungsstand. Für die kommende, große Diskussion über Einwanderung ist diese Einsicht fundamental. Denn für eine erfolgreiche Einwanderungspolitik – die wir in den nächsten Jahrzehnten fraglos brauchen, um die Produktivität zu erhalten und den Sozialstaat zu retten – müssen wir an beiden Schrauben drehen.

Zum einen muss unser Land Einwanderern, ob sie bereits im Land sind oder in den nächsten Jahren ankommen werden, die gleichen Rechte und Chancen geben wie »echten« Deutschen – egal, welche Religion sie ausüben, wie sie aussehen oder ob sie Deutsch vielleicht mit einem Akzent sprechen. Und zum anderen sollten wir diese Einwanderung so steuern, dass ein möglichst großer Anteil der zukünftigen Einwanderer die nötige Bildung mitbringt, um in Deutschland erfolgreich zu sein.

Dies bedeutet in der Realität auch, dass wir die Einwanderung geografisch ausweiten – und insbesondere für gut qualifizierte Arbeitskräfte sehr flexibel gestalten – müssen. Um Deutschland für die begabtesten Köpfe attraktiver zu machen, sollte ein hochmotivierter Nigerianer, Iraker, Kambodschaner oder Chinese einen ebenso klar definierten Weg zu einer deutschen Staatsbürgerschaft haben wie der Verwandte von Migranten, die schon in Deutschland leben.

—

In Anbetracht der Vorliebe des Dritten Reichs für rassistische Pseudowissenschaft war Sarrazin natürlich klar, dass mancher Leser ihn ob seines Penchants für genetische Erläuterungen in der Nähe der Nazis verorten würde. Um sich vor derlei Assoziationen zu schützen, brauchte er ein rhetorisches Schild. Also spannte er die Juden für seine Sache ein.

Wie sonst ist zu erklären, warum Sarrazin sein Buch mit kriecherischen Passagen über die Juden spickt? Seiner Meinung nach könne es nicht verwerflich sein, den IQ verschiedener Bevölkerungsgruppen zu untersuchen – weil die Erfinder dieses Fachgebiets ja Juden waren. Auch zu Antisemitismus können seine pseudowissenschaftlichen Ausführungen über Genetik kaum führen – denn schon »die frühe Intelligenzforschung hat bei Juden europäischer Provenienz einen um fünfzehn Punkte höheren IQ festgestellt als bei den anderen Mitgliedern europäischer Völker und deren Nachfahren in Nordamerika«. Und falls auch diese Ausführung nicht genügen sollte, ihm einen Persilschein auszustellen, listet Sarrazin über mehrere Seiten hinweg en détail alle möglichen jüdischen Errungenschaften auf – von der Zahl der jüdischen Nobelpreisträger bis hin zu den »weit überdurchschnittlichen« Erfolgen der Juden im heutigen Amerika.

Sarrazins Taktik ist sowohl clever als auch perfide. Gerade deshalb ist sie zunehmend verbreitet.

Deutsche Politiker sind besonders versucht, ihre Hingabe an das »christlich-jüdische Erbe« zu betonen, wenn sie im nächsten Atemzug muslimische Migranten ausgrenzen wollen. Auch die Leitkultur, der Migranten endlich folgen sollten, wird unweigerlich als sowohl jüdisch als auch christlich charakterisiert. Selbst Seehofer hielt es für nötig, seinem polemischen Sieben-Punkte-Plan die Bemerkung voranzustellen, Integration müsse »auf dem gemeinsamen Fundament der Werteordnung unseres Grundgesetzes und unserer deutschen Leitkultur, die von den christlich-jüdischen Wurzeln […] geprägt ist«, aufbauen.

Es ist sehr großzügig von Merkel, Seehofer und Sarrazin, uns Juden zu ihren Freunden zu zählen. Wie schön, zu Deutschlands »Leitkultur« zu gehören! Wie schmeichelnd, dass unsere Gene uns anscheinend so intelligent machen, dass die Deutschen uns mit offenen Armen empfangen!

Aber leider sieht die Realität meiner Erfahrung nach anders aus. Eine restriktive Interpretation der deutschen Identität schließt im Endeffekt nicht nur Muslime aus – sondern eben auch uns Juden.

Die meisten Deutschen haben eine weit höhere Meinung von Juden als von Muslimen. Muslimische Einwanderer sind etwas stärker antisemitisch eingestellt als Durchschnittsdeutsche – was unter anderem erklärt, warum der islamistische Terror insbesondere für deutsche Juden eine echte Gefahr darstellt. Und schließlich gibt es noch Grund zur Annahme, dass viele deutsche Juden muslimischen Einwanderern gegenüber besonders misstrauisch sind. Ein etwaiger Schulterschluss zwischen deutschen Juden und der größten deutschen Einwanderergruppe wird also nicht ganz reibungslos zustande kommen. Und doch führt an ihm kaum ein Weg vorbei, auch weil die Interessen von jüdischen und muslimischen Einwanderern bei manchen politischen Streitthemen erstaunlich nahe beieinanderliegen. Es kommt nicht von ungefähr, dass der Fall, der einen Kölner Richter dazu bewog, ein allgemeines Beschneidungsverbot auszusprechen, einen muslimischen und nicht etwa einen jüdischen Jungen betraf – oder dass der Bundestag dieses Verbot vor allem aufgrund von jüdischen Protesten schnell wieder aufhob. Wenn die Bundesrepublik keinen echten religiösen Pluralismus zulässt, kann sie religiösen Juden zunächst einmal eine Sondererlaubnis auf den Leib schneidern, aber früher oder später wird auch die freie Ausübung des jüdischen Glaubens darunter leiden.

Dasselbe gilt für etwaige Einschränkungen für halale Schlachtmethoden oder stringente Vorschriften über das Tragen von religiösen Symbolen im öffentlichen Dienst. Langfristig wird es kaum möglich sein, Restriktionen gegen die freie Ausübung der muslimischen Religion einzuführen, ohne dabei auch die freie Ausübung der jüdischen Religion zu beschränken.

Was auf Gesetze zutrifft, gilt im Alltag leider auch oft. In der Theorie mögen viele Deutsche Juden eher positiv wahrnehmen. Aber in der Praxis wirken sich Vorbehalte gegen Migranten und Minderheiten, wie ich bei einem denkwürdigen Vorstellungsgespräch erfuhr, auch auf Juden aus.

»Yascha Mounk ... Was ist das überhaupt für ein Name?«

Verblüfft sah ich zu einem leitenden Redakteur der *Frankfurter Allgemeinen Zeitung* auf. Seine Frage kam mir zu Beginn eines Jobinterviews nicht sehr angemessen vor. Aber worauf wollte er eigentlich hinaus? Hielt er mich wegen des Y in Yascha für einen Türken? Oder erkannte er die Herkunft meines Vornamens und versuchte herauszufinden, ob ich wirklich jüdisch war?

Der Redakteur genoss meine Verwirrung sichtlich. Er grinste mich mit dem kurzen, demonstrativen Lächeln eines Schachspielers an, der kurz davor steht, seinen Gegner mattzusetzen. Dann beugte er sich ein wenig vor und fügte hinzu: »Yascha Mounk ... Das ist doch kein deutscher Name, oder?«

So leicht wollte ich ihm die Antwort, auf die er es offenbar abgesehen hatte, nicht geben. Ich setzte zu einem Ablenkungsmanöver an. »Ach, das ist eine lustige Geschichte, wissen Sie? Genau genommen ist mein Name erfunden.«

Damit hatte er nicht gerechnet. »Erfunden?«, fragte er.

»Meine Mutter ist Dirigentin. Als Studentin hieß sie noch Skrzyposzek. Dann bekam sie ihre erste Kapellmeisterstelle, und der Intendant hatte nur eine Bedingung: ›Sie müssen Ihren Namen ändern. Ski ... Kschi ... Mit dem Namen macht man keine Karriere. Das kann sich keiner merken. Das kann keiner aussprechen. Und das kann ganz sicher keiner buchstabieren. Also: Kommen Sie morgen zurück in mein Büro und sagen Sie mir, für welchen Namen Sie sich entschieden haben. Dann können Sie Ihren Vertrag unterschreiben.‹ Und genau das hat sie getan.«

»Also tragen Sie den Namen Ihrer Mutter?«

»Ja, das tue …«

»Und was ist mit Ihrem Vater?«

Das ging mir dann doch ein bisschen zu weit. Wenn der Redakteur ein Bewerbungsgespräch für einen Gehorsamstest hielt, war ich nur zu glücklich, durchzufallen. »Ich glaube nicht, dass Sie das etwas angeht, aber wenn Sie es unbedingt wissen müssen: Meine Eltern waren nie verheiratet.«

Ein paar Sekunden starrten wir einander feindselig an.

»Ah. Mein herzliches Beileid!«, sagte er schließlich.

In einem weiteren Gespräch später am Nachmittag stellte mir einer der Herausgeber der *FAZ* – ein sehr viel freundlicherer Mann – ebenfalls die Frage, was Yascha Mounk eigentlich für ein Name sei, und begann mich über meinen Lebenslauf auszufragen. »Sie haben also in Cambridge studiert und wollen jetzt in Harvard Ihren Doktor machen. Wer bezahlt das alles denn eigentlich?«

Verblüfft erklärte ich, dass die Studiengebühren an britischen Universitäten zu meinen Zeiten minimal waren und dass Doktorandenprogramme an amerikanischen Top-Unis ein Vollstipendium anbieten. Dann machte ich mich daran, die Frage zu entschlüsseln. Handelte es sich um eine halb bewusste Annahme über Juden und Geld? Oder war er überrascht, dass ein Türke das Geld haben konnte, im Ausland zu studieren? So oder so kann ich mir nicht vorstellen, dass man einem »echten Deutschen« dieselben Fragen gestellt hätte.

Fairerweise sollte ich hinzufügen, dass mir die Hospitanz, für die ich mich beworben hatte, angeboten wurde. Wie so oft in Deutschland bestand mein Dilemma letztlich nicht darin, ausgeschlossen zu werden – sondern vielmehr in den Bedingungen und Konditionen, an die das Dazugehören geknüpft war. Wäre ich bereit gewesen, in stummer Unterwürfigkeit zu lächeln, während man mir herzliches Beileid dafür ausdrückte, ein Bastard zu sein oder einen ausländischen Namen zu haben, hätte man mich akzeptiert. Doch da es mir offenstand, ins Ausland zu gehen und meinen Weg im Leben ohne solche Demütigungen zu machen, lehnte ich das Angebot ab.

Vorurteile gegenüber Migranten betreffen im Endeffekt nicht nur Muslime, sondern auch Juden. Ich weiß nicht, ob die Journalisten, bei denen ich vorsprach, mich für einen Juden oder für einen Türken hielten. Aber eines weiß ich schon: Obwohl ich in Deutschland geboren wurde, nicht anders aussehe als die meisten Deutschen und die Sprache akzentfrei spreche, war mein Name genug, um mich als Exoten auszuweisen.

So ähnlich wird es im Alltag vielen deutschen Juden ergehen – selbst solchen, die wie ich in Deutschland geboren wurden und die Sprache akzentfrei sprechen. Das war für mich die wahre Erkenntnis, die ich aus meinen Bewerbungsgesprächen mitnahm.

Ein paar Jahre später wurde ich erneut daran erinnert, wie viel Aufmerksamkeit die einfache Tatsache eines ausländischen Namens bei manchen Deutschen erregt. Ein kritischer Artikel über Thilo Sarrazin, den ich für ein anderes Magazin geschrieben hatte, wurde von T-Online übernommen. Dutzende Kommentatoren verteidigten Sarrazin nicht nur leidenschaftlich – sondern stürzten sich dabei genüsslich auf meinen ausländisch klingenden Namen.

Ein Leser sagte, wir bräuchten keinen »cleveren Kommentar‹ von einem, dessen Name auf einen Migrationshintergrund hinweist und der von daher schon sehr vorbelastet ist bei diesem Thema!«.

Ein weiterer Leser pflichtete ihm bei: »Wenn ich mir den Namen auf der Zunge zergehen lasse, muss ich bemerken, der Name Yascha Mounk dürfte kein deutscher Name sein. Aufgrund seiner Herkunft gehört Herr Mounk zu dem Klientel, was Herr Sarrazin mit Worten und Fakten angeht.«

»Den Kerl sollten sie in sein Herkunftsland zurückschicken«, sprang ihm ein dritter Leser bei.

Ein Grund, warum ich mich als Kind immer weniger als Deutscher fühlte, hat mit den alltäglichen Begegnungen zwischen Juden und Nichtjuden zu tun. Ein weiterer Grund, warum ich mich als Außenseiter fühlte, war aber schlicht, dass viele Deutsche lange *alle* Kinder von Migranten so behandelt haben, als wären sie keine »echten« Deutschen. Aus dieser Perspektive dürfte es kaum überraschen, dass ich mich – wie viele türkische Einwanderer auch – in dem Land, das eigentlich meine Heimat sein sollte, gelegentlich immer noch wie ein Ausländer fühle.

Trotz all der Versuche, Juden für sich einzunehmen, um Muslime besser ausschließen zu können: Die gegenwärtige Rebellion gegen den Pluralismus ist letztlich eine Katastrophe für uns alle. Auf lange Sicht kann nur ein multiethnisches und kulturell vielfältiges Deutschland Juden als integralen Bestandteil des Landes akzeptieren. Wenn Juden sich als Deutsche fühlen sollen, werden wir die völkische Interpretation von einem »Deutschen« ein für alle Mal ablegen müssen. Und dafür müsste ganz Deutschland zunächst einmal akzeptieren, dass auch ein ethnischer Türke ein »echter Deutscher« sein kann.

In den deutschen Medien war in den letzten Monaten sehr viel von den jungen Israelis zu hören, für die Berlin – wie eine Radiojournalistin es mir gegenüber ausdrückte – »eine geradezu magische Anziehungskraft hat«. Nun kann Deutschland tatsächlich stolz darauf sein, dass manche Kieze in Berlin so beliebt sind – nicht nur unter Israelis, sondern auch unter meinen Schriftsteller- und Künstlerfreunden aus New York, vor denen es hier im Sommer nur so wimmelt.

Ob diese Einwanderer sich wirklich in das deutsche Leben integrieren wollen, ist freilich eine andere Frage. Bisher sprechen viele von ihnen kaum Deutsch. Sie lieben Berlin für die billigen Mieten, das spannende Nachtleben, die vielen anderen Künstler aus der ganzen Welt – und, im Falle der jungen Israelis, sicherlich auch für die Flucht, die es ihnen vor der immer verbitterteren politischen Situation im Nahen Osten erlaubt. Doch nur wenige von ihnen sehen Deutschland als Heimat an. Für die meisten ist Berlin eine wunderbare Zwischenstation – aber eben auch nicht mehr.

Vielleicht wichtiger als die Frage, wie lange sie in Berlin bleiben werden, ist ohnehin der Umstand, wo in Berlin sie sich niederlassen. Im mehrheitlich »biodeutschen« Bayerischen Viertel, wo meine Mutter seit ihrer Pensionierung wohnt, ist von den jungen Israelis nicht viel zu sehen – obwohl die Mieten hier mittlerweile auch nicht bedeutend teurer sind als in den Szenevierteln. Stattdessen ballen sie sich in Neukölln oder in Kreuzberg oder in Prenzlauer Berg – das will heißen, in genau jenen Teilen der Stadt, in denen seit Jahren ein gelebter Pluralismus herrscht.

Die Beliebtheit Berlins bei Expats aus aller Welt ist ein positives Zeichen. Es macht Mut, dass Deutschland sich in ein vielfältiges und weltgewandtes Land verwandeln kann, in dem das friedliche Mit- und, ja, auch Nebeneinander vieler verschiedener Sprachen, Kulturen und Ethnien ganz natürlich ist.

In ersten Stadtteilen gibt es dieses neue Deutschland bereits. Aber bisher sind diese Stadtteile wenig repräsentative Ausnahmen. Ob sie eines Tages zum Modell für ganz Deutschland werden, hängt von politischen und gesellschaftlichen Entscheidungen ab, die wir alle in den nächsten Jahrzehnten treffen werden. Denn nur wenn wir in der Einwanderung endlich eine rettende Chance erkennen, können wir Deutschlands demografische Krise überwinden und dabei zu einem echten Pluralismus finden.

Einfach wird diese Verwandlung nicht. Ob sie eines Tages Wirklichkeit wird, liegt in unser aller Hand.

SCHLUSS

10.

EINE BESSERE ZUKUNFT?

Vor ein paar Tagen war ich das erste Mal, seit ich im Alter von zwölf Jahren erleichtert weggezogen bin, wieder in Laupheim. Es war für mich ein überraschender – und auch ein überraschend schöner – Besuch.

Im Ort hat sich viel verändert. Mein einst namenloses Gymnasium wurde mittlerweile nach Carl Laemmle benannt. Ein kleines, hübsches Museum zur Geschichte der Christen und Juden hat vor einigen Jahren seine Türen geöffnet. Der jüdische Friedhof im Stadtzentrum wird sorgfältig gepflegt und von einem schön renovierten Besucherhaus flankiert. Alljährlich widmen sich die Laupheimer Gespräche der christlich-jüdischen Geschichte – und schrecken dabei selbst vor so heiklen Themen wie der Arisierung jüdischen Eigentums nicht zurück.

Ich war nach so langer Zeit zurückgekehrt, weil mich die Veranstalter der diesjährigen Laupheimer Gespräche eingeladen hatten, über meine Kindheitserfahrungen zu referieren. Obwohl ich selten Lampenfieber habe, flatterte mir, als ich das Podium bestieg, das Herz. Einerseits wollte ich ehrlich von meinen Erfahrungen erzählen, die das Laupheim meiner Kindheit nun einmal in einem gemischten Licht erscheinen lassen. Andererseits hatte die Stadt mich generöserweise eingeladen. Einige Hundert Laupheimer hatten am Morgen schon einen Vortrag über die Wichtigkeit der anhaltenden Auseinandersetzung mit der Vergangenheit gehört, hatten brav applaudiert und schauten mich jetzt in wohlwollender Erwartung an. Wollte ich wirklich wieder den Spielverderber machen, der meckert und stänkert und dem Publikum den schönen Anlass versaut?

Ich blätterte durch meine Notizen. Vielleicht könnte ich die kritischen Seiten einfach auslassen? Oder improvisiert ein bisschen abmildern?

Nein, das wollte ich dann doch nicht – und es war auch zu spät dafür. Ich stand schon viel zu lange am Pult, ohne etwas zu sagen. Die ersten Zuschauer schienen sich langsam um meinen Geisteszustand zu sorgen. Wenn mein Vortrag jemanden beleidigen sollte, dann sollten sie halt beleidigt sein.

Zu meiner Überraschung kam es anders. Statt der Konfrontation, die ich befürchtet hatte, wurde der Tag zu einem sehr konstruktiven Austausch – und für mich persönlich sogar zu so etwas wie einer Aussöhnung mit meinen Jahren in Laupheim. Die Zuschauer nickten und lachten, als ich aus meiner Schulzeit erzählte. Sie freuten sich, als ich ihnen von meinem neuen Optimismus berichtete. Und obwohl meine letzten Worte – in denen ich spontan meine Hoffnung ausdrückte, dass ihr schönes Museum vielleicht eines Tages der Geschichte der Laupheimer Christen, Juden und Muslime gewidmet sein könnte – sicher nicht auf einhellige Zustimmung stießen, beklatschten sie mich fast wie einen verlorenen Sohn.

Nach dem Vortrag kam ich mit vielen Laupheimern ins Gespräch. Da war ein aus Laupheim stammender Engländer, der regelmäßig aus Manchester zu den Laupheimer

Gesprächen anreist, auch um bei der Gelegenheit seinen Vorfahren einen Stein aufs Grab zu legen. Da war eine Lehrerin, die an meinem alten Gymnasium unterrichtete und mich herzlich einlud, sie in der Schule zu besuchen und dabei vielleicht auch mit einer ihrer Klassen zu diskutieren. Da waren ein paar Schüler, die mir ehrliche Fragen stellten und unverkrampfte Meinungen vertraten. Da waren unsere alten Nachbarn, die sich schon seit Jahrzehnten in der Erforschung von Laupheims jüdischer Vergangenheit engagieren und mir am Abend eine entzückende Stadtführung gaben. Und da war ein alter Klassenkamerad, mit dem ich mich am späten Abend in Laupheims Irish Pub traf, um bei ein paar Weißbier über alte Zeiten zu quatschen.

Als ich am nächsten Morgen nach einem letzten Stadtspaziergang zum Bahnhof fuhr, stellte sich bei mir ein Gefühl ein, das ich so noch nie in meinem Leben gehabt hatte: Ich war ein wenig traurig, Laupheim so schnell wieder zu verlassen.

Auf der Fahrt zurück nach Berlin kam ich nicht umhin, darüber nachzudenken, wie es einem kleinen jüdischen Jungen ergehen würde, der heute im Alter von neun Jahren nach Laupheim zieht. Auch er wäre sicher ein Exot. Ganz unkompliziert würde sich sein Leben kaum gestalten. Aber ich glaube, es würde ihm mittlerweile deutlich einfacher fallen, eine deutsch-jüdische Identität aufzubauen.

Ein Grund dafür ist, dass die Auseinandersetzung mit der Nazizeit in den letzten zwanzig Jahren auch in den abgelegeneren Ecken Deutschlands Einzug gehalten hat. Als ich dort wohnte, verleugnete Laupheim noch die eigene Vergangenheit. Mittlerweile hat sich die Stadt zu einem Meister in der Vergangenheitsbewältigung gemausert.

Aber ein vielleicht noch wichtigerer Grund ist, dass junge Deutsche – und das gilt auch für die Laupheimer Schüler, mit denen ich bei meinem Besuch ins Gespräch kam – viel unverkrampfter mit Juden umgehen, als meine eigene Generation es tat.

Seit 1945 hat es, grob gesagt, drei Phasen des Umgangs mit der deutschen Geschichte gegeben. Jede dieser Phasen hat sich, wie im ersten Teil des Buchs beschrieben, auch auf das Verhältnis zwischen Deutschen und Juden ausgewirkt.

In den ersten Nachkriegsjahren war die Vergangenheit noch tabu, und so lebte auch viel Ignoranz und Antisemitismus weiter. Dann fasste in den Sechzigerjahren langsam das Verlangen nach einer Aufarbeitung der Vergangenheit Fuß und verwandelte viele wohlmeinende Deutsche in nervös-nette Philosemiten. Schließlich rebellierte eine jüngere Generation gegen die Schuldrituale ihrer Eltern und forderte lautstark einen Schlussstrich unter die Vergangenheit. Ihre Wut richtete sich schließlich auch gegen all diejenigen Juden, die diese Schuldgefühle für sie verkörperten. Auch deshalb verließ ich schließlich Deutschland.

Aber vielleicht hat mittlerweile eine neue Phase begonnen?

In meinem neuen Optimismus bin ich versucht, so etwas wie eine vierte Generation zu diagnostizieren. Die Mitglieder dieser Generation unterscheiden sich im Umgang mit der Vergangenheit und mit den Juden in dreierlei Hinsicht von ihren Vorfahren.

Erstens sind sie, wie die Generation der Achtundsechziger, ehrlich über die Vergangenheit entsetzt – haben aber keine Angst, auf ihr Land stolz zu sein oder sich offen mit Deutschland zu identifizieren.

Zweitens haben sie sowohl den verkopften Philosemitismus als auch das passiv-aggressive Insistieren auf einem Schlussstrich hinter sich gelassen. Auch sie sehnen sich zwar nach einer neuen Normalität im Umgang mit Juden. Doch sie fordern diese Normalität nicht lautstark als Preis für ihre brave Beschäftigung mit der Vergangenheit ein – und schaffen es gerade deshalb, mit Juden wirklich recht normal umzugehen.

Vor allem aber haben sie sich Toleranz gegenüber der Vielfalt von Religion und Abstammung nicht auf abstrakte Weise im Geschichts- oder Ethikunterricht antrainiert, sondern sie in tagtäglicher Praxis erlernt. Ein ethnisch, kulturell und religiös vielfältiges Deutschland ist für sie gelebte Realität – sodass ihnen ein deutscher Jude auch nicht viel exotischer vorkommt als ein deutscher Koreaner oder ein deutscher Perser.

Es ist zu früh, zu wissen, wie weit verbreitet diese neue Phase ist, und ob sie das Land anhaltend verändern kann. Aber sie macht mir Hoffnung: Hoffnung auf ein vielfältigeres Deutschland; und Hoffnung darauf, dass wir die scheinbar ewige Komödie der Irrungen zwischen Juden und Nichtjuden irgendwann doch noch hinter uns lassen können.

—

In den Sechzigerjahren schockierte der englische Politiker Enoch Powell seine Landsleute mit einer sensationsheischenden Warnung: Wenn weiter so viele Menschen aus fremden Kulturkreisen nach Großbritannien zögen, würden irgendwann »Rivers of Blood« durch die Zentren englischer Städte fließen. »Wenn ich in die Zukunft blicke«, rief er einem großen Publikum in Birmingham zu, »dann erfüllt mich eine düstere Vorahnung. Wie Virgil erblicke ich ›den Tiber, schäumend voller Blut‹.«

Obwohl ich Powells fremdenfeindliche Werte keineswegs teile, glaube ich, dass wir seine Warnung in den letzten Jahrzehnten nicht ernst genug genommen haben. Bis heute sind wir uns kaum darüber im Klaren, wie einzigartig – und, ja, auch wie gefährlich – das europäische Experiment mit Einwanderung und Pluralismus ist.

Es gab in Europa schon immer Staaten, die viele verschiedene Völker in sich vereinten. Sowohl das Osmanische Reich als auch Österreich-Ungarn waren ein Flickenteppich aus verschiedenen Sprachen, Ethnien und Religionen. Aber die Angehörigen verschiedener Völkergruppen blieben traditionell unter sich. Obwohl sie einen gemeinsamen Staat bildeten, prägten die ihnen in die Wiege gelegten Kulturen, Bräuche und sogar Gesetze ihr Leben. Es handelte sich um ein Nebeneinander verschiedener Nationen innerhalb eines Staates, statt um das Miteinander verschiedener Ethnien und Religionen innerhalb einer einzigen Nation. Als Modell für einen modernen Einwanderungsstaat können die alten multiethnischen Reiche der Vergangenheit schwerlich dienen.

Dann schon eher die nordamerikanischen Länder, in denen Masseneinwanderung seit jeher zum Selbstverständnis gehört. Anders als in Europa hat die nationale Schicksalsgemeinschaft in den USA, trotz allem Rassismus gegen Schwarze und Ureinwohner, noch nie an eine angeblich geteilte Ethnie angeknüpft. Ein Amerikaner zu sein, stand nicht immer jedem zu – aber für diejenigen, die sich als Teil der Nation sehen durften, war es seit jeher ein vorwärts gerichtetes Bekenntnis, die politischen Werte des Landes zu verteidigen und für eine bessere Zukunft zu kämpfen. Menschen aus anderen Teilen der Welt lassen sich deshalb relativ einfach integrieren. Zwar mussten auch die Amerikaner sich umstellen, als Einwanderer plötzlich nicht nur aus Irland oder Italien, sondern auch aus Mexiko oder China kamen. Aber da diese Umstellung nur einer Modifizierung und nicht etwa einer radikalen Neuerfindung der nordamerikanischen Identität bedurfte, klappte sie schließlich erstaunlich reibungslos.

Was wir jetzt in Deutschland – und in ganz Europa – versuchen, ist dagegen einzigartig. Nie in der Geschichte der Menschheit hat ein Volk, das sich jahrhundertelang über seine Abstammung definierte, in großem Ausmaß Einwanderer in seine Nationalgemeinschaft aufgenommen. Es ist also wenig verwunderlich, dass dieses Experiment auf Widerstand stößt. Und auch den schlimmsten Fall können wir nicht von vornherein ausschließen: Da es für sie keinen historischen Präzedenzfall gibt, könnte eine solche Verwandlung des über lange Jahrhunderte angewachsenen Eigenverständnisses europäischer Völker schlicht unmöglich sein. Powells schäumender Tiber könnte sich eines Tages als weitsichtige Prophezeiung erweisen.

Nur: Den Weg, den wir nun einmal eingeschlagen haben, müssen wir auch zu Ende gehen. Denn die Alternativen sind allesamt abstoßend.

Die europäischen Nationen sind nicht mehr so homogen, wie sie es nach dem Zweiten Weltkrieg einmal waren. So wie Völkermord und Vertreibung der ursprüngliche Grund für ihre Homogenität waren, so bräuchte es auch heute unvorstellbare Gewalt, um zu jener kurzlebigen »Reinheit« zurückzukehren. Sie ließe sich nur durch ein erneutes Abgleiten in Krieg und Barbarei wiederherstellen.

Bleiben die Eingewanderten dagegen hier, werden aber von der Mehrheitsgesellschaft ausgeschlossen, dann verwandeln wir uns langsam in eine dauerhafte Zweikastengesellschaft. Das ethnische Nebeneinander regelt dann eine klare Rassenhierarchie – so wie sie es in Teilen von Afrika und Südamerika heute schon tut.

Ein Scheitern bei der Integration von Einwanderern wäre deshalb de facto auch eine Abkehr von den Werten, die unsere Gesellschaft seit dem Zweiten Weltkrieg auszeichnen.

Die meisten Deutschen definieren sich mittlerweile nicht nur über eine geteilte Ethnie oder eine geteilte Geschichte, sondern über geteilte Werte. Wir leben in einem freiheitlich-demokratischen Land, in dem der Staat die Bürger im Einklang mit universellen Normen wie der Meinungs- und der Religionsfreiheit behandeln soll. Mancher mag ab und an in Versuchung kommen, diese universellen Normen auszusetzen. Wenn es etwa um den Bau eines Minaretts, das Abhängen eines Kruzifixes oder die gleichberechtigte Ehe für Homosexuelle geht, insistieren viele Bürger auch heute noch auf ihren ethnischen oder religiösen Privilegien. Aber selbst wenn unsere universellen Normen nicht immer konsequent angewendet werden, so stehen ihre Grundzüge für die allermeisten doch nicht zum Verkauf.

Die meisten Deutschen *wollen* in einem freiheitlich-demokratischen Rechtsstaat leben. In einem Land, dessen Einwohner mittlerweile aus vielen verschiedenen Ländern und Kulturkreisen stammen, setzt dies letztlich einen echten Pluralismus voraus.

Wir Juden spielen in diesem einzigartigen Experiment mit dem Pluralismus ungefähr dieselbe Rolle, die dem Kanarienvogel einst in der Kohlengrube zukam: Braut sich eine Explosion zusammen, geht es uns zuerst an den Kragen. Sollte die Integration von Einwanderern endgültig schieflaufen, sind wir besonders in Gefahr.

In vielen Teilen Europas sind Schändungen jüdischer Friedhöfe und Anschläge auf Synagogen auch jetzt schon an der Tagesordnung. Sich sichtbar als Jude erkennen zu geben bedeutet von Paris bis Malmö eine beträchtliche Gefahr. Dies liegt zum Teil an den Rechtsradikalen – und zum Teil an den Islamisten. Falls der hausgemachte Terrorismus sich in den nächsten Jahren ausweiten sollte, werden immer wieder auch Juden unter den Opfern sein.

Gleichzeitig ist der Sonderstatus, den gerade konservative Politiker für uns in einer ansonsten homogenen Volksgemeinschaft andenken, auf lange Sicht desaströs. Er birgt die Gefahr, dass eine zukünftige Generation den Wunsch nach ethnischer Bevorteilung bis zu ihrem logischen Ende durchdenkt – und uns trotz des Gewichts der bis dato recht lange zurückliegenden Vergangenheit irgendwann zur unteren statt zur oberen Kaste zurechnet.

Vor allem aber wird uns dieser Sonderstatus, selbst solange wir hofiert und mit philosemitischer Rhetorik überhäuft werden, nie erlauben, unsere Rolle als politisch nützliche Exoten abzulegen. Manch ein anderer deutscher Jude mag sich mit dieser Rolle abgefunden haben. Ich selbst weiß, dass ich mich in Deutschland erst zu Hause fühlen werde, wenn ich auf meine jüdische Abstammung verweisen kann – und trotzdem genauso als Teil der Volksgemeinschaft wahrgenommen werde wie alle anderen auch.

Je länger ich darüber nachdenke, warum ich mich in New York auch heute noch mehr zu Hause fühle als in Berlin, desto mehr stoße ich auf einen einfachen Grund: Nur dort kann ich selbst entscheiden, ob ich mich über mein Anderssein definiere – oder mein Anderssein ablege.

Wenn ich für Deutschland ein wenig ins Träumen gerate, dann stelle ich mir die Zukunft hier ähnlich vor.

In meiner Vision könnte sich eine türkischstämmige Deutsche ein Kopftuch anziehen, fünfmal am Tag gen Mekka beten und gleichzeitig im öffentlichen Dienst Karriere machen. Aber sie könnte genauso gut ihre alte Kultur abstreifen, Gott Adieu sagen und trotz ihres »türkischen« Aussehens als ganz normale Deutsche gelten.

Dieselbe Freiheit würde in so einem Land natürlich auch ein deutscher Jude genießen. Er könnte voll an der deutschen Gesellschaft teilnehmen, auch wenn er am Sabbat die Arbeit ruhen lässt und selbst unter der Woche eine Kippa oder gar die Locken eines ultraorthodoxen Juden trägt. Aber gleichzeitig könnte er auch erwähnen, dass er von Juden abstammt, ohne deshalb selbst zu einem Juden zu werden. Er hätte also nicht nur die Freiheit, der eigenen Identität zu frönen, sondern auch die scheinbar entgegengesetzte Freiheit, sich von der eigenen Identität zu befreien.

Dieses Land – das Deutschland meiner Träume – wäre nicht nur viel besser für die politischen, demografischen und gesellschaftlichen Herausforderungen der Zukunft gewappnet. In solch einem Land würde ich mich auch endlich ganz ohne Wenn und Aber als Deutscher fühlen.

ANHANG

QUELLEN

VORSPIEL

1. Noch immer nicht normal

»Wir möchten gerne mit Juden«: Zitiert in »Angst kein Grund für Auswanderung«, in: *Tagesschau online*, 17.02.2015 (www.tagesschau.de/inland/juden-deutschland-antisemitismus-101.html).

TEIL I

2. Eine unverhoffte Zuflucht

1960 stellte General Wojciech Jaruzelski: Vgl. Susanne Starecki, »Remedying Past Abuses of Governmental Power – Legal Accountability for the 1968 Events in Poland«, in: *Hastings International and Comparative Law Review*, Band 26, 2002, S. 482.

»Sozialismus mit menschlichem Gesicht«: Christian Schmidt-Häuer und Adolf Müller, *Viva Dubček. Reform und Okkupation in der ČSSR*, Kiepenheuer & Witsch, Köln 1968, S. 190.

»Um den öffentlichen Unmut zu dämpfen«: Gomułka hatte den Startschuss für diese neuerlichen Verfolgungen bereits im Juni 1967 gegeben, nachdem Israel im Sechstagekrieg den entscheidenden Sieg über seine arabischen Nachbarn davongetragen hatte. Kurz nach dem Krieg verkündete er in einer Rede vor dem VI. Kongress der Berufsverbände (zitiert in Starecki, *Remedying Past Abuses of Governmental Power*, S. 483):

> Die israelischen Aggressionen gegen die arabischen Länder wurden in den zionistischen Kreisen der Juden mit Beifall aufgenommen [...] Wir können gegenüber denen nicht gleichgültig bleiben, die angesichts einer Bedrohung des Weltfriedens und somit auch der Sicherheit Polens und der friedlichen Arbeit unserer Nation den Aggressor, die Zerstörer des Friedens und den Imperialismus unterstützen. Mögen jene, die fühlen, dass diese Worte an sie gerichtet sind, ungeachtet ihrer Nationalität, die richtigen Schlüsse ziehen. Wir brauchen keine Fünfte Kolonne in unserem Land.

»Juden haben kein Recht«: Zitiert in Starecki, *Remedying Abuses of Governmental Power*, S. 484.

»Die Angeklagten benahmen sich«: Zitiert in Slawomir Majman, »The 30-Year Scandal«, in: *The Warsaw Voice*, 08.03.1998.

Laut einer Familienlegende: Wlodzimierz Nechamkis, »Vom Ende einer ›zielgerichteten humanistischen Mission‹. Zum Freitod des Exilschriftstellers Christian Skrzyposzek«, Deutschlandfunk, 10.04.2001.

3. Widerhallendes Schweigen

»Was damals rechtens war, kann heute nicht Unrecht sein«: Zitiert in Rosemarie von dem Knesebeck, *In Sachen Filbinger gegen Hochhuth. Die Geschichte einer Vergangenheitsbewältigung,* Rowohlt, Reinbek 1980, S. 10.

4. Wohlwollen

»Von hinten meinte einer«: Orhan Pamuk, *Kar,* İletişim, Istanbul 2002.

»Da die Tragödie geschehen war«: Wolfgang Koeppen, *Der Tod in Rom,* Suhrkamp, Frankfurt a. M. 2001.

Bis in die frühen Neunzigerjahre: 1990 hatten jüdische Gemeinden in Westdeutschland etwa dreißigtausend Mitglieder, während die Gesamtbevölkerung der BRD bei knapp vierundsechzig Millionen lag. Vgl. Zentralrat der Juden in Deutschland, »Zwanzig Jahre jüdische Zuwanderung nach Deutschland«, 22.09.2009 (www.zentral ratdjuden.de/de/article/2646.zwanzig-jahre-j%C3%BCdische-zuwanderung-nach-deutschland.html) sowie Bundeszentrale für politische Bildung, *Datenreport 2013. Ein Sozialbericht für die Bundesrepublik Deutschland,* S. 13 (www.destatis.de/DE/Publika tionen/Datenreport/Downloads/Datenreport2013.pdf?__blob=publicationFile).

»Die Toten sind stumm«: Theodor Lessing, *Geschichte als Sinngebung des Sinnlosen,* C. H. Beck, München 1921.

Hindenburg möge im Alter: Vgl. Theodor Lessing, »Hindenburg«, in: *Prager Tageblatt,* 25.04.1925. Nachdruck in: Theodor Lessing, *Ich warf eine Flaschenpost ins Eismeer der Geschichte. Essays und Feuilletons,* Edition Luchterhand, Darmstadt 1986, S. 65–69.

»die Abschüttelung dieses Jochs«: Zitiert in Ursula Homann, »Die Waffe der Kritik vortrefflich genutzt: Vor siebzig Jahren wurde Theodor Lessing ermordet« (www.ursulahomann.de/DieWaffeDerKritikVortrefflichGenutztVorSiebzigJahren WurdeTheodorLessingErmordet/komplett.html).

»Bewusste Beschränkung der Geburten«: Theodor Lessing, *Europa und Asien,* 4. Ausgabe, Reinicke Verlag, Leipzig 1927, S. 124 f.

»Man verkündet der Welt«: Theodor Lessing, *Deutschland und seine Juden,* Neumann, Prag 1933, S. 15.

»einer Gesinnung mit seinen Mördern«: Thomas Mann, *Tagebücher 1933–1934,* S. Fischer Verlag, Frankfurt a. M., S. 474.

»die Geschichte seiner öffentlichen Wirkung«: Rainer Marwedel, *Theodor Lessing (1872–1933),* Edition Luchterhand, Darmstadt 1987, S. 10.

»die Rekonstruktion eines jüdischen Philosophenlebens«: Ebd.

Doch wie Hans Kundnani: Vgl. Hans Kundnani, *Utopia or Auschwitz: Germany's 1968 Generation and the Holocaust,* Columbia University Press, New York 2009. Einige der Materialien auf den folgenden Seiten stammen aus »A Moral Baseball Bat«, eine Buchbesprechung, die ich für das US-Magazin *n+1* verfasst habe (www.nplusone mag.com/a-moral-baseball-bat). Meine Argumentation auf diesen Seiten stützt sich auf Kundnanis exzellentes Buch.

Schon zu Beginn des Zweiten Weltkriegs: Vgl. insbesondere Max Horkheimer, »The Authoritarian State«, in: *Telos*, Vol. 15, 1973 sowie John Abromeit, *Max Horkheimer and the Foundations of the Frankfurt School*, Cambridge University Press, Cambridge 2011 (insbesondere Kapitel 9: »State Capitalism – The End of Horkheimer's Early Critical Theory«).

Marcel Reich-Ranicki schreibt in seiner Autobiografie: Vgl. Marcel Reich-Ranicki, *Mein Leben*, DVA, München 1999, S. 459f.

Sie sprach jetzt in einem Atemzug: Vgl. Kundnani, *Utopia or Auschwitz*, S. 111.

Wie der Historiker Wolfgang Kraushaar: Vgl. Wolfgang Kraushaar, *Die Bombe im jüdischen Gemeindehaus*, Hamburger Edition, Hamburg 2005.

»Am 31. Jahrestag«: Zitiert in Timo Stein, *Zwischen Antisemitismus und Israelkritik. Antizionismus in der deutschen Linken*, VS Verlag für Sozialwissenschaften, Wiesbaden 2011, S. 50.

»Israel vergießt Krokodilstränen«: Zitiert in Sarah Colvin, *Ulrike Meinhof and West German Terrorism: Language, Violence, and Identity*, Camden House, Rochester 2009, S. 158.

»Ich bin kein Nazi«: Zitiert in David Tinnin, »Like Father«, in: *Time*, 08.08.1977.

»Und so verschafft Ihr Euch Erleichterung«: Henryk M. Broder, »Ihr bleibt die Kinder Eurer Eltern«, in: *Die Zeit*, 27.02.1981 (www.zeit.de/1981/10/ihr-bleibt-die-kinder-eurer-eltern).

»Solange die Deutschen«: Peter Zadek, *My Way. Eine Autobiografie*, Kiepenheuer & Witsch, Köln 1998, S. 317.

»Philosemiten sind wirklich etwas sehr Deutsches«: Birgit Lahann, »»Shakespeare hätte mich nicht verstanden««, in: *Die Zeit*, 06.08.2009.

»blieb irgendwie ein Außenseiter«: Zitiert in Reich-Ranicki, *Mein Leben*, S. 410.

Richters »Verhältnis zu Juden«: Ebd., S. 411. Interessanterweise erklärte Richter bei einer anderen Gelegenheit, es habe in der Gruppe das weitverbreitete Gefühl gegeben, Reich-Ranicki »gehöre einfach nicht zur Clique, so wenig wie Hans Mayer«, ein weiterer Jude (zitiert in Uwe Neumann, »Deckname Marcel. Uwe Johnson und Marcel Reich-Ranicki«, in: Ulrich Fries, Holger Helbig und Irmgard Müller (Hrsg.), *Johnson-Jahrbuch*, Band 10, Vandenhoeck & Ruprecht, Göttingen 2003, S. 47).

»Aber man konnte es häufig«: Reich-Ranicki, *Mein Leben*, S. 472.

5. Wut

»Und Schuld hat der Jud«: Rainer Werner Fassbinder, *Der Müll, die Stadt und der Tod*, Verlag der Autoren, Frankfurt a. M. 1998.

es sei an der Zeit: Vgl. Ernst Nolte, »Vergangenheit, die nicht vergehen will. Eine Rede, die geschrieben, aber nicht gehalten werden konnte«, in: *Frankfurter Allgemeine Zeitung*, 06.06.1986.

Wie Sigmund Freud: Vgl. Sigmund Freud, *Zur Psychopathologie des Alltagslebens*, Gesammelte Werke, Bd. 4, S. Fischer Verlag, Frankfurt a. M. 1941.

Er fertigte also einen goldenen Gartenzwerg an: Vgl. Simone Herz, »Riesenzoff um goldenen Nazi-Zwerg«, in: *Bild online*, 20.07.2009 (www.bild.de/news/2009/nuernberg/nazi-zwerg-schockt-nuernberg-9045026.bild.html) sowie »Posse um Nazi-Gartenzwerg«, in: *Spiegel online*, 16.07.2009 (www.spiegel.de/kultur/gesellschaft/posse-um-nazi-gartenzwerg-heil-heinzelmann-a-636617.html).

»Wenn die deutsche Herrenrasse«: Zitiert in Herz, »Riesenzoff um goldenen Nazi-Zwerg«.

»Hier hört der Spaß auf«: Zitiert ebd.

»die neuen Juden Europas«: Faruk Şen, »Die neuen Juden Europas«, in: *Referans*, 19.05.2008.

»türkischstämmige Muslime in Deutschland«: Zitiert in »Zentralrat der Juden nimmt Faruk Şen in Schutz«, in: *Die Welt*, 30.06.2008 (www.welt.de/politik/article2162691/Zentralrat-der-Juden-nimmt-Faruk-Sen-in-Schutz.html).

»Hitler, der wusste, wie man sich durchsetzt«: Ruth Gledhill, Sam Coates und Steve Bird, »Hitler? He got things done, says Formula One chief Bernie Ecclestone«, in: *The Times*, 04.07.2009 (www.thetimes.co.uk/tto/sport/formulaone/article2333107.ece).

»Ecclestone hält Lobrede«: »Bernie Ecclestone elogia a Hitler y critica la invasión a Irak«, in: *El País*, 04.07.2009 (http://deportes.elpais.com/deportes/2009/07/04/actualidad/1246692117_850215.html).

»Jüdischer Weltkongress fordert«: »Loblied auf Hitler: Jüdischer Weltkongress fordert Ecclestones Rücktritt«, in: *Spiegel online*, 05.07.2009 (www.spiegel.de/panorama/leute/loblied-auf-hitler-juedischer-weltkongress-fordert-ecclestones-ruecktritt-a-634432.html).

»Zentralrat der Juden fordert«: »Zentralrat der Juden fordert Formel-1-Boykott«, in: *Bild*, 06.07.2009 (www.bild.de/sport/motorsport/fordert-formel-1-boykott-wegen-ecclestone-aeusserungen-8931652.bild.html).

»Juden fordern Formel-1-Teams zum Boykott auf«: »Juden fordern Formel-1-Teams zum Boykott auf«, in: *Stern*, 06.07.2009 (www.stern.de/sport/formel1/der-fall-ecclestone-juden-fordern-formel-1-teams-zum-boykott-auf-3804002.html).

»Kein ernstzunehmender Mensch«: Martin Walser, »Erfahrungen beim Verfassen einer Sonntagsrede«, Dankesrede zur Verleihung des Friedenspreises des Deutschen Buchhandels, 11.10.1998 (www.friedenspreis-des-deutschen-buchhandels.de/sixcms/media.php/1290/1998_walser.pdf).

Im Anschluss an Walsers Rede: Vgl. Tobias Jaecker, »Die Walser-Bubis Debatte: Erinnern oder Vergessen?«, in: *haGalil*, 24.10.2003 (www.hagalil.com/antisemitismus/deutschland/walser-1.htm).

Der erste große Erfolg dieser Art: Vgl. Jörg Friedrich, *Der Brand*, Propyläen Verlag, München 2002.

»das moralische Gewissen Deutschlands«: Grass galt den deutschen Medien oft als moralisches Gewissen Deutschlands. Vgl. zum Beispiel Iris Alanyali, »Norman Mailer verteidigt den ›Zwiebelhäuter‹«, in: *Die Welt*, 28.06.2007 (www.welt.de/kultur/article981475/Norman-Mailer-verteidigt-den-Zwiebelhaeuter.html) sowie Brigitte Baetz, »Ein widerständiger und geliebter Autor«, Deutschlandfunk, 13.04.2015 (www.deutschlandfunk.de/nachruf-auf-guenter-grass-ein-widerstaendiger-und-geliebter.724.de.html?dram:article_id=316935).

Wie sehr Grass sich weiterhin anmaßte: Vgl. Günter Grass, »Was gesagt werden muss«, in: *Süddeutsche Zeitung*, 10.04.2012 (www.sueddeutsche.de/kultur/gedicht-zum-konflikt-zwischen-israel-und-iran-was-gesagt-werden-muss-1.1325809).

»von der Landkarte radieren«: Zitiert in »Irans Präsident fordert Auschlöschung Israels«, in: *RP online*, 26.10.2005 (www.rp-online.de/politik/ausland/irans-praesident-fordert-auschloeschung-israels-aid-1.1591649).

»Gleichschaltung der Meinung«: Günter Grass im Gespräch mit Tom Buhrow, NDR, 05.04.2012 (www.ndr.de/kultur/literatur/grassgedicht103.html).

»Weil er mir beileibe nichts Böses antat«: Fjodor Dostojewski, *Die Brüder Karamasow*, S. Fischer Verlag, Frankfurt a.M. 2010, S. 142.

»Ich vergesse die Sache mit dem Holocaust«: Oliver Polak, *Ich darf das, ich bin Jude*, Kiepenheuer & Witsch, Köln 2008, S. 11.

Laut Zvi Rex: Vgl. Henryk M. Broder, *Der ewige Antisemit*, S. Fischer, Frankfurt a.M., S. 125.

»Anfang der Achtzigerjahre«: Maxim Biller, *Der gebrauchte Jude. Selbstporträt*, Kiepenheuer & Witsch, Köln 2009, S. 11.

6. Nicht mehr: der Jude

»Überdies, wenn ich ein Jahr«: Saul Bellow, *Humboldts Vermächtnis*, Kiepenheuer & Witsch, Köln 1976, S. 64.

»Das erste New York«: Vgl. E.B.White, *Here Is New York*, The Little Bookroom, New York 2011, S. 25–27.

»die Stadt als etwas Selbstverständlicheres«: Die deutsche Übersetzung des Essays stammt aus: Freddy Langer und Horst Hamann, *Absolute New York*, Edition Panorama, Mannheim 2014, S. 17.

INTERMEZZO

7. Eine neue Hoffnung und eine neue Furcht

»das eine Mal als große Tragödie«: Karl Marx, *Der achtzehnte Brumaire des Louis Bonaparte*, New York 1852, S. 1.

TEIL II

8. Die neue deutsche Frage

»Wenn Russland und China zusamm' marschiern«: Georg Kreisler, »Der Hund«, in: *Everblacks* (LP), Intercord 1971.

»hässlichen Deutschen«: Vgl. zum Beispiel Stefan Ulrich, »Das Bild des ›hässlichen Deutschen‹ ist wieder da«, in: *Süddeutsche Zeitung*, 18.07.2015 (www.sueddeutsche.de/politik/kritik-der-griechenland-politik-das-bild-des-haesslichen-deutschen-ist-wie der-da-1.2571446) sowie Joschka Fischer, »The Return of the Ugly Germany«, in: *Project Syndicate*, 23.07.2015 (www.project-syndicate.org/commentary/return-of-the-ugly-german-by-joschka-fischer-2015-07).

»diejenigen, die sich mit Emphase«: Zitiert in Sibylle Krause-Burger, *Joschka Fischer. Der Marsch durch die Illusionen*, DVA, Stuttgart 1997, S. 110.

»Nie wieder Krieg!«, sei nicht das einzige: Vgl. Joschka Fischer, Rede auf dem Kosovo-Sonderparteitag in Bielefeld, 13.05.1999 (www.youtube.com/watch?v=7js KCOTM4Ms).

»wenn nicht vergessen, dann doch verblassen«: Zitiert in Micha Brumlik, Hajo Funke und Lars Rensmann, *Umkämpftes Vergessen. Walser-Debatte, Holocaust-Mahnmal und neuere deutsche Geschichtspolitik*, Verlag Hans Schiler, Tübingen 2004, S. 108.

Mitten im Wahlkampf forderte Schröder: Vgl. Gerhard Schröder, Rede auf einer Wahlkundgebung auf dem Opernplatz in Hannover, 05.08.2002 (www.faz.net/aktuell/politik/spd-wahlkampfauftakt-schroeders-deutscher-weg-170241.html).

»die Länder, die ihre Staatsausgaben«: Joseph E. Stiglitz, »Europe: The Current Situation and the Way Forward«, Rede beim World Leaders Forum, Columbia University, 15.04.2015 (www.youtube.com/watch?v=vpXA9NCxVOo).

»Ein halbes Jahrhundert nach dem Ende«: Otmar Issing, Interview mit Christian Grimm, »Man darf Deutschland nicht mit seiner Vergangenheit erpressen««, in: *Wall Street Journal Deutschland,* 09.08.2012 (www.wsj.de/nachrichten/SB100008723963904434 0400457757899083286583o).

»um Naziopfer und Nachkommen zu entschädigen«: Paul Ronzheimer, Ralf Schuler, »Warum machen die Griechen uns zum Buhmann?«, in: *Bild,* 21.06.2011 (www.bild.de/politik/ausland/griechenland-krise/deutschland-zahlt-und-wird-da-fuer-beschimpft-18452080.bild.html).

So mag Deutschland im Vergleich zu Südeuropa: Diese Angaben sind von mir selbst berechnet und basieren auf Daten der Weltbank (http://data.worldbank.org/indicator/NY.GDP.MKTP.KD.ZG).

zwei Drittel der Deutschen: Vgl. »Mehrheit gibt Putin Schuld am Ukraine-Konflikt«, in: *Frankfurter Allgemeine Zeitung,* 17.03.2015 (www.faz.net/aktuell/politik/inland/deutsche-geben-putin-schuld-an-ukraine-konflikt-13489423.html).

sondern beispielsweise auch Helmut Schmidt: Vgl. »Krim-Krise: Altkanzler Schmidt verteidigt Putins Ukraine-Kurs«, in: *Spiegel online,* 26.03.2014 (www.spiegel.de/politik/ausland/helmut-schmidt-verteidigt-in-krim-krise-putins-ukraine-kurs-a-960834.html).

laut einer hochaktuellen Studie der Pew-Stiftung: Vgl. Katie Simmons, Bruce Strokes und Jacob Poushter: »NATO Publics Blame Russia for Ukrainian Crisis, but Reluctant to Provide Military Aid«, in: *Pew Research Center,* 10.06.2015 (www.pew global.org/2015/06/10/nato-publics-blame-russia-for-ukrainian-crisis-but-reluctant-to-provide-military-aid/).

»Wenn jetzt a Krieg kommt«: Kreisler, »Der Hund«.

»eigenen Instinkten [...], ohne erkennbare Rücksicht«: Zitiert in John Vinocur, »German Reunification: From Rejection to Inevitability«, in: *International Herald Tribune,* 08.11.2009.

9. Die Rebellion gegen den Pluralismus

»Zu sagen, ›Jetzt machen wir hier mal Multikulti‹«: Rede und Diskussion von Angela Merkel auf dem Deutschlandtag der Jungen Union 2010 in Potsdam (www.youtube.com/watch?v=WaEg8aM4fcc).

was laut Umfragen mittlerweile eine Mehrheit: Laut einer Studie aus dem Jahr 2010 meinten 58 % der deutschen Bevölkerung, »für Muslime in Deutschland sollte die Religionsausübung erheblich eingeschränkt werden« (vgl. Oliver Decker, Marliese Weißmann, Johannes Kiess und Elmar Brähler, »Die Mitte in der Krise. Rechtsextreme Einstellungen in Deutschland 2010«, Friedrich-Ebert-Stiftung, Berlin 2010, S. 134, http://library.fes.de/pdf-files/do/07504-20120321.pdf).

Thilo Sarrazins Traktat gegen die Zuwanderung: Vgl. Thilo Sarrazin, *Deutschland schafft sich ab. Wie wir unser Land aufs Spiel setzen,* 1. Auflage, DVA, München 2010.

verteidigten einige Feuilletonisten deshalb: Vgl. Anne Lainault und Thekla Dannenberg, »Link des Tages: Der Kopfstoß des Zinédine Zidane«, in: *Perlentaucher,* 10.07.2006 (www.perlentaucher.de/link-des-tages/der-kopfstoss-des-zinedine-zida ne.html) sowie »Kopfstoß im Finale: Chirac nimmt Zidane in Schutz«, *Spiegel online,*

10.07.2006 (www.spiegel.de/sport/fussball/kopfstoss-im-finale-chirac-nimmt-zidane-in-schutz-a-426017.html).

»aus dem marokkanischen Kulturkreis«: Zitiert in Veit Medick und Anna Reimann, »Justiz-Skandal: Deutsche Richterin rechtfertigt eheliche Gewalt mit Koran«, in: *Spiegel online,* 20.03.2007 (www.spiegel.de/politik/deutschland/justiz-skandal-deutsche-richterin-rechtfertigt-eheliche-gewalt-mit-koran-a-472849.html).

wird diese Zahl bis zum Jahr 2040 auf 73,8 Millionen: Die Zahlen stammen aus der Variante 1-W1 der 12. koordinierten Bevölkerungsvorausberechnung des Statistischen Bundesamts. Sie werden auf der Grundlage einer Geburtenrate von 1,4 Kindern pro Frau und einer jährlichen Nettozuwanderung von einhunderttausend Menschen errechnet (www.destatis.de/bevoelkerungspyramide).

würde Deutschlands Bevölkerung noch schneller schrumpfen: Laut der »Modellrechnung W0 AG« des Statistischen Bundesamts unter Annahme einer Geburtenrate von 1,4 Kindern pro Frau und einer Nettozuwanderung von null würde die Anzahl der Deutschen bis 2060 auf 58,2 Millionen schrumpfen. Doch der Hauptunterschied zwischen den beiden Szenarien besteht nicht nur darin, dass es etwa acht Millionen Einwohner weniger gibt, sondern darin, dass es wesentlich negativere Auswirkungen auf die – ohnehin schon ungünstige – für 2060 prognostizierte Altersverteilung hätte. Vgl. »Bevölkerung Deutschlands bis 2060: Ergebnisse der 12. koordinierten Bevölkerungsvorausberechnung«, Statistisches Bundesamt, Wiesbaden 2009 (www.destatis.de/DE/ZahlenFakten/GesellschaftStaat/Bevoelkerung/Bevoelkerungsvorausberechnung/Tabellen/VorausberechnungDeutschland.xls?__blob=publicationFile, siehe Tabellenblatt »Modellrechnung W0 AG«).

So glauben laut einer Studie von 2012: Vgl. Ulrike Heidenreich, »Warum die Deutschen so wenige Kinder bekommen«, in: *Süddeutsche Zeitung,* 17.12.2012, (www.sueddeutsche.de/leben/ursachen-der-niedrigen-geburtenzahlen-warum-die-deutschen-so-wenige-kinder-bekommen-1.1552405).

»Aufnahmefähigkeit unserer Gesellschaft«: Willy Brandt, *Regierungserklärung des zweiten Kabinetts Brandt/Scheel vom 18. Januar 1973,* Presse- und Informationsamt der Bundesregierung, S. 46 (http://library.fes.de/pdf-files/netzquelle/a88-06578.pdf).

»glauben, wenn jemand Cem Özdemir heißt«: Zitiert in »Cem Özdemir – Politics Beyond Ethnic Terms« (www.bbc.co.uk/languages/germany_insideout/berlin3.shtml).

»Ganze Clans haben eine lange Tradition von Inzucht«: Sarrazin, *Deutschland schafft sich ab,* S. 316.

Also spannt er die Juden für seine Sache ein: Oder wie Sarrazin es ausdrückt: »Ich bin auf die deutsch-jüdischen Ursprünge der Intelligenzforschung etwas näher eingegangen, weil die Diskussion der genetischen Komponente von Intelligenz häufig auf große emotionale Widerstände stößt.« (Sarrazin, *Deutschland schafft sich ab,* S. 97.)

»die frühe Intelligenzforschung hat bei Juden«: Ebd., S. 93.

»auf dem gemeinsamen Fundament der Werteordnung«: »Integration: Seehofer legt Sieben-Punkte-Plan nach«, in: *Focus online,* 16.10.2010 (www.focus.de/politik/deutschland/integration-seehofer-legt-sieben-punkte-plan-nach_aid_562723.html).

Muslimische Einwohner sind etwas stärker: Vgl. Günther Jikeli, »Antisemitic Attitudes among Muslims in Europe: A Survey Review«, Institute for the Study of Global Antisemitism and Policy, New York 2015 (http://isgap.org/wp-content/

uploads/2015/05/Jikeli_Antisemitic_Attitudes_among_Muslims_in_Europe1.pdf).
Doch obwohl der Antisemitismus unter Muslimen in Europa prozentual weiter verbreitet ist als unter Nichtmuslimen, sind die meisten europäischen Antisemiten Christen. Vgl. Yascha Mounk, »Europe's Jewish Problem: The Misunderstood Rise of European Anti-Semitism«, in: *Foreign Affairs*, 17.09.2014 (www.foreignaffairs.com/articles/western-europe/2014-09-17/europes-jewish-problem).

»›cleveren Kommentar‹ von einem, dessen Name«: Yascha Mounk, »Der Stil schafft sich ab«, in: *The European*, 18.01.2011 (die besagten Kommentare sind einsehbar unter http://nachrichten.t-online.de/sarrazins-populismus-der-stil-schafft-sich-ab/id_44054152/index).

SCHLUSS

10. Eine bessere Zukunft?

»Rivers of Blood«: Enoch Powell, Rede vor der Conservative Association in Birmingham, 20.04.1968 (www.telegraph.co.uk/comment/3643823/Enoch-Powells-Rivers-of-Blood-speech.html).

DANK

Beim Schreiben dieses Buchs habe ich unzählige persönliche und intellektuelle Schulden angehäuft. Das Ritual, sich bei Freunden, Kollegen und Mentoren in einer langen, öffentlichen Liste zu bedanken, ist ein unzureichender (und etwas eigenartiger) Ausdruck meiner Dankbarkeit. Aber es ist das Beste, was ich tun kann – und so bereitet es mir eine große Freude, ihren Beitrag wenigstens auf diesem Wege anerkennen zu können.

Sydelle Kramer war von Anfang an eine leidenschaftliche Fürsprecherin und eine geduldige Ratgeberin. Eric Chinski war in genau dem richtigen Maße aufbauend, anspruchsvoll und scharfsinnig. Mit dem unglaublichen Team von Farrar, Straus and Giroux zu arbeiten war stets eine große Freude, und besonderen Dank schulde ich Gabriella Doob, Ed Cohen, Mareike Grover, Jeff Seroy, Lottchen Shivers, Amanda Schoonmaker, Amber Hoover und Devon Mazzone.

Anoukh Foerg hat die deutsche Ausgabe mit großer Leidenschaft und Umtriebigkeit in die Wege geleitet und bleibt heute noch eine wichtige Ratgeberin. Ihr verdanke ich auch, schließlich bei Kein & Aber gelandet zu sein – einem der immer selteneren Verlage, die nicht nur sagen, dass sie Autoren wie Künstler statt wie wirtschaftliche Investitionen behandeln, sondern dies auch wirklich tun. Meine Gespräche mit Peter Haag haben die deutsche Ausgabe von Anfang an geprägt – und deutlich verbessert. Patrick Sielemann war als Lektor scharfsinnig, humorvoll und unermüdlich; beim Nachdenken über große konzeptionelle Fragen wie beim Tüfteln an kleinen Formulierungen war er mir unabdingbar. Und für die Öffentlichkeitsarbeit ist Jasmin Strauß schlicht die perfekte Verbündete.

Tom Meaney ist, seit ich in den USA lebe, so etwas wie mein literarischer *consigliere*. Ohne seine Unterstützung wäre ich nie auf die Idee gekommen, Autor zu werden. Die Idee für dieses Buch entstand in einer durchzechten Nacht mit Rebecca Nagel und Sam Munson. Ohne ihre Ermutigung, meine Geschichte niederzuschreiben, würde dieses Buch nicht existieren.

Carly Knight, Sabeel Rahman, Emma Saunders-Hastings, Matt Landauer und Justin Reynolds haben frühe Entwürfe des Buchs gelesen und ausführlich kommentiert. Ich habe mein Bestes getan, ihre ausgezeichneten Vorschläge umzusetzen.

Für die großzügige Beratung in den letzten Jahren danke ich ebenfalls Sadie Stein, Eleni Arzoglou, Thierry Artzner, Amy Hempel, Sara Bershtel, Michael Wachsmann, Gabriele Bodenstein, Carl Schoonover, Samantha Holmes, Unhee Do, Dina Gusejnova, Manuel Hartung, Alex Drukier, Konstantin von Hammerstein, Miles Pattenden, Alessandra Heinemann, Mark Krotov, Chantal Clarke, Peter Gordon, Stanley Hoffmann, Bret Johnston, Darcy Frey, Christopher Caldwell, Charles Petersen, Wesley Yang, Aleksandra Dier, Roberto Foa, Alexander Lee, Bernardo Zacka, Mathilde Unger, Gideon Lewis-Kraus, Ed Baring, Katja Guenther, William Seward, Caleb Crain, Giles Harvey, Rachel Reilich, Rahawa Haile, Johann Frick, Henry Midgley, Karan Mahajan, Francesca Mari und Alexander Benaim.

Bei der Arbeit an dem Manuskript dieses Buchs hatte ich das Privileg, einen idyllischen und produktiven Monat in Yaddo zu verbringen – in einem Zimmer, das, aus komplizierten Gründen, die mit Philip Roth und einer kurvigen Decke zu tun haben, »The Breast Room« genannt wird. Mein herzlicher Dank gilt Yaddos Mitarbeitern, dem Stiftungsrat sowie meinen wunderbaren Co-Residents.

Beim Schreiben dieses Buchs habe ich auf Artikel zurückgegriffen, die ich in den letzten Jahren in verschiedenen Zeitungen und Zeitschriften in Deutschland sowie den USA veröffentlicht habe. Einige Passagen können Ähnlichkeiten zu diesen bereits veröffentlichten Werken aufweisen. Außerdem habe ich mich auf eine Rezension von Hans Kundnanis *Utopia or Auschwitz: Germany's 1968 Generation and the Holocaust* gestützt, die ich für *n+1* verfasst habe, und ich bin Kundnanis ausgezeichnetem Werk verpflichtet.

In den memoirenartigen Teilen dieses Buchs werden Begegnungen mit echten Menschen geschildert. Da ich niemanden in Verlegenheit bringen möchte, habe ich beschlossen, ihre Identität zu schützen. Obwohl die Namen meiner Familienmitglieder und die der öffentlichen oder historischen Personen echt sind, erscheinen viele andere in veränderter Form.

Ein Teil dieses Buchs erzählt die Geschichte meiner Familie. Dafür, dass sie mich mit den Fakten und Anekdoten versorgt haben, die es mir, wenn auch nur in unvollkommenem Maße, erlaubt haben, die undokumentierte Vergangenheit zu rekonstruieren – und dafür, dass sie so fröhlich akzeptiert haben, dass sie in einem Buch vorkommen, obwohl sie nie darum gebeten haben, ein Teil davon zu sein – schulde ich Helka, Roman, Andrzej, Alex, Witek, Daniel, Casper, Tom, Rebecka und Olek immensen Dank. Mein größter Dank gilt allerdings einer Person, die ich immer bewundert habe – und die ich doch manchmal, so wie Kinder es nun einmal tun, nicht ausreichend würdige: meiner einzigartigen Mutter.

ERZÄHLENDE SACHBÜCHER
BEI KEIN & ABER

INGO FIETZE
ÜBER GUTEN UND SCHLECHTEN SCHLAF

»Wie viel Schlummer ist genug? Was tun bei Einschlaf-
und Durchschlafstörungen? Der Schlafmediziner
Ingo Fietze kennt die Antworten.«
Deutschlandradio Kultur

Jeder Dritte klagt mittlerweile über Schlafmangel oder Schlafstörungen. Vielen ist jedoch gar nicht bewusst, wie wichtig Schlaf für unser
Wohlbefinden ist und welche Faktoren unseren Schlaf beeinflussen.
Erfahren Sie alles über die häufigsten Auslöser von Schlafstörungen,
die Behandlung derselben und die wesentlichen Bedingungen für
guten Schlaf.

Sachbuch
gebunden, 208 Seiten
ISBN 978-3-0369-5716-6

auch als eBook erhältlich
ISBN 978-3-0369-9302-7

www.keinundaber.ch

ERZÄHLENDE SACHBÜCHER
BEI KEIN & ABER

STEVEN STROGATZ
THE JOY OF X

»Nach der Lektüre von *The Joy of x* werden Sie
eine neue Lust entdecken!«
Ranga Yogeshwar

Die faszinierendsten Erkenntnisse und die schönsten, bedeutendsten
und einflussreichsten Ideen der Mathematik, unterhaltsam aufbereitet
von einem der meistzitierten Wissenschaftler der Welt. Die vielen
Abstecher in diverse Bereiche unseres Lebens werfen ein neues Licht
auf diese alles durchwirkende Disziplin und geben Antwort auf die
wichtigsten mathematischen Fragen überhaupt: Inwiefern prägt die
Mathematik unseren Alltag? Und wie können wir dieses Wissen
nutzen?

Sachbuch
gebunden, 352 Seiten
ISBN 978-3-0369-5692-3

auch als eBook erhältlich
ISBN 978-3-0369-9269-3

www.keinundaber.ch

INTELLIGENTE UNTERHALTUNG
BEI KEIN & ABER

BENI FRENKEL
GAR NICHT KOSCHER

»*Gar nicht koscher* gibt Einblick in das Leben eines observanten
Juden, der das Lachen über sich nicht verlernt hat.«
Wiener Zeitung

Der jüdisch-orthodoxe Alltag ist streng reglementiert: ob koschere
Essenszubereitung, die Entsorgung von heiligen Gewächsen, Putz-
rituale oder Eheleben, alles unterliegt rigorosen Vorschriften. Doch
keine Regel ohne Ausnahme, und die heißt: Beni Frenkel. Er stellt
sich den Herausforderungen seiner Religion und scheut sich nicht,
auf umwerfend komische Weise von seinen Verfehlungen und Hel-
dentaten zu berichten.

Kolumnen
broschiert, 192 Seiten
ISBN 978-3-0369-5925-2

auch als eBook erhältlich
ISBN 978-3-0369-9308-9

www.keinundaber.ch

INTELLIGENTE UNTERHALTUNG
BEI KEIN & ABER

FRANCESCA SEGAL
DIE ARGLOSEN

»Was für großartige Charaktere, was für stilsichere,
feinsinnige Unterhaltung.«
Stern

Adam und Rachel stecken mitten in ihren Hochzeitsvorbereitungen.
Doch mit der Rückkehr von Rachels unangepasster Cousine Ellie
kommen Adam plötzlich Zweifel – Zweifel an einer Beziehung,
die eingebettet ist in den Charme Nordwestlondons, in gesellige
Feiertage und allgegenwärtige Mütter. Der mehrfach ausgezeichnete
Roman einer begnadeten Newcomerin, die das moderne jüdische
Leben mit viel Humor und Empathie porträtiert.

Roman
broschiert, 432 Seiten
ISBN 978-3-0369-5914-6

auch als eBook erhältlich
ISBN 978-3-0369-9241-9

www.keinundaber.ch